Volker Barth, Dominik Barth

D1985161

Fachrechnen

Berufe der Lagerlogistik

15. Auflage

Bestellnummer 00361

Bildungsverlag EINS

Die in diesem Produkt gemachten Angaben zu Unternehmen (Namen, Internet- und E-Mail-Adressen, Handelsregistereintragungen, Bankverbindungen, Steuer-, Telefon- und Faxnummern und alle weiteren Angaben) sind i. d. R. fiktiv, d. h., sie stehen in keinem Zusammenhang mit einem real existierenden Unternehmen in der dargestellten oder einer ähnlichen Form. Dies gilt auch für alle Kunden, Lieferanten und sonstigen Geschäftspartner der Unternehmen wie z. B. Kreditinstitute, Versicherungsunternehmen und andere Dienstleistungsunternehmen. Ausschließlich zum Zwecke der Authentizität werden die Namen real existierender Unternehmen und z. B. im Fall von Kreditinstituten auch deren IBANs und BICs verwendet.

Die in diesem Werk aufgeführten Internetadressen sind auf dem Stand zum Zeitpunkt der Drucklegung. Die ständige Aktualität der Adressen kann vonseiten des Verlages nicht gewährleistet werden. Darüber hinaus übernimmt der Verlag keine Verantwortung für die Inhalte dieser Seiten.

service@bv-1.de
www.bildungsverlag1.de

Bildungsverlag EINS GmbH
Ettore-Bugatti-Straße 6-14, 51149 Köln

ISBN 978-3-441-**00361**-8

© Copyright 2016: Bildungsverlag EINS GmbH, Köln
Das Werk und seine Teile sind urheberrechtlich geschützt. Jede Nutzung in anderen als den gesetzlich zugelassenen Fällen bedarf der vorherigen schriftlichen Einwilligung des Verlages.
Hinweis zu § 52a UrhG: Weder das Werk noch seine Teile dürfen ohne eine solche Einwilligung eingescannt und in ein Netzwerk eingestellt werden. Dies gilt auch für Intranets von Schulen und sonstigen Bildungseinrichtungen.

Vorwort

Das vorliegende Unterrichtsbuch umfasst alle in den einzelnen Lernfeldern enthaltenen Recheninhalte des neuen Lehrplans für die Fachkräfte für Lagerlogistik sowie für die Fachlageristen. Durch seinen systematischen und übersichtlichen, die einzelnen Lernfelder begleitenden Aufbau eignet sich das vorliegende Buch sehr gut zum Einsatz im Unterricht sämtlicher Berufe der Lagerlogistik bzw. Lagerwirtschaft.

Sein bewährter Aufbau in

1. Erklärung der betrieblichen Sachverhalte zum Verständnis der nachfolgenden Inhalte;
2. Darstellung dieser Inhalte anhand von
   - Musteraufgaben,
   - Musterlösungen und
   - Lösungsschritten;
3. ausführliche Übungsaufgaben
   befähigt die Schüler überdies, sich die Inhalte im Selbststudium zu erarbeiten. Darüber hinaus wurde in der Neuauflage des Buches bei einigen Inhaltspunkten ein
4. Aufbaupunkt „Prüfungsaufgaben“ aufgenommen. Bei diesem Aufgabentyp handelt es sich i d. R. um eine Verknüpfung verschiedener Lernfelder zu einer umfassenden Prüfungsaufgabe.

Außerdem wurden mit dieser Neuauflage Aufgaben aktualisiert zum Rentenversicherungsbeitrag, Aufgaben an neue Tarife angepasst sowie weiterführende Aufgaben aufgenommen.

Fachliche Verbindungen werden dabei über Querverweise hergestellt:

LOP → Logistische Prozesse – Berufe der Lagerlogistik, Bestell-Nr. 00360

BWP → Betriebliche Wertprozesse – Fachkraft für Lagerlogistik, Bestell-Nr. 00362

WSP → Wirtschafts-und Sozialprozesse – Berufe der Lagerlogistik, Bestell-Nr. 00363

Neben der Anpassung an die neuen Lernfelder wurden auch die zum 01.01.2015 veränderten Gebührensätze der Deutschen Post AG berücksichtigt. Eine solchermaßen ständige Überarbeitung und Anpassung an Neuerungen erscheint umso wichtiger, je ernster man die Forderung einer praxisgerechten Ausbildung nimmt.

Auch in Zukunft werden kritische Hinweise und Anregungen gerne entgegengenommen und in zukünftigen Auflagen berücksichtigt.

Aus Gründen der Einfachheit werden wir in diesem Buch nur die männlichen Berufsbezeichnungen verwenden; zukünftige Fachlageristinnen sprechen wir aber gleichermaßen an.

Die Verfasser

Inhaltsverzeichnis

Tipp: Die **farbig unterlegten Inhalte** sind nicht für den Fachlageristen relevant; sie können jedoch behandelt werden.
Die Angaben der einzelnen Lernfelder beziehen sich auf den Rahmenplan.

I Wirtschaftsrechnen

1 Grundrechenarten

1.1 Addition

Die Addition ist die einfachste Grundrechenart. Mit ihrer Hilfe werden einzelne Zahlen (Summanden) zu einer Gesamtzahl (Summe) vereinigt.

Beispiel: *17 + 34 = 51*

Summand + Summand = Summe

Merke

1. Summanden können beliebig vertauscht werden, ohne dass sich der Wert der Summe ändert.

2. Die einzelnen Summanden können in beliebiger Weise zu Teilsummen zusammengefasst werden, ohne dass sich der Wert der Summe ändert.

3. Grundsätzlich können nur Zahlen gleicher Benennung (Dimension) zusammengezählt werden.

Übungsaufgaben

1. *Lösen Sie ohne Taschenrechner:*

a)	25,00 €	b)	38,79 €
	+ 17,00 €		+ 22,81 €
c)	3,75 €	d)	6,78 €
	+ 7,89 €		+ 11,45 €
	+ 0,67 €		+ 48,73 €
	+ 10,09 €		+ 300,50 €

2. *Die Sanitärgroßhandlung Esen & Co. ermittelt für die ersten 6 Monate folgende Warenumsätze:*

Artikelart / Monat	Badewannen	Badearmaturen	Duschkabinen	Spiegel	Summe
Januar	14 760,00	3 547,00	8 695,00	896,00	?
Februar	9 345,00	7 345,00	12 546,00	2 167,00	?
März	15 231,00	7 546,00	3 543,00	1 342,00	?
April	10 934,00	8 231,00	14 328,00	5 320,00	?
Mai	8 764,00	3 218,00	13 213,00	3 214,00	?
Juni	14 965,00	5 342,00	9 768,00	1 879,00	?
Summe	?	?	?	?	?

a) Berechnen Sie den Halbjahresumsatz je Artikelgruppe.

b) Ermitteln Sie den jeweiligen Monatsumsatz.

c) Errechnen Sie den Gesamtumsatz der Sanitärgroßhandlung für das erste Halbjahr.

1.2 Subtraktion

Die Subtraktion ist die Umkehr der Addition. Mit dieser Rechenart wird aus zwei oder mehreren Zahlen eine Differenz ermittelt.

Beispiel: *54 – 23 = 31*

Minuend – Subtrahend = Differenz

Merke

1. *Minuend und Subtrahend dürfen nicht vertauscht werden.*
2. *Grundsätzlich können nur Zahlen gleicher Benennung subtrahiert (abgezogen) werden.*

Übungsaufgaben

1. *Lösen Sie ohne Taschenrechner:*

a) 77 – 48	d) 39 – 12	g) 98 – 89
b) 45 – 16	e) 109 – 91	h) 143 – 63
c) 27 – 19	f) 89 – 23	i) 77 – 65

2.

a)	b)	c)
1 000,77 €	4 234,89 €	91 675,24 €
– 598,23 €	– 2 098,21 €	– 31 663,89 €

3.

a)	b)	c)
768,43 €	5 345,01 €	45 634,52 €
– 123,00 €	– 3 000,89 €	– 8 536,92 €
– 98,45 €	– 782,42 €	– 22 893,26 €

4. Subtrahieren Sie, ohne die Zahlen untereinander zu schreiben:
a) 1500 m – 325 m – 600 m – 50 m = ?
b) 800,00 € – 75,00 € – 326,50 € = ?

5. Ermitteln Sie den jeweiligen Endbestand an Waren:

	Anfangsbestand	Verkäufe	Endbestand
a)	12679 kg	7643 kg	?
b)	152674 kg	118783 kg	?
c)	674 m	419 m	?
d)	184 m	94 m	?
e)	19648,00 €	11573,20 €	?
f)	195542,80 €	88270,89 €	?

6. Berechnen Sie den Kassenbestand:

2679,00 € Anfangsbestand	*698,97 € Abgänge*
863,20 € Zugänge	*1762,72 € Abgänge*
4397,51 € Zugänge	*1497,24 € Abgänge*
89,00 € Zugänge	*2005,00 € Abgänge*
1000,00 € Zugänge	

7. Auf der Lagerfachkarte „Flüssigdünger" sind folgende Eingänge vermerkt: 325 l, 783 l, 98 l, 321 l und 376 l. Während des Betrachtungszeitraumes wurden folgende Mengen verkauft: 173 l, 659 l, 436 l, 79 l und 260 l.
Wie hoch ist der gegenwärtige Bestand?

8. Ermitteln Sie den Saldo des angeführten Bankkontos:

Soll	Bankkonto	Haben
786,00		565,90
12023,90		9753,10
2983,60		79,45
21970,30		17646,20
4762,20		9758,15
2923,10		7453,85
362,90	Saldo	?

9. Familie Esen beabsichtigt mit ihrem Auto in Urlaub zu fahren. Im Kfz-Brief ihres Pkw steht: Leergewicht 1350 kg; zulässiges Gesamtgewicht 1,8 t. Auf ihrer Ferienreise ist das Auto mit 2 Erwachsenen (75 kg und 55 kg) und ihren Kindern (43 kg und 31 kg) besetzt. Der voll gefüllte Tank wiegt 42 kg. Ermitteln Sie, wie viel Gepäck noch zugeladen werden kann.

10. Der Auszubildende Uli Jaus muss eine dringende Sendung zum Bahnhof bringen. Uli rechnet mit einer 3/4 Stunde für die Fahrt vom Betrieb zum Bahnhof, 10 Minuten für das Suchen eines Parkplatzes sowie 15 Minuten für die nötige Abwicklung.
Wann muss Uli spätestens von seinem Betrieb losfahren, wenn der Schalter um 13:15 Uhr schließt?

1.3 Multiplikation

Bei der Multiplikation handelt es sich um eine verkürzte Form der Addition.

Beispiel: $9 \cdot 5 = 45$

Faktor · Faktor = Produkt

Merke

1. *Beide Faktoren können beliebig vertauscht werden, ohne dass sich das Produkt ändert.*
2. *Faktoren unterschiedlicher Benennung müssen vor der Multiplikation auf eine einheitliche Benennung gebracht werden.*
3. *Die Faktoren werden bei der Multiplikation immer nebeneinander geschrieben.*

Übungsaufgaben

1. *Lösen Sie ohne Taschenrechner:*
   a) $7 \cdot 5$ c) $8 \cdot 6$ e) $12 \cdot 7$
   b) $9 \cdot 8$ d) $8 \cdot 4$ f) $18 \cdot 3$

2. *Ermitteln Sie den Warenbestand jedes einzelnen Artikels und insgesamt:*

Artikel	Stückpreis	Stückzahl
Brausegarnituren	17,80 €	23
Einhebelmischer	123,08 €	9
Konsolen	78,00 €	12
Brausehalterungen	13,45 €	23

3. *Ein Einzelhändler im Hi-Fi-Bereich bezieht 8 Fernsehgeräte zu einem Stückpreis von 799,00 €, 13 CD-Player zu einem Stückpreis von 348,00 € und 7 Tuner zu einem Preis von 618,00 € je Stück.*
   Wie viel Euro beträgt der Rechnungspreis?

4. *Berechnen Sie den Gesamtwert folgender Inventurbestände:*
   15 000 Zigarillos zu 0,20 €
   8 000 Zigarillos zu 0,50 €
   18 000 Zigarillos zu 1,20 €
   12 500 Zigarillos zu 2,45 €
   Zigaretten laut besonderer Aufstellung 23 000,00 €
   Tabak laut besonderer Aufstellung 10 500,00 €

5. *Wie hoch ist der Einkaufspreis folgender Schuhwaren:*
   45 Paar Damenhalbschuhe zu 53,00 € je Paar, 38 Paar Damenstiefel zu 125,00 € je Paar, 17 Paar Damenhausschuhe zu 15,80 € je Paar und 42 Paar Damensportschuhe zu 34,50 € je Paar.

6. *Laut Polizeibericht wurden folgende Waren aus einem Radio- und Fernsehfachgeschäft gestohlen:*

   4 Farbfernsehgeräte zu je 895,00 €, 3 Notebooks zu je 420,00 €, 13 Radiogeräte zu je 195,00 €, 40 Musik CDs zu je 11,95 € sowie 25 DVDs zu je 22,95 €.

   Auf wie viel Euro beläuft sich der Schaden?

7. *Ermitteln Sie die gesamten Benzinkosten einer Urlaubsreise, wenn folgende Tankstopps erfolgten:*

   45 l à 1,48 €, 38 l à 1,43 €, 52 l à 1,51 €, 26,5 l à 1,37 €.

8. *Ein Schubverband soll mit 3800 t Koks beladen werden. Ein Güterzug bringt je 25 Waggons mit 28,2 t, 30 1/4 t und 31500 kg.*

   Errechnen Sie, ob der Schubverband noch zwei weitere Züge mit je 30 Waggons von je 25,8 t Koks fasst.

9. *Eine Rangierlok wiegt 52 t und ist 12 m lang. Sie hat 3 Waggons angehängt, von denen jeder 19,2 m lang ist und 38,2 t wiegt.*

   a) Errechnen Sie das Gewicht des Zuges

   b) Mit wie viel Waggons darf die Lok höchstens über eine 52 m lange Drehscheibe fahren, wenn an den Kupplungsverbindungen jeweils 50 cm zusätzlich zu berücksichtigen sind?

10. *Das alteingesessene Mannheimer Transportunternehmen Werner & Else Schmitt KG setzt bei seinen Transporten u. a. auch unten beschriebenen Sattelauflieger der Marke „Cargobull" mit einem zulässigen Gesamtgewicht von 34500 kg ein.*

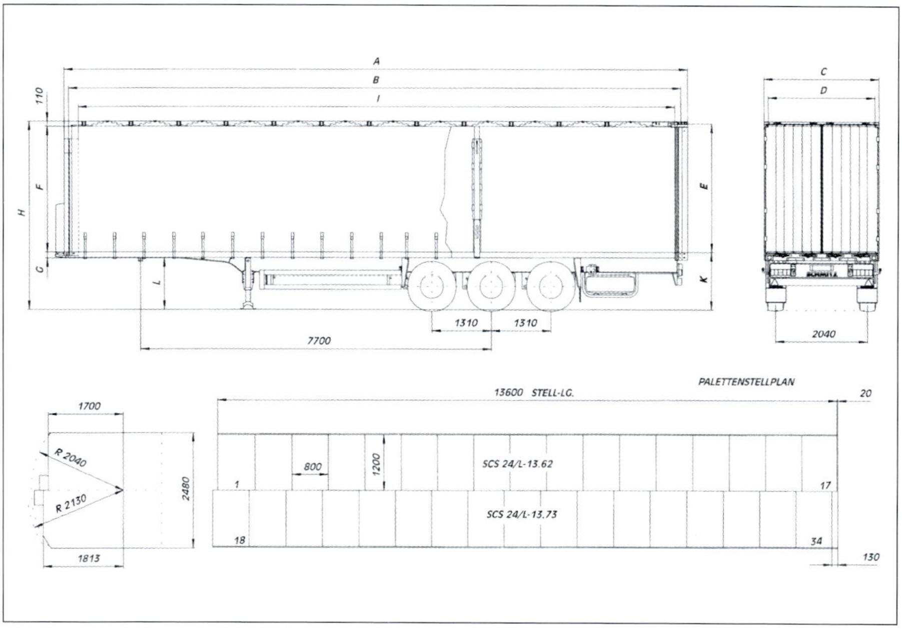

   a) Ermitteln Sie die Nutzlast, wenn das Leergewicht des Sattelaufliegers inkl. allem Zubehör 6,03 t beträgt.

b) Errechnen Sie das Gesamtgewicht nachfolgender Sendungen:

8 Euro-Paletten	*à*	*1 050 kg*	*12 Euro-Paletten*	*à*	*0,8 t*
3 Euro-Paletten	*à*	*2/3 t*	*5 Euro-Paletten*	*à*	*820 kg*
4 Euro-Paletten	*à*	*3/4 t*			

c) Ermitteln Sie, ob der Sattelauflieger noch eine aus 3 Euro-Paletten bestehende Zusatzladung zuladen könnte, wenn jede der Paletten 400 kg wiegt und sämtliche Paletten nicht stapelbar sind.

1.4 Division

Die Division ist die Umkehrung der Multiplikation. Mit dieser letzten Grundrechenart lassen sich Zahlen in ihre Teile zerlegen.

Beispiel: *39 : 13 = 3*

Dividend : Divisor = Quotient

Merke

1. *Dividend und Divisor dürfen nicht vertauscht werden.*
2. *Durch „0" kann nicht geteilt werden.*
3. *Zahlen unterschiedlicher Benennung müssen vor der Division auf eine einheitliche Benennung gebracht werden.*

Übungsaufgaben

1. *Lösen Sie ohne Taschenrechner:*

a) 35 : 7	*c) 24 : 3*	*e) 108 : 12*
b) 72 : 9	*d) 99 : 11*	*f) 49 : 7*

2. *Die Gesamtmiete einer Wohnung beträgt 748,00 € monatlich.*
Wie hoch ist die Miete pro m^2, wenn die Gesamtfläche der Wohnung 88 m^2 beträgt?

3. *Für eine Reise von Mannheim nach Hamburg (618 km) tankte ein Geschäftsmann in Mannheim 55 l Benzin.*
Wie viel Liter musste er unterwegs tanken, wenn sein Pkw durchschnittlich 12,1 l auf 100 km verbraucht?

4. *Die Sanitärgroßhandlung Berg & Müller bezog aus der Schweiz 17 Einhebelmischer zum Preis von 1 062,50 €. An Bezugskosten und Transportversicherung entstanden außerdem 76,50 €. Berechnen Sie den Preis für 1 Einhebelmischer.*

5. *Ein Einzelhandelsgeschäft erzielte im vergangenen Jahr einen Umsatz in Höhe von 22 680 000,00 €, wobei 56 Verkäuferinnen 189 000 Kunden bedienten.*
Berechnen Sie, wie viel Euro Jahresumsatz und wie viel Kunden auf jede Verkäuferin im Durchschnitt pro Jahr entfielen.

6. *Für ihre 6 Auszubildenden bezahlte die Spedition Anton Dittmann e. K. im vergangenen Jahr 29 700,00 € Ausbildungsvergütung.*
Wie viel Euro Ausbildungsvergütung erhielt jeder Auszubildende monatlich?

7. *Auf der letzten Geschäftsreise verfuhr unser Reisender Herr Kleinschmidt 133 l Benzin. Wie viel km ist Herr Kleinschmidt insgesamt gefahren, wenn unser Pkw im Durchschnitt 9,5 l Benzin auf 100 km verbraucht?*

8. *Ein Akkordarbeiter erhielt für die Bearbeitung eines Auftrages über 54 Werkstücke insgesamt 121,50 € gutgeschrieben.*
   a) *Wie hoch ist sein Verdienst pro Werkstück?*
   b) *Wie viel Euro erhält er bei der Bearbeitung eines Auftrages über 78 Werkstücke gutgeschrieben?*

9. *Das Mannheimer Großkraftwerk weihte 1998 einen neuen Portalkran ein.*
   a) *Wie lange benötigt dieser Portalkran zum Entladen eines doppelten Schubverbandes mit 5 200 t Kohle, wenn der Kran eine Entladeleistung von 500 Tonnen je Stunde aufweist?*
   b) *Berechnen Sie das Fassungsvermögen des Greifers, wenn der Kran pro Stunde maximal 56 Spiele durchführen kann. Als Spiel bezeichnet man einen Greifvorgang von dem Eintauchen in die Ladung auf dem Schiff bis zum Loslassen des Greifgutes.*

10. *Wie lange braucht ein Drehkran zum Entladen von 1 350 t Kies, wenn für ein Spiel 2 Minuten angesetzt werden und der verwendete Greifer durchschnittlich 7,5 t Kies fasst?*

11. *Sabine Zöphel, verantwortliche Mitarbeiterin der Firma BIOGUT GmbH für die sachgerechte Lagerung von Lebensmitteln, lagert eine aus 9 Europaletten bestehende Sendung in das unten angegebene Palettenregal ein.*

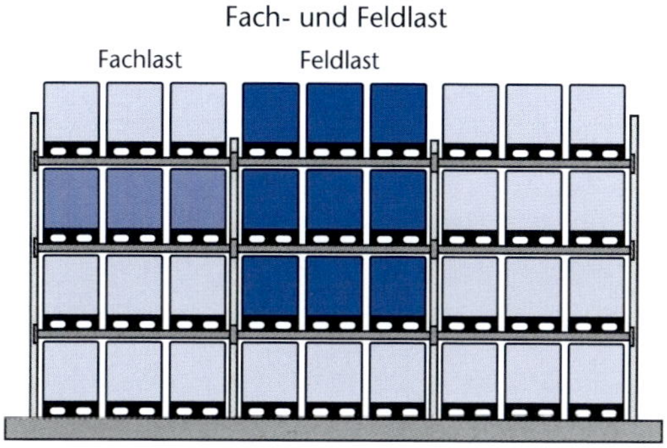

Hinweise:
Fachlast
= die Last mit der ein einzelner Regalboden bei gleichmäßig verteilter Last belastet werden darf

Feldlast
= Summe der Fachlasten zwischen zwei senkrechten Regalrahmen bei gleichmäßig verteilter Last auf die Fächer

Beachte: Bodenebenen werden nicht berücksichtigt

Quelle: BITO Lagertechnik, Gesamtkatalog, Januar 2008, S. 73

a) *Ermitteln Sie die Feldlast der eingelagerten Sendung – siehe farblich hervorgehobene Paletten –, wenn das Nettogewicht jeder Europalette 0,8 t beträgt und das Eigengewicht jeder Palette mit 20 kg angegeben wird.*
b) *Errechnen Sie die jeweilige Fachlast des Regallagers unter der Annahme, dass jede eingelagerte Palette das gleiche Bruttogewicht aufweist.*
c) *Wie viele kg Lebensmittel sind im angegebenen Palettenlager insgesamt eingelagert?*

1.5 Bruchrechnen

Brüche entstehen bei der Teilung eines oder mehrerer Ganzer. Dabei nennt man die Zahl auf dem Bruchstrich „Zähler" und die Zahl unter dem Bruchstrich „Nenner".

Beispiel

$$\frac{5 \leftarrow \textit{Zähler}}{9 \leftarrow \textit{Nenner}}$$

Als Schreibweise ist ebenfalls möglich: 5/9 oder 5 : 9.

1.5.1 Brucharten

Innerhalb der Bruchrechnung lassen sich verschiedene Arten von Brüchen unterscheiden.

Echte Brüche

Hierbei gilt: Zähler < Nenner (Das Zeichen „<" steht dabei für kleiner.)

z. B.: $\frac{5}{6}; \frac{12}{15}; \frac{1}{7}$

Unechte Brüche

Hierbei gilt: Zähler > Nenner (Das Zeichen „>" steht dabei für größer.)

z. B.: $\frac{6}{5}; \frac{15}{12}; \frac{7}{1}$

Stammbrüche

Hierbei gilt: Zähler = 1

z. B.: $\frac{1}{3}; \frac{1}{7}; \frac{1}{9}; \frac{1}{13}$

Gemischte Zahl/gemischter Bruch

Er besteht aus: Ganzer Zahl + Bruch

z. B.: $1\frac{3}{5}; 7\frac{16}{27}; 45\frac{3}{17}$

Gleichnamige Brüche

Hierbei gilt: Nenner sind gleich

z. B.: $\frac{1}{8}; \frac{3}{8}; \frac{4}{8}$

Ungleichnamige Brüche

Hierbei gilt: Nenner sind unterschiedlich

z. B.: $\frac{3}{7}; \frac{7}{8}; \frac{5}{9}$

1.5.2 Umwandlung von Brüchen in Dezimalzahlen

Brüche können in Dezimalzahlen umgewandelt werden, indem man den Bruchstrich als „Geteiltzeichen" darstellt, z. B.:

$$\frac{3}{4} = 3/4 = 3 : 4 = 0{,}75$$

$$\frac{3}{4} = 1/2 = 1 : 2 = 0{,}5$$

$$\frac{1}{3} = 1/3 = 1 : 3 = 0{,}3333...$$

$$\frac{3}{16} = 3/16 = 3 : 16 = 0{,}1875$$

1.5.3 Bruchregeln

Erweitern von Brüchen

Brüche werden erweitert, indem man Zähler und Nenner mit der gleichen Zahl multipliziert,

z. B.: $\frac{3}{5}$ erweitert mit „6" $= \frac{3 \cdot 6}{5 \cdot 6} = \underline{\underline{\frac{18}{30}}}$

Kürzen von Brüchen

Brüche werden gekürzt, indem Zähler und Nenner durch die gleiche Zahl dividiert werden,

z. B.: $\frac{18}{30}$ gekürzt durch „6" $= \frac{18 : 6}{30 : 6} = \underline{\underline{\frac{3}{5}}}$

Addition (Subtraktion) von Brüchen

Addition (Subtraktion) gleichnamiger Brüche
Gleichnamige Brüche werden addiert (subtrahiert), indem man die Zähler addiert (subtrahiert) und den Nenner beibehält,

z. B.: $\frac{3}{5} + \frac{4}{5} + \frac{1}{5} = \frac{8}{5} = \underline{\underline{1\frac{3}{5}}}$

$$\frac{6}{7} - \frac{3}{7} + \frac{5}{7} = \frac{8}{7} = \underline{\underline{1\frac{1}{7}}}$$

Addition (Subtraktion) ungleichnamiger Brüche

Ungleichnamige Brüche werden addiert (subtrahiert), indem die Nenner vor der Addition (Subtraktion) gleichnamig gemacht (Hauptnenner suchen) und danach wie gleichnamige Brüche addiert (subtrahiert) werden,

z. B.: $\frac{3}{4} + \frac{6}{7} = \frac{21}{28} + \frac{24}{28} = \frac{45}{28} = \underline{\underline{1\frac{17}{28}}}$

$$\frac{8}{9} - \frac{3}{5} = \frac{40}{45} - \frac{27}{45} = \underline{\underline{\frac{13}{45}}}$$

Addition (Subtraktion) gemischter Brüche

Gemischte Brüche werden addiert (subtrahiert), indem man zuerst die ganzen Zahlen und anschließend die Brüche addiert (subtrahiert),

z. B.: $5\frac{1}{6} + 7\frac{4}{5} = \underline{\underline{12\frac{5}{6}}}$

$8\frac{3}{7} - 2\frac{2}{7} = \underline{\underline{6\frac{1}{7}}}$

Multiplikation von Brüchen

Multiplikation von Brüchen mit einer ganzen Zahl

Ein Bruch wird mit einer ganzen Zahl multipliziert, indem man den Zähler mit der ganzen Zahl multipliziert und den Nenner beibehält,

z. B.: $3 \cdot \frac{4}{5} = \frac{3 \cdot 4}{5} = \frac{12}{5} = \underline{\underline{2\frac{2}{5}}}$

Multiplikation von Brüchen mit Brüchen

Brüche werden multipliziert, indem man Zähler mit Zähler und Nenner mit Nenner multipliziert,

z. B.: $\frac{4}{7} \cdot \frac{5}{8} = \frac{4 \cdot 5}{7 \cdot 8} = \frac{20}{56} = \underline{\underline{\frac{5}{14}}}$

Multiplikation von gemischten Brüchen

Gemischte Brüche (Zahlen) werden miteinander multipliziert, indem man die gemischten Brüche zunächst in unechte Brüche umwandelt und anschließend multipliziert,

z. B.: $3\frac{1}{3} \cdot 5\frac{2}{7} = \frac{10}{3} \cdot \frac{37}{7} = \frac{370}{21} = \underline{\underline{17\frac{13}{21}}}$

Division von Brüchen

Division von Brüchen mit einer ganzen Zahl

Ein Bruch wird durch eine ganze Zahl dividiert, indem man den Nenner mit der ganzen Zahl multipliziert und den Zähler beibehält,

z. B.: $\frac{4}{7} : 5 = \frac{4}{35}$

Division von einem Bruch durch einen Bruch

Brüche werden dividiert, indem man mit dem Kehrwert multipliziert,

z. B.: $\frac{3}{4} : \frac{4}{7} = \frac{3 \cdot 7}{4 \cdot 4} = \frac{21}{16} = \underline{\underline{1\frac{5}{16}}}$

Division eines gemischten Bruches mit einer ganzen Zahl

Ein gemischter Bruch wird durch eine ganze Zahl dividiert, indem man die gemischte Zahl vor der Division in einen unechten Bruch umwandelt und danach den Nenner mit der ganzen Zahl multipliziert,

z. B.: $4\frac{4}{5} : 2 = \frac{24}{5} : 2 = \frac{24}{10} = 2\frac{4}{10} = \underline{\underline{2\frac{2}{5}}}$

Division eines gemischten Bruches durch einen gemischten Bruch

Ein gemischter Bruch wird durch einen gemischten Bruch dividiert, indem die gemischten Brüche in unechte Brüche verwandelt werden und anschließend der erste Bruch mit dem Kehrwert des zweiten Bruches multipliziert wird,

z. B.: $4\frac{5}{6} : 3\frac{1}{3} = \frac{29}{6} : \frac{10}{3} = \frac{29}{6} \cdot \frac{3}{10} = \frac{87}{60} = 1\frac{27}{60} = \underline{\underline{1\frac{9}{20}}}$

Übungsaufgaben

1. Erweitern Sie folgende Brüche mit „3":

a) $\frac{4}{5}; \frac{6}{7}; \frac{5}{8}; \frac{2}{9}; \frac{13}{17}; \frac{17}{21}$

b) $\frac{14}{19}; 3\frac{4}{5}; 16\frac{13}{14}; 9\frac{12}{17}; 1\frac{6}{7}$

2. Kürzen Sie nachfolgende Brüche durch „6":

a) $\frac{12}{48}; \frac{72}{108}; \frac{48}{78}; \frac{60}{96}; \frac{54}{84}$

b) $\frac{24}{66}; \frac{30}{96}; \frac{96}{108}; \frac{66}{102}; \frac{108}{120}$

3. Wandeln Sie folgende Brüche in Dezimalzahlen um:

a) $\frac{3}{8}; \frac{12}{15}; \frac{13}{21}; \frac{24}{26}; \frac{48}{51}$

b) $2\frac{1}{4}; 13\frac{5}{9}; 17\frac{15}{22}; 132\frac{75}{98}$

4. Addieren Sie folgende Brüche:

a) $\frac{3}{4} + \frac{5}{4} + \frac{1}{4}$

b) $\frac{7}{9} + \frac{4}{9} + \frac{6}{9}$

c) $3\frac{4}{23} + \frac{17}{23} + \frac{13}{23}$

d) $\frac{3}{17} + 6\frac{16}{17} + 13\frac{9}{17}$

e) $9\frac{7}{31} + 5\frac{25}{31} + 13\frac{6}{31} + 3\frac{14}{31}$

5. *Subtrahieren Sie folgende Brüche:*

a) $\frac{7}{8}-\frac{3}{8}$

b) $\frac{5}{6}-\frac{2}{6}-\frac{1}{6}$

c) $3\frac{5}{9}-2\frac{1}{9}$

d) $5\frac{2}{17}-3\frac{1}{17}-\frac{11}{17}$

6. *Ermitteln Sie die Summen der Brüche:*

a) $\frac{5}{8}+\frac{3}{4}+\frac{1}{7}+\frac{1}{8}$

b) $\frac{1}{6}+\frac{2}{3}+\frac{1}{2}+\frac{5}{8}-\frac{1}{3}$

c) $4\frac{1}{2}+2\frac{3}{4}+3\frac{5}{8}-5\frac{1}{4}$

d) $14\frac{7}{18}-9\frac{2}{3}+5\frac{1}{2}+6\frac{5}{9}$

7. *Multiplizieren Sie folgende Brüche:*

a) $\frac{7}{8}\cdot 5$

b) $\frac{23}{29}\cdot 7$

c) $\frac{2}{3}\cdot 9$

d) $\frac{9}{11}\cdot 5$

e) $\frac{13}{16}\cdot 6$

f) $\frac{5}{11}\cdot 16$

g) $\frac{13}{8}\cdot 9$

h) $\frac{17}{18}\cdot 11$

8. *Multiplizieren Sie folgende Brüche:*

a) $7\frac{1}{4}\cdot 6$

b) $6\frac{11}{15}\cdot 8$

c) $12\frac{2}{3}\cdot 8$

d) $8\cdot 6\frac{7}{8}$

e) $21\frac{7}{9}\cdot 3$

f) $12\cdot 11\frac{5}{6}$

9. *Multiplizieren Sie folgende Brüche:*

a) $2\frac{7}{8}\cdot 1\frac{3}{4}$

b) $5\frac{1}{3}\cdot 3\frac{1}{9}$

c) $17\frac{5}{9}\cdot 12\frac{11}{15}$

d) $13\frac{3}{4}\cdot 8\frac{13}{17}$

e) $3\frac{6}{7}\cdot 6\frac{9}{11}$

f) $4\frac{2}{5}\cdot 3\frac{1}{4}$

10. *Dividieren Sie folgende Brüche:*

a) $\frac{3}{4}:2$

b) $\frac{5}{6}:3$

c) $\frac{2}{5}:4$

d) $\frac{11}{16}:12$

e) $\frac{13}{15}:24$

f) $\frac{8}{9}:13$

11. *Dividieren Sie folgende Brüche:*

a) $3\frac{2}{13}:3$

b) $\frac{7}{8}:5$

c) $18:\frac{9}{10}$

d) $14\frac{12}{17}:5$

e) $\frac{3}{4}:6$

f) $5:\frac{2}{3}$

g) $2\frac{1}{11}:\frac{3}{4}$

h) $\frac{11}{12}:\frac{5}{6}$

i) $6\frac{7}{12}:2\frac{1}{2}$

12. *Der Kurierdienst K. Schweighoffer Express e. K. befördert hauptsächlich Sendungen in der näheren Umgebung mithilfe des abgebildeten Pritschen-Anhängers vom Typ „Lastesel Z 270/2000".*

Typen-Bez.: „Lastesel Z 270/200"

Länge cm	Breite cm	Höhe cm	Gesamt-gewicht kg	Nutzlast kg	Leer-/Eigen-gewicht kg	Achsen	Endpreis excl. MwSt.
270	150	30	2000	1580	420	2	2225,00

Überprüfen Sie, ob mit dem abgebildeten Anhänger ein dringender Auftrag, der aus folgenden drei Sendungen im Gewicht von 5/8 t, 4/7 t und 1/4 t besteht, transportiert werden darf.

2 Dreisatzrechnen

2.1 Der einfache Dreisatz

Die Dreisatzrechnung ist eine der wichtigsten Rechenarten des Kaufmanns, lässt sich doch ein Großteil der übrigen Rechenarten mithilfe des Dreisatzes lösen, so z. B. die Währungs-, Prozent- und Zinsrechnung.

Bei der Dreisatzrechnung schließt man von 3 gegebenen Größen auf eine noch unbekannte 4. Größe. Die Errechnung geschieht in drei Schritten („3 Sätzen“ = „Drei-Satz-Rechnung“), die im Folgenden gezeigt werden.

2.1.1 Der Dreisatz mit geradem Verhältnis

Musteraufgabe

Ein Ballen Stoff von 25,80 m kostet 1 780,00 €.
Wie viel Euro kosten 5,70 m?

Musterlösung

25,80 m (b) –	1 780,00 € (a)	1. Bedingungssatz
5,70 m (c) –	x €	2. Fragesatz

$$x = \frac{1\,780 \cdot 5{,}70}{25{,}80}$$ 3. Schlusssatz

$$x = 393{,}26\ €$$

Lösungsschritte

1. Aufstellen des Satzes mit den gegebenen Größen (Bedingungssatz), wobei die gesuchte Einheit (€) rechts steht.
   Hier: 25,80 m – 1 780,00 €

2. Aufstellen des Fragesatzes, wobei die gesuchte Einheit (€) ebenfalls rechts steht.
   Hier: 5,70 m – x €

Merke: *Gleiche Einheiten werden stets untereinander geschrieben!*

3. Aufstellen des Schlusssatzes.
   Dabei gilt es Folgendes zu beachten:
   a) Die Größe, die über dem „x“ steht, kommt immer auf den Bruch, hier: 1 780,00 € (a).
   b) Fragestellung
      Frage: Kosten 5,70 m mehr oder weniger als 1 780,00 €?
      Antwort: 5,70 m kosten weniger als 1 780,00 €.

Folge: Weniger m kosten weniger Geld, d. h. soll das Ergebnis kleiner als 1 780,00 € (a) sein, so kommt die größere der beiden Zahlen 25,80 m (b) bzw. 5,70 m (c) unter den Bruch. Dies wird dadurch erklärt, dass die bereits auf dem Bruch stehende Zahl 1 780,00 € mit einer Zahl multipliziert werden muss, die kleiner als „1" ist (5,70 : 25,80 < 1).
Soll das Ergebnis größer als (a) sein, so kommt die größere der beiden Zahlen (b) bzw. (c) auf den Bruch.

Verändert sich die gesuchte Größe (weniger €) in der gleichen Weise wie die Veränderung der anderen Größe (weniger m), so spricht man von einem geraden oder direkten Verhältnis.

Für gerade Verhältnisse gilt:

Merke

je mehr – desto mehr
je weniger – desto weniger

Übungsaufgaben

1. *Auf den Bezug von 50 kg Teigwaren entfallen 30,00 € Bezugskosten.*
   Welche Bezugskosten entfallen auf a) 78 kg, b) 36 kg, c) 40 kg, d) 143 kg?

2. *Arbeiter Bergner erzielte in der vergangenen Woche einen Bruttolohn von 616,00 € bei 37,5 Arbeitsstunden.*
   Wie hoch ist sein Bruttoverdienst in dieser Woche, wenn er 41 Arbeitsstunden leistet?

3. *Die wöchentliche Arbeitszeit der 6 Mitarbeiter im Getreidelager der BTAG beträgt laut Tarifvertrag 7,5 Stunden. Zur Erntezeit müssen die Lagermitarbeiter regelmäßig Überstunden leisten. Um dies zu vermeiden, schlägt der Lagerleiter für dieses Jahr vor, zusätzlich 3 Leiharbeiter mit jeweils 4 Stunden täglich einzusetzen.*
   Ermitteln Sie die von jedem Arbeiter zu leistenden Überstunden, wenn die Personalabteilung den Vorschlag ablehnen sollte.

4. *Die diesjährigen Ausbildungskosten der 7 Auszubildenden eines Betriebes betrugen 52 080,00 €.*
   Auf wie viel Euro steigen im kommenden Jahr die Ausbildungskosten, wenn der Betrieb nochmals 4 Auszubildende einstellt?

5. *Im vergangenen Jahr erzielte eine Verkäuferin bei einem Monatsumsatz von 95 000,00 € eine Prämie von 1 900,00 €.*
   Mit welcher Prämie kann die Verkäuferin in diesem Monat rechnen, wenn sie einen Minderumsatz von 8 000,00 € erzielte?

6. *Der m^2-Preis für eine gemietete Wohnung stieg im vergangenen Jahr von 6,00 € auf 6,80 €.*
   Um wie viel Euro erhöhte sich die monatliche Miete, wenn im letzten Jahr für eine 90 m^2 große Wohnung 540,00 € Miete gezahlt werden musste?

7. *Ein Pkw verbraucht auf 100 km durchschnittlich 9,4 l Benzin.*
   Wie viele l werden für eine Geschäftsreise über 1 455 km benötigt?

2.1.2 Der Dreisatz mit ungeradem Verhältnis

Musteraufgabe

Die letztjährige Inventur wurde von 12 Arbeitern in 4 Tagen durchgeführt.
Wie lange benötigen 8 Arbeiter für die diesjährige Inventur?

Musterlösung

12 Arbeiter (b)	– 4 Tage (a)	1. Bedingungssatz
8 Arbeiter (c)	– x Tage	2. Fragesatz

$$x = \frac{4 \cdot 12}{8}$$

3. Schlusssatz

$$\underline{\underline{x = 6 \text{ Tage}}}$$

Die diesjährige Inventur wird von 8 Arbeitern in 6 Tagen durchgeführt.

Lösungsschritte

1. Aufstellen des Satzes mit den gegebenen Größen (Bedingungssatz), wobei die gesuchte Einheit rechts steht.
   Hier: 12 Arbeiter – **4 Tage**
2. Aufstellen des Fragesatzes, wobei die gesuchte Einheit (Tage) ebenfalls rechts steht.
   Hier: 8 Arbeiter – **x Tage**
   Auch hier gilt wiederum: Gleiche Einheiten werden stets untereinander geschrieben.
3. Aufstellen des Schlusssatzes.
   Auch hier gilt es wieder zu beachten:
   a) Die Größe, die über dem „x" steht, kommt immer auf den Bruch.
      Hier: 4 Tage (a)
   b) Fragestellung
      Frage: Benötigen 8 Arbeiter mehr Zeit oder weniger Zeit zur Bewältigung der Arbeitsaufgabe?
      Antwort: 8 Arbeiter benötigen mehr Zeit.
      Folge: Weniger Arbeiter benötigen mehr Zeit, d. h. soll das Ergebnis länger als 4 Tage (a) sein, so kommt die größere der beiden Zahlen 12 Arbeiter (b) bzw. 8 Arbeiter (c) auf den Bruch.
      Dies ergibt sich dadurch, dass die bereits auf dem Bruch stehende Zahl (4 Tage) mit einem Faktor multipliziert werden muss, der größer als „1" ist (12 : 8 > 1).

Wie aus der Aufgabe hervorgeht, so verändert sich die gesuchte Größe (mehr Tage) in umgekehrter Weise zur Veränderung der anderen Größe (weniger Arbeiter). In solchen Fällen spricht man von einem ungeraden oder indirekten Verhältnis.

Für ungerade Verhältnisse gilt:

Merke

je weniger – desto mehr
je mehr – desto weniger

In Zukunft braucht man im Prinzip nicht mehr zwischen geradem und ungeradem Verhältnis zu unterscheiden. Voraussetzung ist jedoch, dass man sich vor der Lösung jeder Aufgabe nachfolgende Frage stellt und stets die sich daraus ergebende Konsequenz beachtet:

Merke

Frage: *Soll das Ergebnis größer oder kleiner als unter (a) angegeben sein?*

Konsequenz: *a) Soll das Ergebnis größer sein, so kommt die größere der beiden Zahlen (b) oder (c) auf den Bruchstrich.*

b) Soll das Ergebnis kleiner sein, so kommt die größere der beiden Zahlen (b) oder (c) unter den Bruchstrich.

Übungsaufgaben

1. **Eine Baukolonne von 18 Arbeitern benötigt zur Herstellung eines Rohbaus 42 Tage. In wie vielen Tagen wäre der Rohbau fertig, wenn zusätzlich 6 Arbeitskräfte eingesetzt werden könnten?**

2. **6 Arbeitskräfte erledigen eine Arbeitsaufgabe in 14 Tagen. Wie viele Tage werden für die Erledigung der gleichen Arbeit benötigt, wenn infolge einer Erkrankung nur noch 4 Arbeitskräfte zur Verfügung stehen?**

3. **Der Bestand an Kopierpapier reicht bei einem durchschnittlichen täglichen Bedarf von 780 Blatt 35 Tage. Wie lange würde der Vorrat reichen, wenn im Zuge einer allgemeinen Sparmaßnahme täglich nur noch durchschnittlich 546 Vorlagen kopiert werden dürften?**

4. **Für den Abtransport von 180 m^3 Bauschutt werden 12 Lkw mit je 15 t Ladegewicht benötigt. Wie viele Lkw mit 20 t Ladegewicht müssten zur Beförderung obiger Menge bereitgestellt werden?**

5. **Für eine Werbekampagne entstanden den 8 beteiligten Unternehmen Kosten in Höhe von 68 750,00 €. Auf wie viel Euro würde sich der Kostenanteil eines Unternehmens belaufen, wenn sich statt der 8 nun 11 Unternehmen beteiligt hätten?**

Vermischte Dreisatzaufgaben

1. *Der Lagerbestand an Videokassetten reicht bei einem täglichen Absatz von durchschnittlich 180 Stück für 6 Tage. Wie lange würde der Vorrat reichen, wenn täglich 216 Stück verkauft würden?*

2. *Zum Tapezieren eines Raumes benötigt man 12 1/2 Rollen Tapete von 50 cm Breite. Wie viel Rollen benötigt man, wenn diese 70 cm breit sind?*

3. *Wie viele Minuten benötigt ein Motorradfahrer, um von Mannheim nach Heidelberg (20 km) zu fahren, wenn seine Durchschnittsgeschwindigkeit 90 km/h beträgt?*

4. *Ein Küstenmotorschiff legt die Strecke Lissabon – Hamburg in 7 Tagen zurück, wenn es durchschnittlich 16 Knoten fährt. Wie viele Tage, Stunden und Minuten würde es benötigen, wenn die Motorleistung auf 18 Knoten erhöht werden könnte?*

5. Der Preis für 1 cwt (= 45,358 kg) Düngemittel beträgt 907,16 €.
Wie viel Euro müsste man für 2 Tonnen Düngemittel bezahlen?

6. Zum Entladen eines Binnenschiffs mit 850 t benötigt ein Kran 15 Arbeitsstunden.
Wie lange würde der Kran für die Löschung von 680 t brauchen?

7. Bei einer Arbeitszeitverkürzung auf 35 Stunden erhöht sich der Stundenlohn bei vollem Lohnausgleich von 11,20 € auf 12,00 €.
Errechnen Sie die wöchentliche Arbeitszeit vor der Arbeitszeitverkürzung.

8. Beim Ausheben eines Kellers mit den Maßen 5 m · 8 m · 2 m entstehen Kosten in Höhe von 6 400,00 €.
Welche Kosten würden beim Ausheben eines Kellers mit den Maßen 5,4 m · 7,5 m · 2,20 m anfallen?

9. Ein Güterzug benötigt für die Strecke Mannheim – München (450 km) 5 Stunden.
Welche Zeit benötigt er, wenn er die bisherige Durchschnittsgeschwindigkeit um 10 km/h erhöht?

10. Zur Neugestaltung eines Fußgängerwegs von 10 m Länge · 3 m Breite benötigt man 240 Platten.
Wie viele Platten benötigt man für die Neugestaltung eines Fußgängerwegs von 50 m Länge · 2,50 m Breite?

11. Wie viele Liter Dieseltreibstoff benötigt ein Lkw für die Fahrt von Mannheim nach Hamburg (627 km), wenn er im Durchschnitt 32,7 l auf 100 km verbraucht?

12. Zur Beförderung von 195 t Kies werden 15 Lkw mit einem Ladegewicht von 13 t benötigt.
Wie viele 13-t-Lkw braucht man für die Beförderung von 156 t?

13. Ein Großraumbüro soll mit Teppichboden ausgelegt werden. Von einer 4 m breiten Veloursauslegware würde man 27 m benötigen.
Wie viele m müssten geliefert werden, wenn der ausgewählte Teppichboden nur noch in 3 m Breite am Lager wäre?

14. Familie Müller bezahlte für ihre Wohnung bei einem Mietpreis von 4,50 € pro m² bisher 675,00 € Monatsmiete.
Welche Monatsmiete muss Familie Müller künftig bezahlen, wenn der Vermieter die Miete je m² um 0,40 € erhöht?

15. Der Lagerarbeiter Toni Ausanio leistete im vergangenen Monat 16 Überstunden und erhielt dafür 96,00 € ausgezahlt.
Wie viel Euro erhält er in diesem Monat ausgezahlt, wenn er nur noch 6,5 Überstunden leisten konnte?

16. Die Inhaberin der Boutique „Nadine“ möchte ihr Geschäft neu tapezieren lassen. Bei einer Bahnbreite von 90 cm benötigt sie 25 Rollen Tapeten.
Wie viele Rollen benötigt sie bei einer Bahnbreite von einem 3/4 m?

2.2 Der zusammengesetzte Dreisatz

Der zusammengesetzte Dreisatz besteht aus mehreren Dreisätzen, die sowohl in geradem als auch ungeradem Verhältnis zueinander stehen können.

Zur Lösung teilt man den zusammengesetzten Dreisatz in einzelne Dreisätze auf, die dann in der gewohnten Form gelöst werden. Als hilfreich bei der Lösung hat sich dabei das unten aufgeführte „Abdeckverfahren" erwiesen.

Musteraufgabe

Die letztjährige Inventur wurde von 6 Arbeitern in 4 Tagen durchgeführt, wobei jeder Arbeiter 7,5 Stunden täglich arbeitete.
Wie viele Stunden müssen 10 Arbeiter täglich arbeiten, wenn die diesjährige Inventur in 3 Tagen durchgeführt werden soll?

Musterlösung

1. Dreisatz

2. Dreisatz

6 Arbeiter – 4 Tage – 7,5 Stunden	1. Bedingungssatz
10 Arbeiter – 3 Tage – x Stunden	2. Fragesatz

$$x = \frac{7{,}5 \cdot 6 \cdot 4}{10 \cdot 3}$$ 3. Schlusssatz

$x = 6$ Stunden

Lösungsschritte

1. Aufstellen des Satzes mit den gegebenen Größen (Bedingungssatz), wobei die gesuchte Einheit rechts steht.
   Hier: 7,5 **Stunden**
2. Aufstellen des Fragesatzes, wobei die gesuchte Einheit ebenfalls rechts steht.
   Hier: x **Stunden**

   Merke: *Gleiche Einheiten stets untereinander!*
3. Aufstellen des Schlusssatzes
   Dabei gilt es wiederum Folgendes zu beachten:
   a) Die Größe, die über dem „x" steht, kommt immer auf den Bruch.
   Hier: 7,5 Stunden
   b) Anwendung des „Abdeckverfahrens", d. h. sämtliche Größen werden stets bis auf einen Dreisatz abgedeckt, der anschließend in der bisherigen Form gelöst wird.

   Hier: 6 Arbeiter – 7,5 Stunden
   10 Arbeiter – x Stunden

   $$x = \frac{7{,}5 \cdot 6}{10}$$

Da 10 Arbeiter die besagte Arbeitsaufgabe schneller erledigen können als 6 Arbeiter, muss die größere Zahl unter den Bruchstrich (das Ergebnis soll ja kleiner werden).

Nachdem der 1. Dreisatz gelöst wurde, wendet man sich dem 2. Dreisatz zu, hier:

4 Tage	–	7,5 Stunden
3 Tage	–	x Stunden

$$x = \frac{7{,}5 \cdot 6 \cdot 4}{10 \cdot 3}$$

Wenn die Arbeit in 3 Tagen beendet sein soll, so muss natürlich täglich länger gearbeitet werden, dies bedeutet, dass die größere Zahl auf den Bruch geschrieben werden muss.

Übungsaufgaben

1. *Zum Entladen eines Schiffes mit 760 t Kies benötigen 6 Arbeiter insgesamt 9 Stunden. Wie lange brauchen 4 Arbeiter, wenn 684 t Kies zu entladen sind?*

2. *258 m³ Bauschutt wird von 2 Lkw in 9 Stunden abgefahren. Wie lange benötigen 3 Lkw für den Abtransport von 172 m³ Bauschutt?*

3. *In der Innenstadtlage wird ein Grundstück von 50 m Länge und 16 m Breite zu einem Preis von 1,5 Mio. € angeboten. Wie teuer müsste ein vergleichbares Grundstück von 32 m Länge und 24 m Breite sein?*

4. *Zum Entladen von 3 Lkw à 24 t benötigen 4 Arbeiter 9 Stunden. Wie viele Arbeitskräfte werden benötigt, wenn 7 Lkw à 20 t in 7 Stunden entladen werden sollen?*

5. *800 m Kleiderstoff, 90 cm breit, wiegen 120 kg. Wie viel kg wiegen 520 m Kleiderstoff bei einer Breite von 1,2 m?*

6. *Zum Löschen von 5 Binnenschiffen mit je 1 200 t Kohle benötigen 6 Kräne 7 Stunden. Wie viele Stunden benötigen 10 Krananlagen, wenn 8 Schiffe mit je 800 t entladen werden sollen?*

7. *12 Arbeiter erledigen einen Auftrag über 54 Werkstücke in 12 Arbeitstagen bei 8-stündiger täglicher Arbeitszeit. Ein Eilauftrag über 81 Werkstücke soll nun in 9 Tagen ausgeführt werden. Wie viele Überstunden muss jeder täglich arbeiten, wenn insgesamt 18 Arbeiter eingesetzt werden können?*

8. *Eine landwirtschaftliche Fläche von 125 ha wird von 18 Arbeitern in einem 5-tägigen Einsatz unter Zuhilfenahme von 3 Mähdreschern abgeerntet, wobei die Arbeiter täglich 10 Stunden im Einsatz waren. Wie lange müssen die Arbeiter zur Ernte einer 80 ha großen Fläche täglich arbeiten, wenn 2 Arbeiter erkrankten und die Arbeit in 4 Tagen beendet sein soll?*

9. *Die Firma Maurer & Schneider möchte für die Registratur neue Regale bestellen. Bisher konnten auf einem Regal von 18 m Länge in 8 Fächern übereinander 3 250 Aktenordner gelagert werden. Wie viele Aktenordner können untergebracht werden, wenn die Regale um 4 m verlängert und zusätzlich um 2 Fächer erhöht werden sollen?*

10. *Ein Unternehmen fertigte bisher in einem Monat mit 8 Maschinen 36 000 Gussgehäuse bei einer 5-Tage-Woche und einer 7,5-stündigen Arbeitszeit pro Tag.*
Wie viele Gussgehäuse können nun hergestellt werden, wenn 10 Maschinen bei einer 4-Tage-Woche zur Verfügung stehen und die Arbeitszeit auf 9 Stunden täglich erhöht wurde?

11. *Der Dieseltank einer Möbelspedition reicht mit seinem Vorrat 38 Tage, wenn jeder der 9 Lkw täglich 54 l Diesel verbraucht.*
Wie lange würde der Vorrat reichen, wenn 3 Lkw ausgemustert würden und die restlichen Lkw täglich nur 50 l verbrauchten?

12. *Der Rohbau eines neuen Hochregallagers der BASF soll von 20 Arbeitern in 40 Tagen hochgezogen werden. Nach 24 Tagen stehen jedoch erst 2/5 des Rohbaus.*
Wie viele Arbeiter müssen zusätzlich eingestellt werden, damit der Rohbau vertragsgemäß am 40. Tag übergeben werden kann?

13. *Die Duisburger Umschlags-AG entlud mit 9 Arbeitern in den vergangenen 10 Tagen 25 Schiffe mit einem Fassungsvermögen von je 1 200 t unter Zuhilfenahme von drei Krananlagen, wobei jeder Arbeiter 8 Stunden täglich arbeitete. In den kommenden 12 Tagen sollen nun 20 Schiffe mit einem Fassungsvermögen von je 1 600 t entladen werden.*
Wie viele Stunden müssen die 9 Arbeiter täglich arbeiten, wenn eine Krananlage aufgrund einer TÜV-Überprüfung ausfällt?

14. *Laut der Personaleinsatzplanung eines Betriebes sollte die diesjährige Inventur von 5 Arbeitskräften in 6 Tagen durchgeführt werden. Nach 2 Tagen sind jedoch erst 1/5 der notwendigen Teile erfasst.*
Wie viele Arbeiter müssen zusätzlich für die Inventur abgestellt werden, wenn diese wie geplant nach 6 Tagen beendet sein soll?

15. *5 Mitarbeiter der Lagereigesellschaft Würzburg GmbH benötigen zur Erledigung eines Auftrages bei einer täglichen Arbeitszeit von 7,5 Stunden insgesamt 4 Tage.*
Ermitteln Sie, wie viele Überstunden jeder Arbeiter täglich leisten muss, wenn ein doppelt so großer Auftrag von 4 Arbeitern in 6 Tagen ausgeführt werden soll.

16. *Drei Abfüllmaschinen benötigen für einen Auftrag 21 Stunden. Nach fünf Stunden fällt eine Maschine infolge eines Schadens aus.*
Wie viele Stunden brauchen die beiden restlichen Maschinen zur Beendigung des Auftrages?

17. *Der Spediteur Werner Schmitt beabsichtigt einen Teil seines Lagers umzubauen.*
Das beauftragte Bauunternehmen plant, mit drei Arbeitern den Lagerbereich in 5 Tagen zu je 8 Stunden Arbeitszeit umzugestalten.
Vor der Auftragsausführung fällt jedoch ein Arbeiter verletzungsbedingt aus.
Außerdem entschließt sich Herr Schmitt, den ursprünglichen Auftrag um 1/10 auszuweiten.
Ermitteln Sie, mit wie vielen Arbeitstagen für den Umbau nun gerechnet werden muss.

18. *Die Umorganisation unseres Materiallagers soll in 10 Tagen beim Einsatz von 8 Arbeitskräften durchgeführt werden. Nach 4 Tagen sind aber erst 1/4 der notwendigen Arbeiten erledigt.*
Wie viele Arbeitskräfte müssen zusätzlich eingesetzt werden, damit das Vorhaben in der vorgesehenen Zeit abgeschlossen werden kann?

3 Prozentrechnen

3.1 Die allgemeine Prozentrechnung

BWP

Als wichtigste Rechenart des Kaufmanns darf die **Prozentrechnung** gelten, lassen sich doch mit ihrer Hilfe beliebige Zahlen in ein Verhältnis zur Bezugszahl „100“ setzen und dadurch besser miteinander vergleichen.

Wählt man als Vergleichsgröße „1 000“, so spricht man von der **Promillerechnung**.

Problem: Im vergangenen Jahr ereigneten sich in einer bundesdeutschen Großstadt bei 17 827 zugelassenen Motorrädern 1 280 Motorradunfälle. In diesem Jahr wurden bei 20 174 zugelassenen Motorrädern 1 390 Unfälle registriert.

In welchem Jahr ereigneten sich Ihrer Meinung nach verhältnismäßig mehr Unfälle?

Da sich aus den Angaben nicht unmittelbar erkennen lässt, in welchem Jahr sich verhältnismäßig mehr Unfälle ereignet haben, muss die Vergleichbarkeit erst geschaffen werden. Dies geschieht dadurch, dass man als Bezugsgröße für beide Jahre die Vergleichszahl „100“ wählt.

Berechnung mit dem Dreisatz:

vergangenes Jahr:

Auf 17 827 M. kommen 1280 U.
Auf 100 M. kommen x U.

$$x = \frac{1280 \cdot 100}{17827}$$

$$x = 7{,}18 \text{ U.}$$

dieses Jahr:

Auf 20 174 M. kommen 1 390 U.
Auf 100 M. kommen x U.

$$x = \frac{1390 \cdot 100}{20174}$$

$$x = 6{,}89 \text{ U.}$$

Ergebnis: Erst nachdem man beide Zahlenangaben auf die einheitliche Bezugsgröße „100“ bezog, wurde die objektive Aussage:

„Im vergangenen Jahr ereigneten sich mit 7,18 Unfällen auf 100 zugelassene Motorräder verhältnismäßig mehr Unfälle als in diesem Jahr“ möglich;

kaufmännisch ausgedrückt:

„Im vergangenen Jahr betrug die Unfallrate 7,18 %, in diesem Jahr nur 6,89 %.“

Merke

1. *Die Prozentrechnung ist eine Vergleichsrechnung, bei der die Zahl „100“ als Vergleichsgröße dient; Prozent bedeutet „vom Hundert“; Zeichen %.*
2. *Die Promillerechnung ist eine Vergleichsrechnung mit der Zahl „1 000“ als Vergleichsgröße; Promille bedeutet „vom Tausend“; Zeichen ‰.*

Wie aus dem Einführungsbeispiel hervorgeht kennt die Prozentrechnung neben der Vergleichszahl „100“ noch folgende 3 Größen:

Grundwert

= der Wert, der zur Zahl 100 in Beziehung gesetzt wird. Grundwert (alter Wert) = 100 %

Prozentwert

= der Wert, der aus dem Grundwert mithilfe des Prozentsatzes berechnet wird.

Prozentsatz

= die Zahl, die angibt, wie viel Teile vergleichsweise auf 100 entfallen. Die Angabe erfolgt stets in %.

Für das Einführungsbeispiel gilt:
Grundwert – Zahl der zugelassenen Motorräder (17 827)
Prozentwert – Zahl der Motorradunfälle (1280)
Prozentsatz – Anteil der Unfälle (7,18 %)

Wie wir bereits gesehen haben, müssen neben der Vergleichszahl „100“ noch zwei weitere Größen der Prozentrechnung gegeben sein. Die jeweils gesuchte dritte Größe errechnet man danach in der Regel mit dem Dreisatz.

Beispiel

Gliederungspunkt	Grundwert	Prozentsatz	Prozentwert
3.1.1	800,00 €	15 %	?
3.1.2	800,00 €	?	120,00 €
3.1.3	?	15 %	120,00 €

3.1.1 Berechnung des Prozentwertes

Musteraufgabe

Der Auszubildende Englert erhält eine monatliche Ausbildungsvergütung von 800,00 €. Aufgrund eines neuen Tarifvertrages wird die Ausbildungsvergütung um 15 % angehoben.
Wie viel Euro beträgt die Erhöhung?

Musterlösung

1. Mit Dreisatz

100 % – 800,00 €
15 % – x €

$$x = \frac{800 \cdot 15}{100} = \underline{\underline{120{,}00\ €}}$$

2. Kaufmännische Lösung

$$1\,\%\text{ von }800{,}00 \left(= \frac{1}{100}\text{ des Grundwertes } = \frac{800}{100}\right) = 8{,}00$$

$$15\,\% = 15 \cdot 8{,}00 = \underline{\underline{120{,}00\ €}}$$

Lösungsschritte

1. Beim Dreisatz
   a) Aufstellen des Bedingungssatzes, d.h. der Grundwert wird gleich 100 gesetzt.
   Hier: 100% – 800,00 €
   b) Aufstellen des Fragesatzes.
   Hier: 15% – x €
   c) Aufstellen des Schlusssatzes und Lösung, wie bereits beim Dreisatz ausführlich besprochen.
2. Bei der kaufmännischen Lösung
   Bei einfachen Aufgaben zur Ermittlung des Prozentwertes geht man zunächst von 1% (10%) des Grundwertes (Verschieben des Kommas beim Grundwert um 2 [1] Stellen nach links) aus und multipliziert den Betrag mit dem angegebenen Prozentsatz.
   Hier: 1% von 800,00 € = 8,00;
   15% = 15 · 8,00 = 120,00 €

Bei verschiedenen – sogenannten bequemen – Prozentsätzen lässt sich der Rechengang dadurch erleichtern, dass man die Prozentsätze durch gemeine Brüche ersetzt.

Merke

Prozentsatz	Bruch
1%	1/100
2%	1/50
3 1/3%	1/30
5%	1/20
6 2/3%	1/15
8 1/3%	1/12
10%	1/10

Prozentsatz	Bruch
12 1/2%	1/8
16 2/3%	1/6
20%	1/5
25%	1/4
33 1/3%	1/3
50%	1/2
66 2/3%	2/3

Übungsaufgaben

1. ***Lösen Sie kaufmännisch:***
   a) 1% von 250, 375, 500, 415, 1280, 5,20;
   b) 3% von 400, 160, 730, 625, 4400, 6,00;
   c) 5% von 700, 350, 950, 520, 5100, 8,60;
   d) 10% von 420, 575, 298, 417, 3890, 7,80.
2. ***Lösen Sie kaufmännisch:***
   a) 1‰ von 3250, 5780, 6500, 780, 925;
   b) 5‰ von 4670, 8500, 1600, 840, 556.
3. ***Berechnen Sie die Umsätze der verschiedenen Warengruppen, wenn diese am Gesamtumsatz von 675500,00 € wie folgt beteiligt waren:***

Warengruppe	Umsatz in %
Teppichböden	55%
Fliesen	15%
Tapeten	16 2/3%
Kleister	8 1/3%
Klebeband	5%

4. *Das Nettogewicht einer Sendung Schrauben beträgt 50 kg, die Tara (Verpackungsgewicht) 15 %. Wie hoch ist das Bruttogewicht der Sendung?*

5. *Beim Einkauf von 15 DVDs im Gesamtwert von 345,00 € gewährt uns der Verkäufer 15 % Rabatt. Berechnen Sie den Preis für eine DVD.*

6. *Die Firma Müller & Bauer, Elektrofachgeschäft, ist in Konkurs gegangen. Unsere Forderung an sie beläuft sich auf 18 600,00 €. Welchen Betrag erhalten wir, wenn die Konkursquote 12,5 % beträgt?*

7. *Im Jahr 2010 erwirtschaftete die deutsche Exportwirtschaft Ausfuhren in Höhe von ca. 953 Mrd. €, wovon fast 59 % auf EU-Länder entfielen.*
   Ermitteln Sie, auf wie viel Euro sich der Exportanteil an die EU-Länder belief.

8. *Drei Kaufleute bringen in ein neu gegründetes Geschäft 229 000,00 € ein. A gibt 46 %, B 18 % und C den Rest des Kapitals. Wie hoch ist die Einlage jedes Gesellschafters?*

9. *Ein Pkw im Anschaffungswert von 40 000,00 € wird jährlich mit 20 % vom Anschaffungswert abgeschrieben. Wie hoch ist der Wert am Ende des 3. Jahres?*

10. *Ein Handelsvertreter erhält für den Verkauf von Ware A 2,5 %, von Ware B 6 2/3 % und von Ware C 3 % Provision.*
    Wie viel Euro verdient er im Monat Mai, wenn er Ware A im Wert von 25 600,00 €, Ware B im Wert von 13 750,00 € und Ware C im Wert von 21 760,00 € verkauft hat und ein Fixum (Grundgehalt) von 500,00 € zu berücksichtigen ist?

11. *Von den in Deutschland zugelassenen ca. 43 Mio. Fahrzeugen sind 4 % Lkw.*
    a) Berechnen Sie, wie viele im Inland zugelassene Lkw unsere Straßen befahren.
    b) Wie hoch ist die Jahresfahrleistung sämtlicher zugelassener Lkw, wenn jeder Lkw im Durchschnitt 80 000 km jährlich zurücklegt?
    c) Ermitteln Sie die gesamten Benzinkosten bei einem durchschnittlichen
    - *Benzinpreis von 1,15 €,*
    - *Verbrauch von 30 l je 100 km.*

12. *Eine Lagerhalle ist 75 m lang und 28 m breit.*
    Wie viel m² reine Lagerfläche stehen zur Verfügung, wenn eine Weg- und Verkehrsfläche von 12 % zu berücksichtigen ist?

13. *Nach Angaben des Atomforums trugen die in Deutschland 2014 betriebenen Atomkraftwerke mit 15,8 % zur Gesamtstromerzeugung bei. Ermitteln Sie anhand der abgebildeten Grafik,*
    a) wie viel Mrd. KWh dies entspricht.
    b) die Stromleistung der weiteren Energieträger.

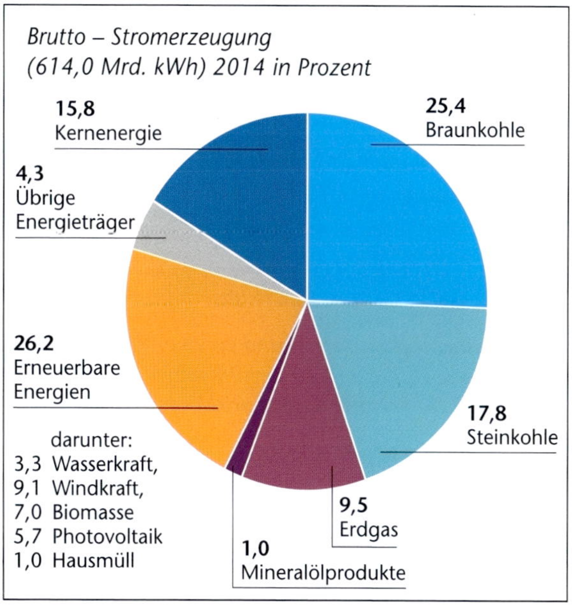

Quelle: Grafik: Deutsches Atomforum e.V., Berlin. Zahlen gemäß BDEW und AG Energiebilanzen e.V. (Stand April 2015)

3.1.2 Berechnung des Prozentsatzes

Musteraufgabe

Der Auszubildende Englert erhält eine monatliche Ausbildungsvergütung von 800,00 €. Aufgrund eines neuen Tarifvertrages wurde diese um 120,00 € monatlich erhöht.
Wie viel % betrug die Erhöhung?

Musterlösung

800,00 € – 100 %
120,00 € – x %

$$x = \frac{100 \cdot 120}{800} = \underline{\underline{15\,\%}}$$

Lösungsschritte

1. Aufstellen des Bedingungssatzes.
   Hier: 800,00 € – 100 %
2. Aufstellen des Fragesatzes.
   Hier: 120,00 € (Prozentwert) – x %
3. Aufstellen des Schlusssatzes und Lösung mithilfe des Dreisatzes.

Übungsaufgaben

1. *Die wöchentliche Arbeitszeit des Auszubildenden Klaus Beier beträgt 38,5 Std. Wie viel % entfallen davon auf den Besuch der Berufsschule, wenn die Unterrichtszeit 11 Stunden pro Woche beträgt?*

2. *Wie viel % betrug die Preiserhöhung von 45,00 €, wenn bisher 750,00 € zu zahlen waren?*

3. *Auf eine Fracht in Höhe von 750,00 € wird ein Zuschlag von 115,00 € erhoben. Welchem Prozentsatz entspricht dieser Zuschlag?*

4. *Der Automobilindustrie ist es in den letzten Jahren gelungen, den durchschnittlichen Benzinverbrauch pro 100 km von 12,6 l auf 8,8 l zu senken. Wie viel % betrug die Senkung?*

5. *Das Gehalt des Sachbearbeiters Karl Bauer wurde um 84,00 € auf nun 2 484,00 € erhöht. Wie viel % betrug die Gehaltserhöhung?*

6. *In einem Großmarkt stand zu lesen: „Beim Bezug von 15 Kartons Waschpulver brauchen Sie nur 14 Kartons zu bezahlen." Welchem Rabattsatz entspricht diese Dreingabe?*

7. *Beim Abfüllen von 15 Literflaschen Eau de Toilette betrug der Abfüllverlust (Leckage) 0,2 l.*
   a) Wie hoch ist der Abfüllverlust in %?
   b) Wie viel Flacons von je 50 cm³ können abgefüllt werden?

8. *Doris Utz kauft sich ein neues Auto im Wert von 22 800,00 €. Beim Kaufabschluss weist der Verkäufer darauf hin, dass er bei Barzahlung einen Nachlass von 684,00 € gewähren könnte. Welchem Prozentsatz entspricht der Nachlass?*

9. *Berechnen Sie den prozentualen Anteil der einzelnen Transportmittel an der gesamten Verkehrsleistung (Personen- und Güterverkehr) in Deutschland.*

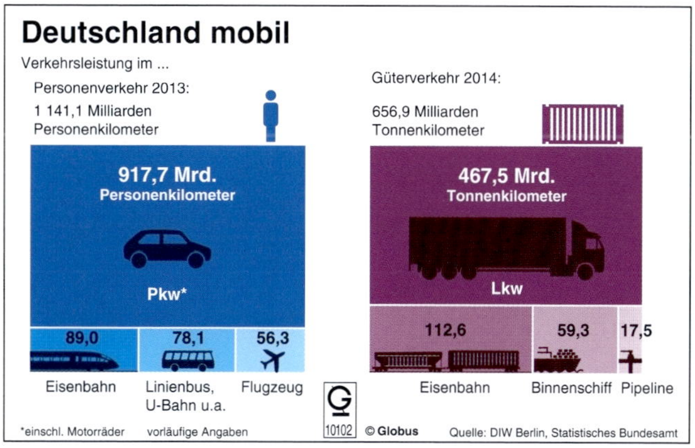

10. *Der Umsatz der Firma Bürkle & Ecker sank im vergangenen Jahr von 2,7 Mio. € auf 2,4 Mio. €. Wie viel Prozent betrug die Umsatzeinbuße?*

11. *Welchem Prozentsatz entspricht die Beitragssenkung von 15,5 % auf 14,6 % bei der Angestellten-Krankenversicherung?*

12. *Ein Einzelhändler erzielt mit einem eingesetzten Eigenkapital von 125 000,00 € einen Gewinn von 18 750,00 €.*
Wie viel % betrug der erzielte Gewinn (Eigenkapitalverzinsung)?

13. *Bei einer Kommunalwahl nahmen von 238 000 wahlberechtigten Bürgern lediglich 142 800 teil.*
Wie hoch war die Wahlbeteiligung in Prozent?

14. *Der Buchwert einer Maschine beträgt nach einer Abschreibung von 2 160,00 € noch 8 640,00 €.*
Wie hoch war der Prozentsatz der Abschreibung?

15. *Der Auszubildende Michael Huber schließt mit dem Autohändler Klein zum Kauf eines gebrauchten Pkw im Gesamtpreis von 5 800,00 € einen Ratenzahlungsvertrag ab. Michael zahlt 1 200,00 € bar an. Den Rest bezahlt er in 10 Monatsraten zu je 500,00 €.*
Wie viel Prozent beträgt der Preisaufschlag bei Ratenzahlung?

16. *Petra Schmidt bekam im vergangenen Jahr für ihr Sparguthaben von 1 450,00 € 43,50 € Zinsen gutgeschrieben. Welcher Verzinsung entspricht dies?*

17. *Ermitteln Sie anhand der Grafik, um wie viel Prozent*
    - *die Personalkosten*
    - *die Zusatzkosten*

    a) während der Jahre 2000 und 2006 in Westdeutschland,

    b) während der Jahre 2000 und 2006 in Ostdeutschland je Arbeitnehmer angestiegen sind.

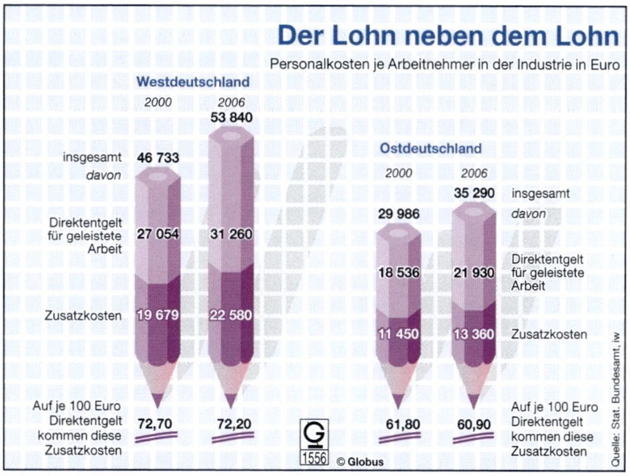

3.1.3 Berechnung des Grundwertes

Musteraufgabe

Die für 2015 ausgehandelte Erhöhung der Ausbildungsvergütung von 15 % ergab für den Auszubildenden Englert einen Mehrverdienst von 120,00 € brutto.

Wie hoch war die Ausbildungsvergütung vor der Erhöhung?

Musterlösung

15 % – 120 €
100 % – x €

$$x = \frac{120 \cdot 100}{15} = \underline{\underline{800{,}00\ €}}$$

Lösungsschritte

1. Aufstellen des Bedingungssatzes.
   Hier: 15 % Lohnerhöhung entsprechen 120,00 €
2. Aufstellen des Fragesatzes.
   Hier: 100 % – x € (Grundwert)
   Beachte: Der Grundwert entspricht immer 100 %.
3. Aufstellen des Schlusssatzes und Lösung mithilfe des Dreisatzes.

Übungsaufgaben

1. *In einer kaufmännischen Berufsschule bestanden 6 Schüler die Abschlussprüfung nicht. Dies entspricht einer Durchfallquote von 4 %. Berechnen Sie, wie viel Schüler an der Prüfung teilgenommen haben.*
2. *Aufgrund der diesjährigen Lohnerhöhung von 4,5 % stiegen die Lohnkosten eines kleineren Industriebetriebes um 13 750,00 €. Wie hoch waren die Lohnkosten vor der Lohnerhöhung?*
3. *Bei dem Konkurs eines Kunden erhielt die Firma Müller & Schneider nur 18 % ihrer Forderungen. Auf welchen Betrag belief sich die Forderung, wenn 1 035,00 € ausgezahlt wurden?*
4. *Beim Bau einer Lagerhalle wurde der Kostenvoranschlag um 6,5 % = 91 000,00 € überschritten. Wie hoch war der Kostenvoranschlag?*
5. *Familie Schneider zahlt für ihre 3-Zimmer-Wohnung monatlich 598,00 €. Dies entspricht 23 % des Nettoeinkommens. Berechnen Sie das Nettoeinkommen der Familie Schneider.*
6. *Von einer Liefererrechnung konnten 2,5 % Skonto abgezogen werden. Dies entsprach einem Preisnachlass von 46,25 €. Über welchen Betrag lautete die Rechnung?*

7. *Für eine Warenlieferung mussten 2,5 ‰ Versicherungsprämie = 80,00 € bezahlt werden. Wie hoch war die Versicherungssumme?*

8. *Der Reisende Markus Eberle erhält ein monatliches Fixum von 800,00 € sowie 2 3/4 % Provision von den vermittelten Umsätzen.*
Welchen Umsatz muss Herr Eberle erreichen, wenn er 1 900,00 € im Monat verdienen will?

3.2 Die Prozentrechnung vom vermehrten und verminderten Grundwert

Vom vermehrten oder verminderten Grundwert wird immer dann gesprochen, wenn der angegebene Wert größer oder kleiner als 100 % ist.

Merke

Sowohl beim vermehrten als auch beim verminderten Grundwert wird immer der reine Grundwert = 100 % gesucht.

3.2.1 Die Prozentrechnung vom vermehrten Grundwert (Die Prozentrechnung auf Hundert)

Musteraufgabe

Nach einer Lohnerhöhung von 4 % verdient der Arbeiter Thomas Storz 1 800,00 €.
Wie hoch war der Verdienst vor der Lohnerhöhung?

Musterlösung

1. Vorüberlegung
   Frage: Worauf bezieht sich die Lohnerhöhung?
   Antwort: Auf den bisherigen Verdienst = Grundwert; Grundwert = 100 %.
   Ergebnis: Demnach ist der neue Verdienst um die Lohnerhöhung von 4 % größer als der alte Verdienst;
   alter Lohn + Lohnerhöhung = neuer Lohn
   100 % + 4 % = 104 %

2. Darstellung

Grundwert (alter Wert)	= 100 %		= alter Lohn	–	? €
vermehrter Wert	= 104	%	= neuer Lohn	–	1 800,00 €

4 % Lohnerhöhung

3. Errechnung

   104 % – 1 800,00 €

   100 % – x €

$$x = \frac{1\,800 \cdot 100}{104} = 1\,730{,}77\ €$$

Lösungsschritte

1. Vorüberlegungen anstellen.
2. Aufstellen des Bedingungssatzes.
   Hier: 104 % – 1 800,00 €
3. Aufstellen des Fragesatzes.
   Hier: 100 % – x €
   Beachte: Gesucht ist immer der reine Grundwert = 100 %.
4. Aufstellen des Schlusssatzes und Lösung mittels Dreisatz.

Merke

Vermehrter Grundwert = Grundwert + Prozentwert

Übungsaufgaben

1. *Nach einer Preiserhöhung von 15 % beträgt der Verkaufspreis eines Laptops 460,00 €. Wie hoch war der bisherige Preis und die Preiserhöhung?*

2. *Nach einer Umsatzerhöhung um 16 2/3 % betrug der neue Umsatz der Firma Gottmann & Haupt 2,8 Mio. €.*
   Wie hoch war der Umsatz im Jahr zuvor?

3. *Der diesjährige Gewinn der Firma Esen OHG beträgt 243 800,00 €. Er hat sich gegenüber dem Vorjahr um 6 % erhöht.*
   Berechnen Sie die Gewinnsteigerung sowie den letztjährigen Gewinn.

4. *Ein Spediteur berechnet einem Kunden eine Bruttofracht von 1 785,00 €.*
   Wie hoch ist die Nettofracht, wenn die Umsatzsteuer 19 % beträgt?

5. *Der Umfang der beförderten Güter im Nahbereich stieg bei der Spedition „Weltweit" gegenüber dem letzten Jahr um 5 % auf nun 1 470 t an.*
   Berechnen Sie das Frachtaufkommen im Nahverkehr für das letzte Jahr.

6. *Im Jahr 2010 waren in Baden-Württemberg rund 1,2 Millionen Kfz zugelassen, davon 620 000 PKW, 320 000 Motorräder und der Rest Lkw. Die Zahl der zugelassenen Pkw stieg dabei gegenüber dem Vorjahr um 22 %.*
   a) Ermitteln Sie den Prozentanteil der Pkw, Motorräder und Lkw.
   b) Wie hoch war der Pkw-Anteil im Jahr 2009?

3.2.2 Die Prozentrechnung vom verminderten Grundwert (Die Prozentrechnung im Hundert)

Musteraufgabe

Nach einer Preissenkung von 12 % beträgt der neue Preis einer Ware noch 202,40 €.
Wie hoch war der Preis vor der Preisreduzierung?

Musterlösung

1. Vorüberlegung
   Frage: Worauf bezieht sich die Preissenkung?
   Antwort: Auf den bisherigen Preis = Grundwert; Grundwert = 100 %.
   Ergebnis: Demnach ist der neue Preis um die Preissenkung von 12 % niedriger als der alte Preis;
   alter Preis – Preissenkung = neuer Preis
   100 % – 12 % = 88 %
2. Darstellung

Grundwert (alter Wert)	= 100 %	= alter Preis	–	?	€
verminderter Preis	= 88 %	= neuer Preis	–	202,40	€
	12 %	Preissenkung			

3. Errechnung

88 % – 202,40 €
100 % – x €

$$x = \frac{202{,}40 \cdot 100}{88} = \underline{\underline{230{,}00\ €}}$$

Lösungsschritte

1. Vorüberlegungen anstellen.
2. Aufstellen des Bedingungssatzes.
   Hier: 88 % – 202,40 €
3. Aufstellen des Fragesatzes.
   Hier: 100 % – x €
   Beachte: Gesucht ist immer der reine Grundwert = 100 %.
4. Aufstellen des Schlusssatzes und Lösung mittels Dreisatz.

Merke

Verminderter Grundwert = Grundwert – Prozentwert

Übungsaufgaben

1. *Nach Abzug von 2,5 % Skonto überweisen wir an einen Lieferanten 1 511,25 €.*
   Wie hoch war der Rechnungsbetrag?
2. *Bei einem Räumungsverkauf wurde ein Herrenanzug mit einem Nachlass von 35 % für 312,00 € verkauft.*
   Wie hoch war der Preisnachlass?

3. *Im Schuljahr 2011/12 nahm die Schülerzahl einer kaufmännischen Berufsschule um 5 % auf 1 615 Schüler ab.*
   Wie viele Schüler besuchten die Schule im Schuljahr 2010/11?

4. *Die Zahl der tödlichen Verkehrsunfälle ging voriges Jahr um 3 % auf 7 954 Todesfälle zurück. Wie viele Todesfälle ereigneten sich ein Jahr zuvor?*

3.3 Die zusammengesetzte Prozentrechnung

Diese Rechenart findet immer dann Anwendung, wenn mehrere prozentuale Veränderungen hintereinander durchgeführt werden. In den meisten Fällen wird dabei der ursprüngliche (alte) Wert vor der ersten Veränderung gesucht.

Als Hilfsmittel zur Errechnung hat sich dabei das sog. „Treppenschema" bewährt.

Musteraufgabe

Der Umsatz eines Unternehmens nahm 2014 gegenüber 2013 um 12 % zu, im darauf folgenden Jahr um 6 % ab und erhöhte sich 2016 gegenüber dem Vorjahr um 7 % auf nun 563 248,00 €.
Wie hoch war der Umsatz 2013?

Musterlösung

1. Zeitlich geordnete Aufstellung der prozentualen Veränderungen.
   Hier: 2013 gesuchter Wert
   2014 + 12 % (1)
   2015 – 6 % (2)
   2016 + 7 % (3) auf 563 248,00 €

2. Treppenschema

2013	100 %					500 000,00 €	3.
	+ 12 %	(1)					
2014	112 %	→	100 %			560 000,00 €	2.
			– 6 %	(2)			
2015			94 %	→ 100 %		526 400,00 €	1.
				+ 7 %	(3)		
2016				107 %	=	563 248,00 €	

Lösungsschritte

1. Prozentuale Veränderungen chronologisch herausschreiben.
2. Treppenschema aufstellen
   a) das Treppenschema beginnt immer mit der gesuchten Größe = alter Wert = Grundwert = 100 %.
   b) die prozentualen Veränderungen werden danach stufenweise auf den jeweiligen Ausgangswert – der immer 100 % beträgt – bezogen.

Merke

Jede Treppenstufe beginnt immer mit 100 %!

3. Stufenweise Rückwärtsrechnung

a) über den Dreisatz

z. B. 107 % – 563 248,00 €
100 % – x €

$$x = \frac{563\,248 \cdot 100}{107} = 526\,400{,}00\ €$$

b) über die vereinfachte, sich aus dem Schlusssatz ergebende Methode

- Eintippen der gegebenen Größe, hier 563 248,00 €
- Mulitplikation mit der oberen Treppengröße; diese beträgt immer 100,00 %
- Division durch die untere Treppengröße, hier 107 %

Das Ergebnis von 526 400,00 € im Rechner belassen und anschließend in der gleichen Art die übrigen Treppen abhandeln, bis die gesuchte Größe gefunden ist.

Übungsaufgaben

1. *Ein Pkw wird nach seiner Anschaffung im ersten Jahr mit 20 % vom Anschaffungswert und in den folgenden beiden Jahren mit jeweils 20 % vom Restwert abgeschrieben. Am Ende des 3. Jahres steht er noch mit einem Restwert von 12 800,00 € zu Buch.*
Wie hoch war sein Anschaffungspreis?

2. *Nach Abzug von 25 % Liefererrabatt und 3 % Liefererskonto überwies ein Kunde an seinen Lieferanten noch 1 309,50 €.*
Über welchen Wert war die Rechnung ausgestellt?

3. *Der Preis eines 50 Zoll Plasma-TV wurde zunächst um 12 % erhöht, anschließend wegen zu geringer Nachfrage wieder um 8 % gesenkt und schließlich nochmals um 4 % auf 1 800,00 € herabgesetzt.*
   a) *Wie viel Euro kostete das Fernsehgerät ursprünglich?*
   b) *Wie viel Euro würde der Fehler betragen, wenn die Preiserhöhung mit den Preissenkungen verrechnet worden wäre?*

4. *Aufgrund starker Konkurrenz ging der Umsatz des Baumarktes Gottmann in den letzten Jahren stark zurück. 2014 um 8 %, 2015 um 5 % und 2016 um 6 % auf gerade noch 26 289 920,00 €.*
Wie hoch war der Umsatz 2013?

5. *In einer Pressemitteilung des Mannheimer Morgen vom 26.03.2003 stand zu lesen:*

Weniger Schienen-Fracht

Im Fahrwasser der Konjunkturschwäche geht der Gütertransport auf der Schiene weiter zurück. Laut Statistik nahm der gewerbliche Eisenbahngüterverkehr 2002 im Vergleich zum Vorjahr um ein Prozent auf gut 285 Mio. Tonnen ab. Im Jahr davor hatte der Rückgang 2 Prozent betragen.

   a) *Berechnen Sie, wie viele Tonnen der gewerbliche Eisenbahngüterverkehr im Jahr 2000 beförderte.*
   b) *Wie viel Prozent betrug die Senkung insgesamt?*

Vermischte Prozentaufgaben

1. *Der Umsatz der Maschinenfabrik Volker Bothe, Duisburg, entwickelte sich wie folgt:*

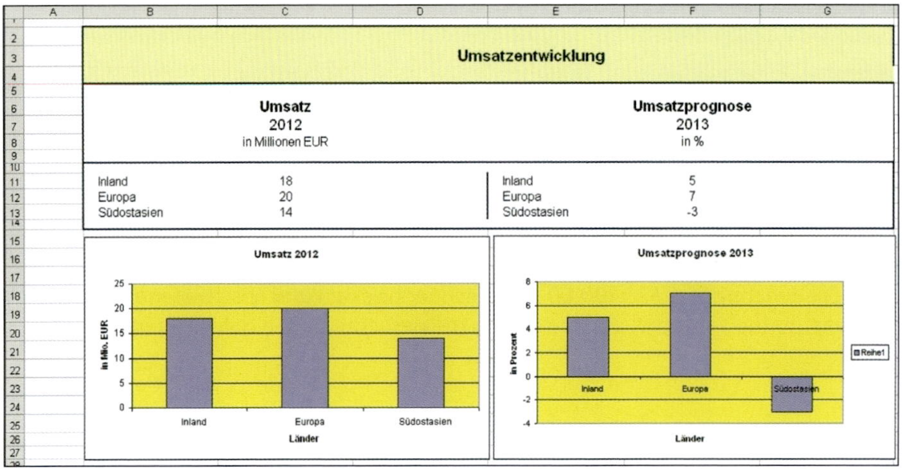

Umsatzentwicklung

	Umsatz 2012 in Millionen EUR		Umsatzprognose 2013 in %
Inland	18	Inland	5
Europa	20	Europa	7
Südostasien	14	Südostasien	-3

a) Wie viel Prozent betrug der Inlandsumsatz 2012 am Gesamtumsatz?

b) Um wie viel Prozent ist der Umsatz in Europa höher als der Umsatz im Inland?

c) Um wie viel Prozent könnte der Umsatz in Europa sinken, damit der Gesamtumsatz im Jahre 2013 gleich hoch wäre wie im Jahre 2012?

WSP BWP

2. *Die ledige 22-jährige Fachkraft für Lagerlogistik Sven erhält ein monatliches* ***Bruttoeinkommen*** *von 1 700,00 €. Die an das Finanzamt abzuführende* ***Lohnsteuer*** *beträgt 25 % des Bruttolohns, die Kirchensteuer 8 % der Lohnsteuer. Die von Sven zu zahlenden Sozialversicherungsbeitragssätze belaufen sich zurzeit auf:*
   - *Rentenversicherung 9,35 %*
   - *Krankenversicherung 7,3 %*
   - *Arbeitslosenversicherung 1,5 %*
   - *Pflegeversicherung 1,175 %*

   a) Errechnen Sie die einzelnen Abzüge.

   b) Ermitteln Sie das Nettoeinkommen von Sven.

   c) Wie viel Prozent betrugen die gesamten von Sven zu entrichtenden Abzüge?
   Hinweis: Die Sozialversicherungsbeiträge sind von Arbeitgeber und Arbeitnehmer je zur Hälfte zu entrichten.

3. *Nach einer Preissenkung von 18 % verkauft ein Baumarkt den m² Waschbetonplatten für 18,45 €.*
   Um wie viel Euro wurde der Preis reduziert?

4. *In diesem Jahr stieg der Gewinn eines großen deutschen Elektrokonzerns um 65 % auf 922 Mio. \$.*
   Wie viel Euro betrug der Gewinn im letzten Jahr bei einem Kurs von 1,125?

5. *In der Bilanz des Transportunternehmens Münster & Zimmermann GmbH, Bremen, wird das Eigenkapital mit 1 840 000 € und das Fremdkapital mit 7 360 000 € ausgewiesen.*
   Wie viel Prozent beträgt der Eigenkapitalanteil am Gesamtkapital?

6. *Steigende Kosten zwangen ein Tapetenfachgeschäft, den Preis für abwaschbare Tapeten um 11 2/3 % zu erhöhen. Nach einigen Monaten lag noch ein Restposten von 10 Rollen auf Lager. Daraufhin wurde der Preis um 5,50 € je Rolle gesenkt und der gesamte Restposten für 280,00 € verkauft.*
Wie teuer war eine Rolle Tapete vor der ersten Preisveränderung?

7. *Nach einer Gehaltserhöhung von 3,5 % verdiente die Angestellte Marlies Barth monatlich 43,75 € mehr.*
Wie hoch war das Gehalt vor der Erhöhung?

8. *Der Personalbestand des Musikmarktes Karlsruhe reduzierte sich im Jahr 2014 um 24 Mitarbeiter gegenüber dem Jahr 2013. Im Jahr 2014 sind noch 476 Mitarbeiter beschäftigt.*
Um wie viel Prozent hat der Personalbestand abgenommen?

9. *Das Maschinenbauunternehmen Schweighoffer & Co. kaufte 2015 eine Hydraulikpresse für 80 000,00 €.*
Wie hoch ist der Buchwert Ende 2018, wenn pro Jahr 10 % des jeweiligen Restwertes abgeschrieben werden?

10. *Nach einer Mitteilung des Bundesverkehrsministeriums von Ende Dezember 2010 wurde die mautpflichtige Fahrleistung der Lkw aus der Vorkrisenzeit noch nicht wieder erreicht. Schätzungsweise 26 Milliarden mautpflichtiger Kilometer werden für 2010 erwartet, was eine Steigerung von 6,5 % gegenüber dem Vorjahr bedeuten würde. Allerdings musste 2009 ein Minus von 11,6 % gegenüber 2008 verkraftet werden.*

    Ihr Vorgesetzter beauftragt Sie, folgende Fragen zu klären:
    a) Wie viel mautpflichtige Kilometer wurden im Jahr 2008 zurückgelegt? (Bitte auf eine Dezimalstelle runden.)
    b) Um wie viel Prozent veränderte sich die mautpflichtige Fahrleistung von 2008 auf 2010?

    Weiter hieß es in der Pressemitteilung, dass die Mauteinnahmen 2009 bei lediglich 4,3 Mrd. € und somit 685,00 Millionen € unter dem Plan lagen.
    c) Auf wie viel Prozent beliefen sich die Mindereinnahmen 2009?

    Außerdem waren 2010 Mauteinnahmen von 4,87 Mrd. € vorgesehen. Letztlich werden es aber voraussichtlich nur 4,5 Mrd. €.
    d) Ermitteln Sie den prozentualen Ausfall der Maut im Jahr 2010.
    e) Auf wie viel Euro summierten sich die Mautausfälle der Jahre 2009 und 2010?

    Laut einer ebenfalls vorgestellten aktuellen Prognose des Bundesverkehrsministeriums wird der Lkw-Fernverkehr bis 2025 um 80 % gegenüber 2010 steigen.
    f) Welcher mautpflichtigen Lkw-Fahrtstrecke würde dies entsprechen?

11. *Bei einem Einzelhandelsgeschäft konnte nach der Umstellung auf Selbstbedienung eine Umsatzsteigerung von 16 2/3 % auf 350 000,00 € gegenüber dem Vormonat festgestellt werden.*
Wie hoch war der Umsatz im Vormonat?

12. *Ein Auszubildender bekommt auf alle Waren, die er in seinem Ausbildungsunternehmen kauft, einen Personalrabatt von 12,5 %.*
Über welchen Preis war ein Produkt ausgezeichnet, das der Auszubildende für 700,00 € erwarb?

13. ***Der Gewinn der Spedition Martin Klamm e. K. wurde vom Finanzamt wegen mangelhafter Buchführung auf 36 500 € geschätzt.***
    a) Wie viel Prozent des Jahresumsatzes in Höhe von 292 000 € legte das Finanzamt seiner Schätzung zugrunde?
    b) Herr Klamm hatte 7,5 % Gewinn angemeldet.
    Welchem Gewinn entsprach diese Angabe?
    c) Ermitteln Sie, um wie viel Prozent die Schätzung der Finanzbehörden höher lag.

14. *Im Jahr 2010 wurden auf dem deutschen Schienennetz 355,7 Millionen Tonnen Güter transportiert. Dies waren 14 % mehr als im Jahr zuvor. Allerdings brach der Güterverkehr 2009 konjunkturbedingt um 15,9 % ein.*
    Ermitteln Sie, wie viel Millionen Tonnen Güter im Jahr 2008 mit der Bahn befördert wurden.

3.4 Die Bezugskalkulation

LOP

Eine weitverbreitete Anwendungsmöglichkeit der zusammengesetzten Prozentrechnung bietet die Bezugskalkulation, mit deren Hilfe der Kaufmann den Einstands- bzw. Bezugspreis seiner gekauften Ware ermittelt.

Die Kenntnis der Bezugskalkulation ist für den Kaufmann deshalb so wichtig, weil verschiedene Angebote erst nach der Ermittlung des Einstandspreises miteinander verglichen werden können und erst nach dem Vergleich die richtige Entscheidung bezüglich des kostengünstigsten Lieferanten getroffen werden kann.

Einfaches Kalkulationsschema zur Ermittlung des Einstandspreises:

	Einkaufspreis (EK)
–	Liefererrabatt
	Zieleinkaufspreis
–	Liefererskonto
	Bareinkaufspreis
+	Bezugskosten
	Einstandspreis (ESP)

Bezugskosten können sein: Fracht, Rollgeld, Zölle, Wiegegebühren, Transportversicherung, Verladekosten und dergleichen.
Sind Bezugskosten zu ermitteln, so werden diese immer auf das **Bruttogewicht** der Sendung bezogen.

Häufig sind jedoch vor der eigentlichen Kalkulation Vorarbeiten zu leisten, so z. B.:

1. Berechnung des Nettogewichtes einer Sendung. Dabei gilt:

	Bruttogewicht
–	Tara (Verpackungsgewicht)
	Nettogewicht

Besonderheiten: bfn (b/n) – brutto für netto
d. h. die Verpackung wird wie Ware gerechnet. In diesem Falle geht man zur Errechnung des Einkaufspreises vom Bruttogewicht der Sendung aus.

2. Ermittlung des Einkaufspreises der Sendung. Dabei gilt:

Einkaufspreis = Nettomenge · Preis je Einheit

Erst im Anschluss an diese Arbeiten kann mit der Kalkulation begonnen werden.

Musteraufgabe

Eine Kölner Handelsgesellschaft bezieht eine Sendung Waren im Bruttogewicht von 8 755 kg, Tara 255 kg, zu 1,75 €/kg netto.

Wie hoch ist der Einstandspreis der gesamten Sendung (je kg), wenn der Lieferer 12 % Mengenrabatt und 3 % Skonto gewährt und an Bezugskosten 380,00 € anfallen?

Musterlösung

1. Berechnung des Nettogewichts der Sendung

	8 755 kg Bruttogewicht
–	255 kg Tara
	8 500 kg Nettogewicht

2. Ermittlung des Einkaufspreises
   8 500 kg · 1,75 €/kg = 14 875,00 € EK

3. Durchführen der Bezugskalkulation

Kalkulationsschema

	14 875,00 €	EK
–	1 785,00 €	Liefererrabatt (12 %)
	13 090,00 €	Ziel-EK
–	392,70 €	Liefererskonto (3 %)
	12 697,30 €	Bar-EK
+	380,00 €	Bezugskosten
	13 077,30 €	ESP : 8 500 kg = 1,54 €/kg

Treppenschema

100 %	
– 12 %	
88 %	100 %
	– 3 %
	97 %

Lösungsschritte

1. Ermittlung des Nettogewichts.
2. Berechnung des Einkaufspreises.
3. Aufstellen des Kalkulationsschemas.
4. Aufstellung des Treppenschemas und Lösung wie unter Pkt. 3.3 angegeben.
5. Ermittlung des ESP unter Berücksichtigung der Bezugskosten (evtl. Errechnung des Stück- bzw. kg-Preises).

Übungsaufgaben

1. *Die Maschinenfabrik Isolde Heuser GmbH, Duisburg, bezieht aus Hamburg 200 Antriebswellen zum Stückpreis von 275,00 €.*
   Berechnen Sie den Einstandspreis der gesamten Lieferung, wenn der Lieferer 18 % Rabatt und 2,5 % Skonto gewährt und an Bezugskosten 527,50 € anfallen.

2. *Wir beziehen 8 Rasenmäher im Gesamtpreis von 1 920,00 €. Der Lieferer gewährt uns zunächst 10 % Rabatt und, da wir bar zahlen, 2 % Skonto.*
   Wie viel Euro müssen wir für einen Rasenmäher bezahlen?

3. *Ein Fahrradfachgeschäft bezieht 14 Mountainbikes zum Listeneinkaufspreis von 800,00 € je Stück. Der Lieferant gewährt 25 % Wiederverkäuferrabatt.*
   Wie viel Euro müssen wir überweisen, wenn wir unter Abzug von 2,5 % Skonto bezahlen?

4. *Der Lebensmittelhändler Uwe Leuck erhält 6 Kisten Bananen im Gesamtgewicht von 240 kg, Tara je Kiste 3 kg. Der Preis beträgt 80,00 € je 50 kg netto, wobei der Lieferer 15 % Rabatt und 1,5 % Skonto gewährt.*
   Wie hoch ist der Einstandspreis je kg Bananen, wenn die Ware frei Haus geliefert wird?

5. *Vergleichen Sie die beiden Angebote und wählen Sie das Günstigste aus:*
   Angebot 1: SD Speicherkarten je Stück 3,00 € ab Werk, Verpackung und Fracht 18,72 € je 12 Dutzend, Liefererskonto 1 %.
   Angebot 2: SD Speicherkarten je Dutzend 42,00 € frei Haus, Mengenrabatt 6 %.

6. *Die M & D Mannheim AG bezieht 5 Kisten Eisenteile im Gesamtgewicht von 320 kg, Tara 4 kg je Kiste. Der Einkaufspreis beträgt 1 850,00 € je Kiste.*
   Wie hoch ist der Einstandspreis der gesamten Sendung, wenn die Bezugskosten pro angefangene 100 kg 36,00 € betragen und der Lieferer 18 % Rabatt und 3 % Skonto gewährt?

7. *Die Maschinenfabrik Bauer & Schulz, Saarbrücken, benötigt für eine Serie von 400 Automaten ebenso viele Spezialhalterungen. Hierfür liegen ihr bisher von zwei ausländischen Lieferanten folgende Angebote vor:*
   - *Schweizer Anbieter: 120,00 sfr je Stück, 5 % Rabatt, 3 % Skonto, Transportkosten für die gesamte Lieferung 690,00 €.*
   - *US-amerikanischer Anbieter: Stückpreis 130,00 $, 10 % Rabatt, Lieferung frei Haus.*

   Ermitteln Sie das günstigste Angebot, wenn folgende Kurse gelten:
   1 € = sfr 1,028
   1 € = $ 1,125

8. *Aus Konkurrenzgründen darf der Einstandspreis einer Ware nicht höher als 1200,00 € sein.*
   Berechnen Sie den Einkaufspreis, wenn der Lieferer 20 % Rabatt und 3 % Skonto gewährt und die Sendung frei Haus geliefert wird.

9. *Das Elektrofachgeschäft Marcel Barth & Co., Mannheim, bezieht Festplattenrekorder der Marke „Laufgut" zu einem Einstandspreis von 500,00 € je Stück.*
   Wie hoch ist der Einkaufspreis für ein Gerät, wenn der Lieferer 25 % Rabatt und 1 3/4 % Skonto gewährt und Bezugskosten in Höhe von 8,00 € je Rekorder entstehen?

10. *Der Einstandspreis für 4 Winterreifen 195/60 R 15 T beträgt 600,00 €.*
Berechnen Sie den Einkaufspreis für einen Reifen, wenn der Lieferer 15 % Rabatt und 2,5 % Skonto gewährt und sich die Bezugskosten für die 4 Reifen auf insgesamt 20,00 € belaufen (auf volle Euro runden).

11. *Eine Metallwarenfabrik in München bezieht von einem Zulieferer „Metallklemmen" für 85,00 € je Stück. Der Lieferant gewährt einen Mengenrabatt von 30 % sowie 2,5 % Skonto bei Zahlung innerhalb von 8 Tagen.*
Wie hoch ist der Einstandspreis (Bezugspreis) pro Stück, wenn die Skontogewährung ausgenutzt wird und überdies 1,49 € an Bezugskosten pro Metallklemme anfallen?

12. *Der Automobilzubehörgroßhandel Knapp & Co. erhält von seinem langjährigen Lieferanten ein Angebot über 4 Pakete zu je 24 Dosen Politur zu einem Einkaufspreis von 4,80 € je Dose.*
Die Verpackungs- und Transportkosten betragen je Paket 19,50 €.
Wie viel Euro beträgt der Einstandspreis insgesamt und je Dose, wenn der Lieferer 15 % Treuerabatt und 2,5 % Skonto gewährt?

13. *Der Eisenwarenfachmarkt Emil Neumann & Co. erhält folgendes Angebot über Messingbeschläge:*

> Sehr geehrte Damen und Herren,
>
> vielen Dank für Ihre Anfrage. Hiermit bieten wir Ihnen ab Werk 150 Messingbeschläge Modell „Sicher" zum Stückpreis von 48,00 € an.
>
> Auf unseren Rechnungspreis gewähren wir 15 % Mengenrabatt sowie bei Zahlung innerhalb von 8 Tagen 2,5 % Skonto.
>
> Die Frachtkosten belaufen sich auf insgesamt 120,00 €.
>
> Über eine Auftragserteilung würden wir uns sehr freuen.

Ist dieses Geschäft für Herrn Neumann interessant, wenn ein weiterer Anbieter vergleichbare Beschläge zu einem Einstandspreis von 41,50 € liefert?

14. *Die Elektrogroßhandlung Schweighoffer GmbH, Mannheim, erhält folgende zwei Angebote über Energiesparlampen:*

> Leuchtenfabrik Hell AG, München, Stückpreis 22,50 € ab Werk, 8 % Mengenrabatt bei Abnahme von mindestens 150 Stück, Bezugskosten je 100 Stück 40,00 €, Zahlungsziel 30 Tage rein netto, bei Zahlung innerhalb von 10 Tagen 2 % Skonto.

> Lampen- und Leuchtenfabrik Elisabeth Dittmann OHG, Köln, Stückpreis 21,80 € und 10 % Rabatt bei Abnahme von 300 Stück, Lieferung frei Haus, 2 % Skonto innerhalb von 8 Tagen oder 20 Tage Ziel.

Erstellen Sie einen Angebotsvergleich unter folgenden Annahmen:
1. *Die Elektrogroßhandlung Schweighoffer GmbH bezahlt immer unter Skontoabzug.*
2. *Es sollen zunächst lediglich 200 Energiesparlampen bestellt werden.*

15. ***Die oberbayerischen Glaswerke AG, Weiden, beabsichtigen ihre Produkte zukünftig in 3-lagigen Wellpappkartons zu versenden. Auf ihre Anfrage bei verschiedenen Herstellern gingen folgende drei Angebote ein:***

Angebot 1	Angebot 2	Angebot 3
Wellpapp AG, München	Heidelberger Pappwerke GmbH, Heidelberg	Kartonagenfabrik Neumann & Ausanio OHG, Bremen
Wellpappfaltkisten dreilagig mit Presspappe als Inneneinsatz	Wellpappfaltkartons dreilagig mit Styroporeinsatz	Wellpappfaltkisten dreilagig
Stückpreis	Stückpreis	Stückpreis
Ab 1 000 Stück 2,40 €	Ab 500 Stück 2,60 €	Bis 10 000 Stück 2,20 €
Ab 10 000 Stück 1,90 €	Freibleibend	Ab 10 000 Stück 1,80 €
5 % Sonderrabatt	Kein Rabatt	3 % Rabatt
2 % Skonto bei Barzahlung oder 30 Tage Ziel	3 % Skonto bei Zahlung innerhalb von 8 Tagen oder 60 Tage Ziel	Barzahlung
Lieferung frei Haus	Lieferung frei Haus	Lieferung ab Werk

Ermitteln Sie in einem Angebotsvergleich auf der Basis von 4 500 Stück das rechnerisch günstigste Angebot, wenn die Transportkosten aus Bremen 50,00 € je angefangene 1 000 Stück betragen.

16. ***Die Kfz-Zubehörgroßhandlung Leuck & Eberle KG, Mannheim, beabsichtigt Navigationssysteme in ihr Verkaufsprogramm aufzunehmen. Hierzu werden mehrere Hersteller von Navigationssystemen schriftlich um die Abgabe eines Angebotes gebeten.***

Aufgrund dieser Anfragen gingen die beiden nachfolgenden Angebote ein:

	Angebot 1	Angebot 2
Listenpreis	1 060,00 €	1 300,00 €
Rabatt	25 %	30 %, bei Abnahme von mindestens 5 Stück 35 %
Lieferbedingungen	Ab Werk	Frei Haus
Bezugskosten pro Bestellung	12,00 €	–
Lieferzeit	sofort	Innerhalb von 8 Tagen ab Bestelldatum
Zahlungsbedingungen	Innerhalb von 10 Tagen 2 % Skonto oder 30 Tage rein netto	Innerhalb von 8 Tagen 3 % Skonto oder 60 Tage Ziel
Besonderheiten	Eigentumsvorbehalt	–

Ermitteln Sie das günstigste Angebot, wenn die Leuck & Eberle KG regelmäßig Skonto in Anspruch nimmt und zunächst 10 Navigationssysteme bestellt werden sollen.

Prüfungsaufgaben

Tipp

Bei nachfolgender Aufgabe handelt es sich um eine Aufgabe, die sowohl Inhalte der Allgemeinen Betriebswirtschaft als auch Rechen- und Buchungsinhalte miteinander verknüpft und somit Prüfungscharakter besitzt.

Die Marlies Schweighoffer GmbH ist ein mittelständisches Unternehmen in Mannheim, das Kleinmotoren herstellt. Aufgrund der schwierigen Marktsituation sieht sich das Unternehmen gezwungen, sämtliche Unternehmensbereiche auf Kosteneinsparungsmöglichkeiten hin zu untersuchen. So sollen etwa im Beschaffungsbereich die Einstandspreise durch neue Lieferanten gesenkt werden.

Bisher wurden die Gussteile für die Kleinmotoren von einem inländischen Lieferanten zum Netto-Einstandspreis von 33,50 €/Stück frei Haus, zahlbar innerhalb von 30 Tagen ohne Abzug, bezogen.

Ein neuer Lieferant in Norwegen unterbreitet für die Gussgehäuse nachfolgend dargestelltes Angebot (siehe Anlage).

a) *Sie werden von Ihrem Vorgesetzten gebeten, den Einkaufspreis je Gussgehäuse des norwegischen Anbieters zu errechnen, wenn der Kurs laut Internetauskunft 8,5000 norwegische Kronen für 1 € beträgt.*

b) *Anschließend sollen Sie unter Verwendung des Bezugskalkulationsschemas eine Ermittlung des Einstandspreises durchführen und sich begründet für einen Lieferanten entscheiden, wenn monatlich 100 Gussgehäuse benötigt werden und wir uns für ein Jahr festlegen würden.*

c) *Geben Sie neben dem Einstandspreis drei weitere Kriterien an, von denen Ihre Entscheidung abhängen könnte.*

d) *Um wie viel Prozent ist das günstigere Angebot lukrativer?*

e) *Wie wäre der Wareneinkauf zu buchen, wenn wir die benötigten Gussgehäuse*
   - *wie bisher von unserem inländischen Lieferanten beziehen oder*
   - *beim neuen norwegischen Hersteller einkaufen würden?*

f) *Verbuchen Sie die Begleichung der Rechnung durch Banküberweisung einen Monat später, wenn wir die Ware wie bisher von unserem inländischen Lieferanten bezogen hätten.*

Svenson

Gießerei Olaf Svenson
Rue de Hammerfest 15 • Oslo

Gießerei Olaf Svenson, Rue de Hammerfest 15, Oslo

Kleinmotorenfabrik
Marlies Schweighoffer GmbH
Siegstr. 26
68163 Mannheim

Angebot

Oslo, 11. 05. 20. .

Sehr geehrte Damen und Herren,

vielen Dank für Ihre Anfrage. Gerne können wir die gewünschten Gussteile gemäß Ihren technischen Vorgaben zu

289 norwegische Kronen (nkr) je Stück

anbieten.

Bei Abschluss eines Rahmenvertrages über ein Jahr gewähren wir Ihnen Rabatte gemäß folgender Aufstellung:

5 % Rabatt bei einer Jahresabnahmemenge ab 500 Stück,
10 % Rabatt bei einer Jahresabnahmemenge ab 1 000 Stück,
15 % Rabatt bei einer Jahresabnahmemenge ab 1 500 Stück.

An Bezugskosten müssen wir Ihnen laut Auskunft unseres dänischen Spediteurs 75,00 Euro je 50 Gehäuse berechnen. Bei Zahlung innerhalb von 8 Tagen ab Rechnungsdatum gewähren wir 3 % Skonto, sonst ist die Rechnung innerhalb von 30 Tagen rein netto zu begleichen.

Wir freuen uns bereits heute auf eine gute Zusammenarbeit.

Mit freundlichen Grüßen

Gießerei Olaf Svenson

Ole Neudahlen

Ole Neudahlen

4 Maße und Gewichte

4.1 Metrische Maße und Gewichte

Maße und Gewichtseinheiten sind in der kaufmännischen Praxis Grundlage für jeden Waren- und Leistungsaustausch, wird doch, z. B. bei der Entgeltberechnung im Güterverkehr, neben der Entfernung besonders das Gewicht des Fracht- oder Lagergutes zugrunde gelegt. Vor diesem Hintergrund und angesichts der Tatsache, dass in den meisten Staaten heute das metrische System als gesetzliches Maß- und Gewichtssystem eingeführt ist, sollte jede Fachkraft im Logistikbereich in der Lage sein, das metrische Maß- und Gewichtssystem zu beherrschen.

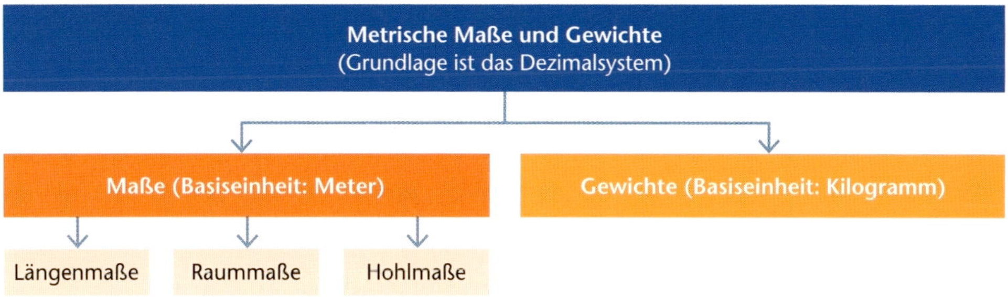

Merke

Maßeinheiten	*Längenmaße*	*1 km =*	*1 000 m*			
			1 m =	*10 dm*		
				1 dm =	*10 cm*	
					1 cm	*= 10 mm*
	Raummaße	*1 m^3 =*	*1 000 dm^3*			
			1 dm^3 =	*1 000 cm^3*		
				1 cm^3 =	*1 000 mm^3*	
	Hohlmaße	*1 hl =*	*100 l =*	*0,1 m^3 =*	*100 dm^3*	
			1 l =		*1 dm^3*	
	Merke:	*1 m^3 =*	*1000 l*			
		1 dm^3 =	*1 l*			
Gewichtseinheiten		*1 t =*	*10 dz[1] =*	*20 ztr =*	*1 000 kg*	
			1 dz =	*2 ztr =*	*100 kg*	
				1 ztr =	*50 kg*	
					1 kg	*= 1000 g*

[1] *Bei den kursiv angegebenen Größen handelt es sich um kaufmännische Einheiten*
dz = Doppelzentner
ztr = Zentner

Musteraufgabe

Geben Sie das Gesamtgewicht nachfolgender Sendung in Tonnen an.

4	Pakete	à	78 kg
3	Gitterboxpaletten	à	785 kg
2	Euro-Paletten	à	1 018 kg
1	Kiste		297 kg

Musterlösung

4	Pakete	à	78 kg	312 kg	
3	Gitterboxpaletten	à	785 kg	2 355 kg	
2	Euro-Paletten	à	1 018 kg	2 036 kg	
1	Kiste		297 kg	297 kg	
	Gesamtgewicht			**5 000 kg**	**= 5 Tonnen**

Lösungsschritte

1. Ermittlung des Gewichts je Verpackungs- bzw. Versendungsform
2. Ermittlung des Gesamtgewichtes der Sendung
3. Umwandlung der kg in Tonnen, wobei gilt: 1 000 kg = 1 t

Übungsaufgaben

1. Eine Luftfrachtsendung besteht aus
2 Frachtstücken zu je 3 750 g
4 Frachtstücken zu je 17,5 kg
1 Frachtstück zu 32 750 g
Berechnen Sie das Bruttogewicht in kg.

2. Berechnen Sie das in kg anzugebende Gesamtgewicht nachfolgender Expressgutsendung:

2 Pakete zu je	*17,6 kg*	*2 Pakete zu je*	*12 400 g*
7 Pakete zu je	*8,9 kg*	*1 Paket zu*	*7 700 g*

3. Ein Öltank mit einem Fassungsvermögen von 12 hl weist nach unseren Berechnungen noch einen Inhalt von 275 l auf.
Wie viel Liter Öl müssen bis zum Maximum nachgekauft werden?

4. In einem Waggon, der ein Fassungsvermögen von 25 t aufweist, sollen nachfolgende Sendungen von Mannheim nach Berlin transportiert werden:
8 Euro-Paletten mit je 950 kg
9 Gitterboxpaletten mit je 620 kg
2 Einwegpaletten mit je 591 kg
Ermitteln Sie, wie viel Tonnen noch zugeladen werden könnten.

4.2 Nicht metrische Maße und Gewichte

LOP

Obwohl vor mehr als 40 Jahren das metrische System nahezu weltweit eingeführt wurde, wenden auch heute noch einige Staaten, unter ihnen die USA, weiterhin das nicht metrische (nicht dezimale), auf ‚Foot' und ‚Pound' basierende System an. Da ein Großteil des **Welthandels** jedoch mit diesen Staaten erfolgt, erscheint eine Beschäftigung auch mit deren Bezugssystem unverzichtbar.

4.2.1 Rechnen mit nicht metrischen Maßeinheiten

Während sich in den westlichen Ländern als Längeneinheit der Meter durchgesetzt hat, bezieht sich das englische und amerikanische Maßsystem auf Foot und Yards.

Die im Folgenden verwendeten Abkürzungen sind:
- yd = Yard (Yards) = Stab
- ft = Foot (Feet) = Fuß
- in = Inch (Inches) = Zoll

Englisches und amerikanisches Maßsystem

	Dezimalzahlen des Yard	Umrechnungen in m
1 Yard = 3 Feet = 36 Inches =	1,000 yd	= 0,9144 m
1 Foot = 12 Inches =	0,333 yd	= 0,3048 m
1 Inch =	0,028 yd	= 0,0254 m

In der Praxis bedient man sich zur Umrechnung häufig folgender Vereinfachung:

Merke

12 yds = 11 m

Schreibweise **yds** 16.2.7 **oder** 16 yd 2′ 7″

Yards Feet Inches

4.2.1.1 Umwandlung von Yards in Feet und Inches und umgekehrt

Musteraufgabe 1

Wandeln Sie Yards 7.2.6 in Inches um.

Musterlösung 1

yds	7.2.6				
1.	7. = 7 yds	·	36 Inches	=	252 Inches
2.	2. = 2 ft	·	12 Inches	=	24 Inches
3.	6. = 6 in	·	→	=	6 Inches
					282 Inches

Lösungsschritte 1

1. Multiplikation der Yards mit 36 (1 yd = 36 in).
2. Multiplikation der Feet mit 12 (1 ft = 12 in).
3. Berücksichtigung der angegebenen Inches und Addition zur Gesamtsumme.

Musteraufgabe 2

Wandeln Sie 558 Inches in Yards, Feet und Inches um.

Musterlösung 2

1.	558	:	36	=	15 Yards
2. Rest	18	:	12	=	1 Foot
3. Rest	6	→		=	6 Inches
				=	yds 15.1.6

Lösungsschritte 2

1. Division der angegebenen Inches durch 36 (36 Inches = 1 Yard).
2. Division des Rests durch 12 (12 Inches = 1 Foot).
3. Der übrig gebliebene Rest sind die restlichen Inches.

Übungsaufgaben

1. Wandeln Sie folgende angegebenen Strecken in Inches um:

a) 14.2.9 c) 19.2.0 e) 45.1.11

b) 18.2.10 d) 33.1.4 f) 9.1.7

2. Wie viele Yards, Feet und Inches sind:

a) 506 Inches d) 29 Inches g) 452 Inches

b) 3 425 Inches e) 6 329 Inches h) 5 209 Inches

c) 249 Inches f) 980 Inches i) 510 Inches

4.2.1.2 Umwandlung von Yards in Meter und umgekehrt

Musteraufgabe 1

Ein Importeur bezieht yds 28.1.11 Stoff aus Neuengland.
Wie vielen Metern entspricht diese Länge?

Musterlösung 1

I. Schritt: Umwandlung von Yards in Dezimalen von Yards

yds 28.01.11	Umwandlungsfaktoren für Dezimalzahlen von Yards lt. Tabelle		Dezimalgrößen
1. 28 yds	· 1,000	=	28,000
2. 1 ft	· 0,333	=	0,333
3. 11 in	· 0,028	=	0,308
4. yds 28.1.11			28,641 yds

nicht dezimales System — Umwandlung → dezimales System

II. Schritt: Umrechnung von Yards in Meter mithilfe der Vereinfachungsregel

5. 12 yds – 11 m
   28,641 yds – x m

$$x = \frac{11 \cdot 28{,}641}{12} = \underline{\underline{26{,}25\ \text{m}}}$$

Lösungsschritte 1

I. Schritt

1. Übertragung der ganzen Yards-Zahl.
2. Multiplikation der Feet mit dem Umwandlungsfaktor 0,333.
3. Multiplikation der Inches mit dem Umwandlungsfaktor 0,028.
4. Ermittlung der Yards als Dezimalzahl.

II. Schritt

5. Umwandlung der Yards in Meter, wobei gilt:
   12 yds = 11 m

Musteraufgabe 2

Wie viele Yards, Feet und Inches (Zoll) Kunststoffplanen müssen in Neuengland bestellt werden, wenn insgesamt 225 m benötigt werden?

Musterlösung 2

I. Schritt: Umwandlung von m in yds mithilfe der Vereinfachungsregel

11 m – 12 yds
225 m – x yds

$$1.\quad x = \frac{12 \cdot 225}{11} = \underline{\underline{245{,}455\ \text{yds}}}$$

II. Schritt: Rückrechnung der Dezimalzahlen des Yards in yds, ft und in

2. **245**,455 yds = **245** yds
3. 0,455 yds · 3 = **1**,365 ft = **1** ft
4. 0,365 ft · 12 = 4,38 = **4** in

245,455 yds → dezimales System

yds 245. 1. 4 → nicht dezimales System

dezimales System — Umwandlung → nicht dezimales System

Lösungsschritte 2

I. Schritt:

1. Umwandlung der Meterangaben in eine Dezimalzahl des Yard

II. Schritt:

2. Übertragung der ganzen Yards-Zahl.
3. Multiplikation der Dezimalzahl des Yard mit 3. Die ermittelte Zahl stellt die Feet (Fuß) dar.
4. Multiplikation der Dezimalzahl der Feet mit 12 und kfm. Rundung auf eine ganze Zahl. Diese stellt die restlichen Inches dar.

Übungsaufgaben

1. Ein Hamburger Importeur erhält verschiedene Stoffsendungen aus den USA, deren Maße in Meter umzurechnen sind:

a) 92.2.10	*c) 17.–.3*	*e) 13.–.–*
b) 182.1.6	*d) 13.2.11*	*f) 16.2.–*

2. In einem Bremer Exportgeschäft sind die Meterangaben auf US-Maße umzurechnen:

a) 350 m	*c) 55 m*	*e) 82,75 m*
b) 175 m	*d) 228,5 m*	*f) 87 m*

3. Wie viele Yards, Fuß und Zoll müssen bestellt werden, wenn eine Kunststoffplane von 80 m Länge gewünscht wird?

4. Geben Sie die Maße eines 20 (40) Fuß Containers (20 Fuß · 8 Fuß · 8,5 Fuß) in Meter an und bestimmen Sie dessen Rauminhalt.

Container 20 Fuß

5. Nach einer Pressemitteilung im Mannheimer Morgen vom 3. April 1998 legte das größte Binnencontainerschiff der Welt, das MS „Jowi", im Ludwigshafener Containerterminal an.

a) Ermitteln Sie, wie viele Container (Länge 30 ft; Breite 8,5 ft) obiges Schiff maximal transportieren kann, wenn die Länge des Frachtraumes 92 m und die Breite 15,80 m beträgt und die Container auf 4 Etagen hoch gestapelt werden können. (1 ft = 0,3048 m)

b) Welches durchschnittliche Bruttogewicht kann ein solcher Container höchstens aufweisen, wenn das Schiff max. 4 800 t zuladen kann?

4.2.2 Rechnen mit nicht metrischen Gewichtseinheiten

Beim Rechnen mit ausländischen nicht dezimalen Gewichtseinheiten wollen wir uns auf das amerikanische System beschränken.

Die dabei verwendeten Abkürzungen sind:

- ton = Ton (Tons) = Tonne
- cwt = Hundredweight (Hundredweights) = Hundertgewicht
- qr = Quarter (Quarters = Viertel
- lb = Pound (Pounds) = Pfund
- oz = Ounce (Ounces) = Unzen

Amerikanisches Gewichtssystem

	Umrechnungen in kg (gerundete Werte)	Dezimalzahlen des cwt
1 ton – 20 cwts	= 907,20000 kg	= 20
1 cwt – 4 qrs	= 45,36000 kg	= 1
1 qr – 25 lbs	= 11,34000 kg	= 0,25
1 lb – 16 oz	= 0,45360 kg	= 0,01
1 oz	= 0,02835 kg gerundet	

Schreibweise: 17.3.21

cwts qrs lbs

4.2.2.1 Umwandlung von Hundredweights in Quarters und Pounds und umgekehrt

Musteraufgabe 1

Wandeln Sie cwts 19.2.17 in Pounds um.

Musterlösung 1

cwts	19.2.17						
1.	19.	=	19 cwts	·	100 lbs	=	1900 lbs
2.	2.	=	2 qrs	·	25 lbs	=	50 lbs
3.	17	=	17 lbs	→		=	17 lbs
							1 967 lbs

Lösungsschritte 1

1. Multiplikation der Hundredweights mit 100 (1 cwt = 100 lbs).
2. Multiplikation der Quarters mit 25 (1 qr = 25 lbs).
3. Berücksichtigung der angegebenen Pounds und Addition zur Gesamtsumme.

Musteraufgabe 2

Wie viel cwts und qrs sind 3 217 lbs?

Musterlösung 2

1.	3 217	:	100	=	32 cwts
2. Rest	17	:	25	=	0 qrs
3. Rest	17	→		=	17 lbs
				=	cwts 32.0.17

Lösungsschritte 2

1. Division der angegebenen lbs durch 100 (dadurch erhält man als ganze Zahl die cwts; 100 lbs = 1 cwt).
2. Division des Rests durch 25 (dadurch erhält man als ganze Zahl die Quarters; 25 lbs = 1 qr).
3. Die Restgröße stellt die Pounds (lbs) dar.

Übungsaufgaben

1. Wandeln Sie folgende Gewichte in US-lbs um:

a) cwts 12.3.17 *d) cwts 8.1.–* *g) tons 11.6.2.25*
b) cwts 9.–.16 *e) cwts 13.2.21* *h) tons 21.15.3.5*
c) cwts 17.2.21 *f) cwts –.3.21* *i) tons 32.16.2.14*

2. Wandeln Sie die angegebenen lbs in tons, cwts und qrs um:

a) 12 300 lbs *c) 17 913 lbs* *e) 3 251 lbs*
b) 5 128 lbs *d) 817 lbs* *f) 215 lbs*

4.2.2.2 Umwandlung von Hundredweights in Kilogramm und umgekehrt

Musteraufgabe 1

Wie viel kg wiegt ein Frachtstück von cwts 3.2.6, das wir aus den USA beziehen?

Musterlösung 1

I. Schritt: Umwandlung von cwts in Dezimalen von cwts

cwts 3.2.6	Umwandlungsfaktoren für Dezimalzahlen von cwts lt. Tabelle		Dezimalgrößen
1. 3 cwts	· 1	=	3,000
2. 2 qrs	· 0,25	=	0,500
3. 6 lbs	· 0,01	=	0,060
4. cwts 3.2.6			3,560 cwts

nicht dezimales System —— Umwandlung ——→ dezimales System

II. Schritt: Umrechnung von cwts in kg

5. 1 cwt – 45,3600 kg
   3,56 cwts – x kg

$$x = \frac{45{,}36 \cdot 3{,}56}{1} = \underline{\underline{161{,}4816\ \text{kg}}}$$

Lösungsschritte 1

I. Schritt

1. Übertragung der ganzen cwts-Zahl.
2. Multiplikation der Quarters mit dem Umwandlungsfaktor 0,25 (1 cwt = 4 qrs; 0,25 cwt = 1 qr).
3. Multiplikation der Pounds mit dem Umrechnungsfaktor 0,01.
4. Ermittlung der Hundredweights als Dezimalzahl.

II. Schritt

5. Umwandlung der Hundredweights in Kilogramm, wobei gilt: 1 cwt = 45,3600 kg.

Musteraufgabe 2

Wie viel Hundredweights, Quarters und Pounds Kupferdraht müssen wir in den USA bestellen, wenn genau 161,4816 kg benötigt werden?

Musterlösung 2

I. Schritt: Umwandlung von kg in cwts

1. 45,3600 kg – 1 cwt
   161,4816 kg – x cwts

$$x = \frac{1 \cdot 161{,}4816}{45{,}36000} = \underline{\underline{3{,}56\ \text{cwts}}}$$

II. Schritt: Rückrechnung der Dezimalzahlen des Hundredweight in cwts, qrs und lbs

2. 3,560 cwts = **3** cwts
3. 0,560 cwts · 4 = **2**,240 = **2** qrs
4. 0,240 qrs · 25 = **6** = **6** lbs

3,560 cwts → dezimales System — Umwandlung → nicht dezimales System ← cwts 3.2.6

Lösungsschritte 2

I. Schritt:

1. Umwandlung der Kilogrammangaben in eine Dezimalzahl der Hundredweights.

II. Schritt:

2. Übertragung der ganzen Hundredweight-Zahl (cwts).
3. Multiplikation der Dezimalzahl des cwts mit 4. Die ganze Zahl stellt die Quarters (qrs) dar.
4. Multiplikation der Dezimalzahl der Quarters mit 25 und kfm. Rundung auf eine ganze Zahl. Diese stellt die restlichen Pounds (lbs) dar.

Übungsaufgaben

1. *Welchen kg-Gewichten entsprechen folgende Posten Stoffe, die wir aus Neuengland beziehen:*
   a) cwts 19.1.16 *c) cwts 17.2.–*
   b) cwts 11.3.21 *d) cwts 1.–.21*
2. *Wandeln Sie folgende kg-Posten in cwts, qrs und lbs um:*
   a) 525 kg *c) 175,8 kg* *e) 16517 g*
   b) 715 kg *d) 17 kg 350 g* *f) 1,045 t*
3. *Eine Ladung Kentucky-Whiskey wiegt insgesamt cwts 21.3.18.*
   Ermitteln Sie, welchem kg-Gewicht dies entspricht.
4. *Wie viele 24-t-Waggons sind erforderlich, um eine Partie Wintergerste über cwts 8976.–.– abzutransportieren? (Auf volle Waggon runden.)*

Am Ende dieses Kapitels soll der Vollständigkeit halber noch das alte englische Gewichtssystem dargestellt werden.

Englische Gewichtseinheiten

	Umrechnungen in kg (gerundete Werte)	Dezimalzahlen des cwt
1 ton – 20 cwts	= 1016 kg	= 20
1 cwt – 4 qrs	= 50,8 kg	= 1
1 qr – 28 lbs	= 12,7 kg	= 0,25
1 lb – 16 oz	= 0,4536 kg	= 0,009
1 oz	= 0,0283 kg	

5 Flächen-, Körper- und Umfangberechnung

LOP

Neben dem richtigen Umgang mit Maß- und Gewichtseinheiten wird das Beherrschen der Flächen-, Körper- und Umfangsberechnung als unabdingbare Voraussetzung für die Berufe der Lagerlogistik betrachtet, so etwa beim **Beladen von Lkw**, Waggons etc. mit Säcken, **Paletten** und Ähnlichem oder bei der optimalen Ausnutzung vorhandenen Lagerraums.

1. Quadrat

- Umfang $U = 4 \cdot a$
- Fläche $F = a \cdot a$

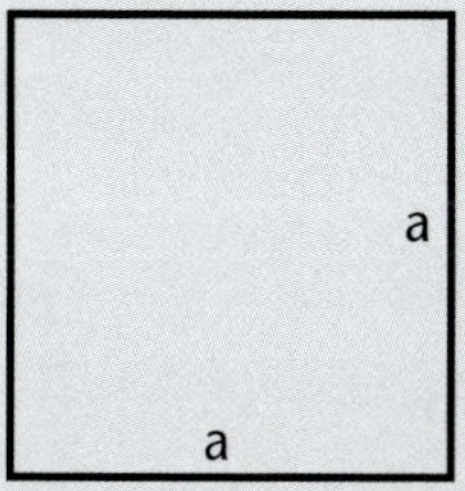

Würfel

- Volumen $V = a \cdot a \cdot a$
- Oberfläche $O = 6 \cdot a^2$

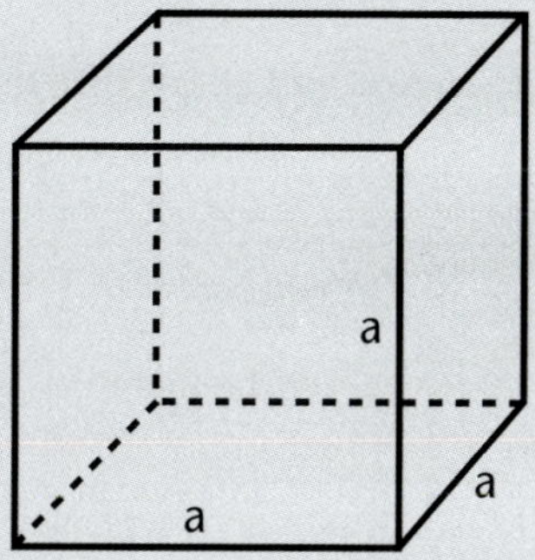

2. Rechteck

- Umfang $U = 2a + 2b$
- Fläche $F = a \cdot b$

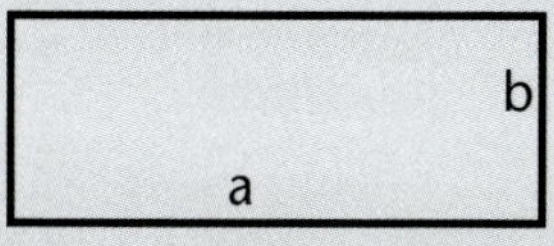

Quader

- Volumen $V = a \cdot b \cdot c$
- Oberfläche $O = 2ab + 2ac + 2bc$

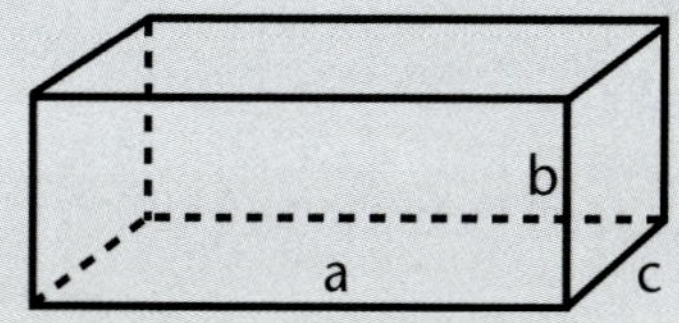

3. Dreieck

- Umfang $U = a + b + c$
- Fläche $F = \frac{g \cdot h}{2}$

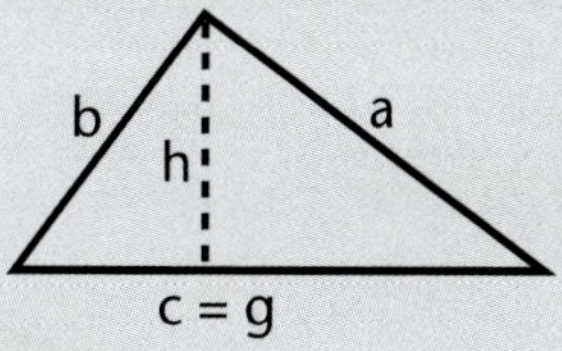

Dreiecksäule

- Volumen $V = \frac{g \cdot h}{2} \cdot l$

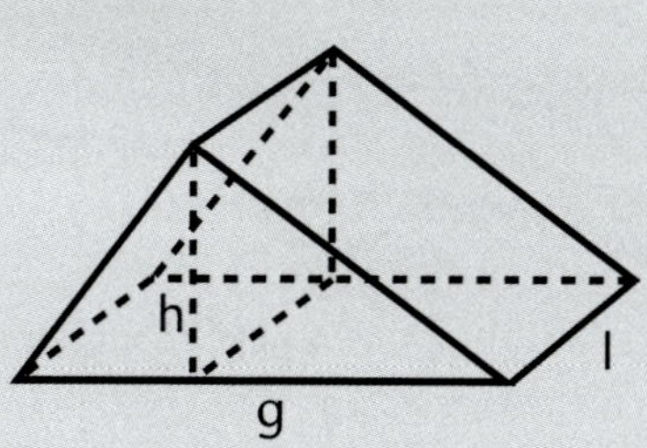

4. Kreis

- Umfang $U = 2r\pi$
- Fläche $F = r^2\pi$

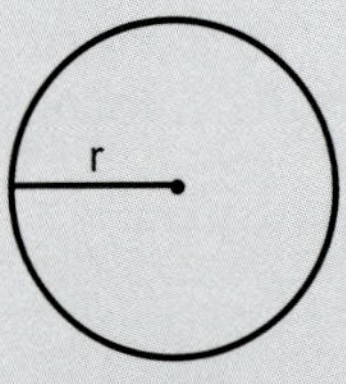

Kugel

- Volumen $V = \frac{4}{3} r^3\pi$

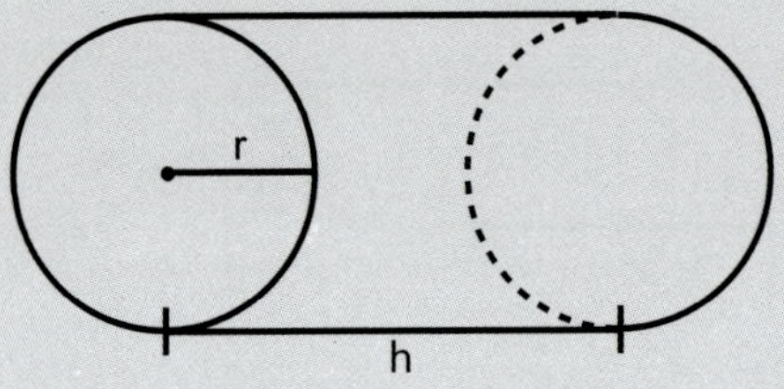

Zylinder

- Volumen $V = r^2\pi h$
- Oberfläche $O = 2r^2\pi + 2r\pi h$

5.1 Allgemeine Berechnungen

Musteraufgabe

Bei der Maschinenfabrik Bauer & Reinhard sollen 5 für den Export bestimmte würfelförmige Holzkisten mit einer Kantenlänge von 80 cm in Ölpapier verpackt werden. Wie teuer ist das Ölpapier, wenn der m^2-Preis 3,50 € beträgt?

Musterlösung

$$\begin{aligned}\text{Oberfläche} &= 6\,a^2\\ &= 6 \cdot a \cdot a\\ &= 6 \cdot 0{,}8\,m \cdot 0{,}8\,m\\ &= 6 \cdot 0{,}64\,m^2\\ &= \underline{\underline{3{,}84\,m^2}}\end{aligned}$$

$$\begin{aligned}\text{Preis} &= 3{,}84\,m^2 \cdot 3{,}50\,€/m^2 \cdot 5\ \text{Kisten}\\ &= \underline{\underline{67{,}20\,€}}\end{aligned}$$

Lösungsschritte

1. Überlegung, um welche Fläche/Körper es sich bei der vorliegenden Aufgabe handelt.
   Hier: Oberfläche Würfel
2. Auswahl der Berechnungsformel.
   Hier: Oberflächenformel $O = 6\,a^2$
3. Errechnung der geforderten Größe.

Übungsaufgaben

1. *Die Sanitärgroßhandlung Weber & Co. hat die Möglichkeit, ein an ihr Geschäft angrenzendes Grundstück zu kaufen. Das Grundstück hat folgende Abmessungen:*

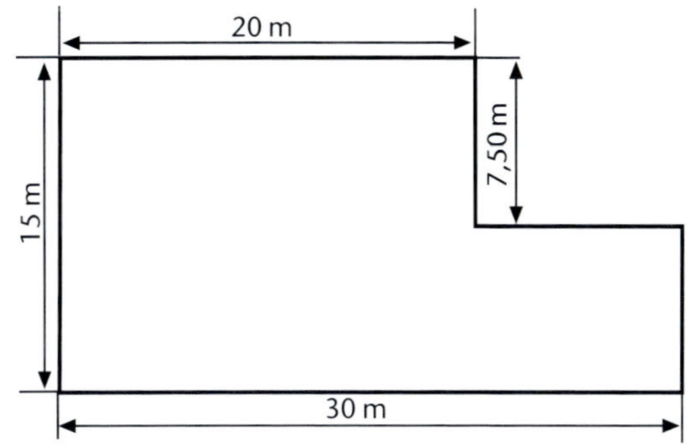

Wie teuer ist das Grundstück, wenn der m^2 280,00 € kostet?

2. *Der Fußballverein Eintracht Bonifaz plant den Bau eines neuen Sportplatzes.*
   a) Welche Fläche umfasst das Fußballfeld, wenn es 110 m lang und 50 m breit werden soll?
   b) Wie viel m legt ein Zuschauer zurück, wenn er einmal um das Spielfeld läuft?
   c) Welche Fläche umfasst der Strafraum mit den Maßen 32 m · 16 m?

3. *Der Radius eines Rennrades beträgt 0,45 m.*
   Wie viel m legt es mit einer Umdrehung zurück?

4. *Ein Sattelauflieger hat folgende Innenmaße: Länge 12 m, Breite 2,50 m und Höhe 2,20 m. Berechnen Sie den zur Verfügung stehenden Laderaum.*

5. *Wie viel m^3 Weizen fasst ein Silozug der Spedition Kruse, der folgende Innenmaße aufweist: Länge 7 m, Breite 2,50 m, Höhe 2,10 m?*

6. *Die Spedition Meier möchte an ihr Lagerhaus eine Auffahrt aus Beton anbauen lassen. Die Auffahrt soll folgendes Aussehen haben:*

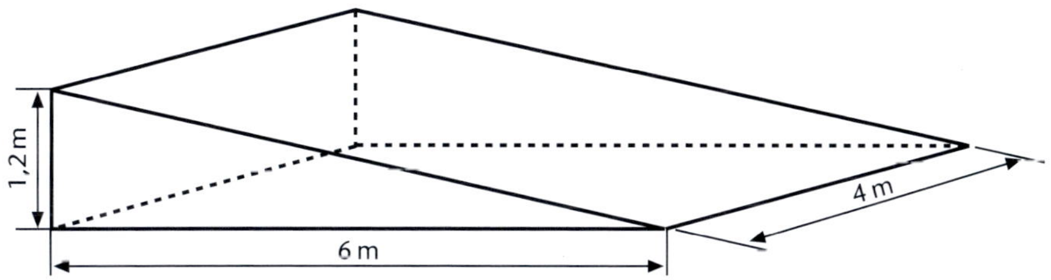

   a) Wie viel m^2 Holz benötigt man für eine Seitenschalung?
   b) Wie teuer wird die Auffahrt, wenn für 1 m^3 Beton 1 150,00 € zu zahlen sind?

7. *Ermitteln Sie die Lagerkosten pro m^2 und pro Monat, mit denen die Spedition Meier für ihr zweigeschossiges Lagerhaus rechnet, wenn pro Quartal folgende Lagerkosten entstehen:*
   - *Miete 35 000,00 €*
   - *Personal 40 000,00 €*
   - *Abschreibungen 5 000,00 €*
   - *sonstige Kosten 10 000,00 €*

   Die Grundfläche des Lagerhauses beträgt 50 m · 25 m.

8. *Wie viel Liter Wasser fasst ein Wassertank, der 5 m lang, 3,50 m breit und 2 m hoch ist?*

9. *Errechnen Sie die maximale Lagerkapazität (in Tonnen) des neu erbauten, dreigeschossigen Lagerhauses der Mannheimer Lagerhausgesellschaft mbH, wenn die Grundmaße 60 m · 20 m betragen und der m² mit max. 3 000 kg belastet werden kann.*

10. *Aufgrund der hohen Nachfrage nach Lagerraum entschließt sich die Geschäftsleitung der Mannheimer Lagerhausgesellschaft mbH zum Anbau einer eingeschossigen Halle mit folgenden Grundmaßen:*

Wie viel m² zusätzlicher Lagerraum kann die Lagerhausgesellschaft ihren Kunden zur Verfügung stellen?

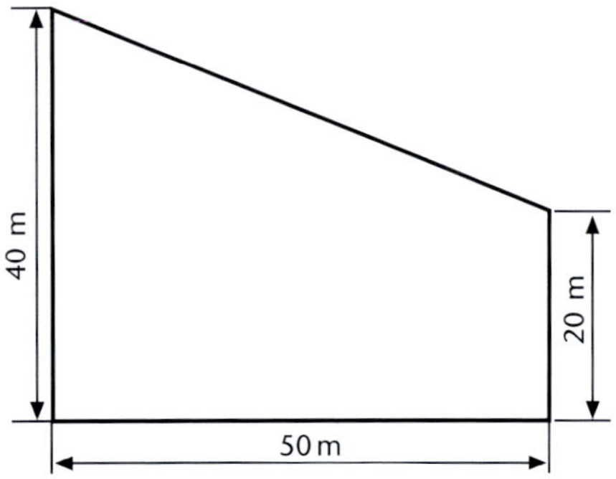

11. *Wie viel 40 Fuß ISO-Container (Maße: 40 Fuß · 8 Fuß · 8,5 Fuß) werden benötigt, um 838,64 m³ Bauschutt abzutransportieren, wenn 1 Fuß = 30,48 cm? (Berechnung bis auf zwei Stellen nach dem Komma.)*

12. *Wie viel Öl muss die Firma Schulze & Co. bestellen, wenn sie ihren Tank vollfüllen möchte und ein eingetauchter Stab auf eine Höhe von 40 cm ölig ist? Tankinnenmaße: 4,5 m · 2 m · 1,80 m.*

13. *Ein Grundstück von 200 m Länge und 50 m Breite soll mit Reihenhäusern bebaut werden.*
    a) Welche Fläche umfasst das Grundstück?
    b) Wie teuer ist das Grundstück, wenn der m²-Preis 450,00 € beträgt?
    c) Wie viel m² umfasst das Grundstück eines Reihenhauses, wenn dieses 8 m breit und 50 m lang (tief) sein soll?
    d) Wie viele Reihenhäuser gleichen Typs kann eine Immobiliengesellschaft auf dem obigen Grundstück bauen?

14. *Die Gesamttragfähigkeit einer Lagerhalle beträgt 2 500 t. Wie viele m² umfasst die Halle, wenn der m² mit max. 2 500 kg belastet werden darf?*

15. *Gbs – großer geschlossener Standardwaggon:*
Länge des Laderaumes 12,71 m
Breite des Laderaumes 2,65 m
Ladekapazität 27 t (89 m³)

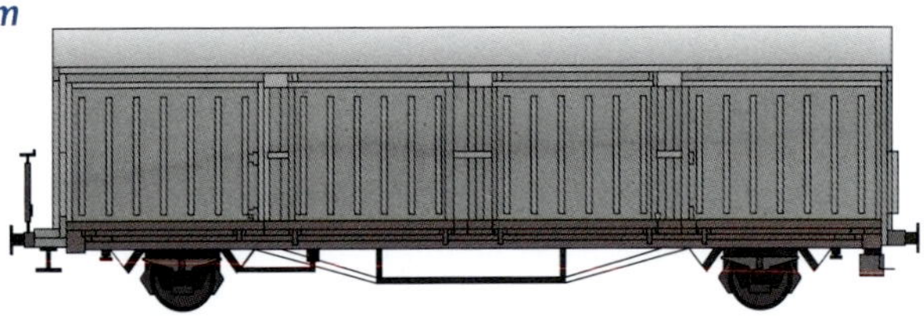

Hbis – geschlossener Waggon mit Schiebewänden:
Länge des Laderaumes 12,78 m
Breite des Laderaumes 2,60 m
Ladekapazität 25 t (94 m³)

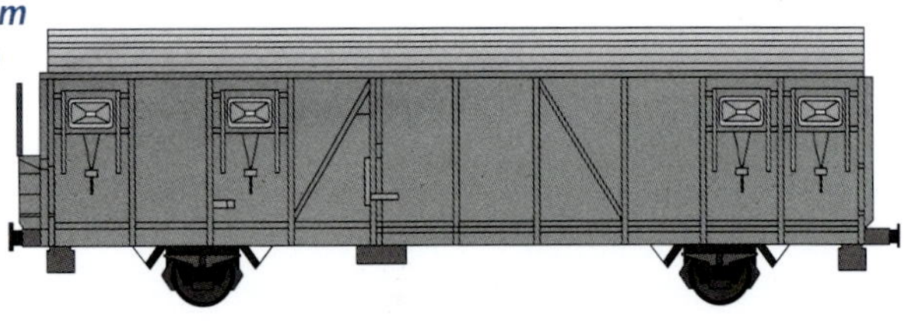

a) *Berechnen Sie die Höhe der abgebildeten Waggons.*
b) *Ermitteln Sie, wie viele kg bei obigen Waggons höchstens pro m^2 geladen werden können.*
c) *Wie viele t Düngemittel können mit je 23 Gbs und Hbis befördert werden, wenn jeder Waggon nur zu 3/4 seiner Ladekapazität beladen werden kann?*

16. *Wie viele Liter fasst ein Tanklastzug mit folgenden Maßen:*

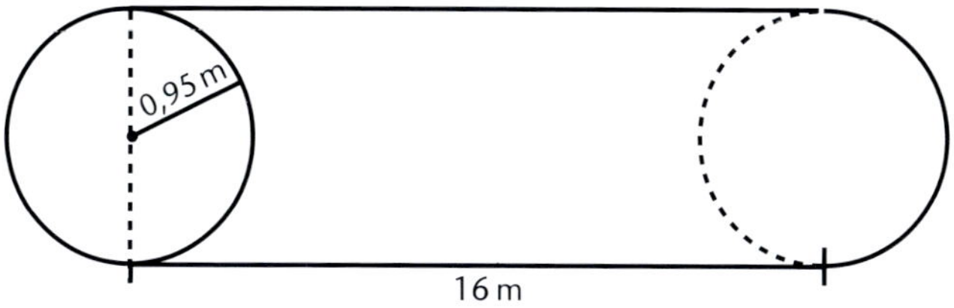

17. *Ermitteln Sie, wie viele der abgebildeten Pulver- und Granulatwaggons benötigt werden, um 3 mit Kunststoffgranulat gefüllte Silos der Firma Dittmann & Barth zu leeren, wenn die Silos folgende Innenmaße besitzen:*
Silo I (4 m · 4 m · 25 m)
Silo II (4 m · 3 m · 25 m)
Silo III (4 m · 2 m · 25 m)?

Pulver- und Granulatwaggon mit verschiedenen Füllmengen (bis max. 100 m^3 bzw. 58 t)

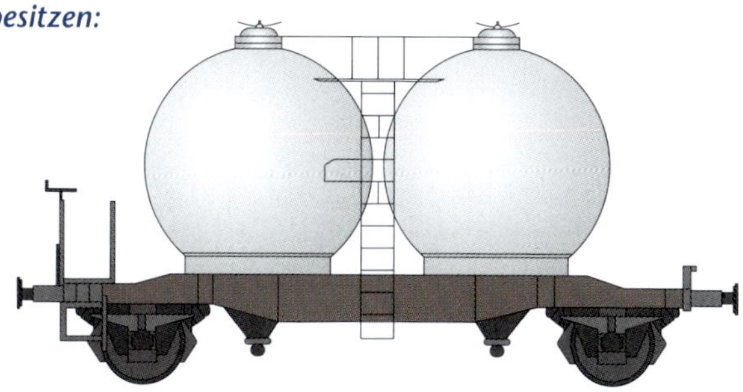

18. *Die Firma Edgar Traub GmbH in Mannheim erhält 10 Stahlbehälter mit Filtern geliefert. Jeder dieser Stahlbehälter ist 2,40 m lang, 1,68 m breit, 1,26 m hoch und wiegt leer 57,6 kg. Die Filter, die in rechteckige Schachteln verpackt sind, sind 14 cm lang, 14 cm breit und 20 cm hoch und wiegen jeweils mit Verpackung 1 200 g.*
a) *Wie viele Filter fasst ein Stahlbehälter bei optimaler Bestückung?*
b) *Wie viele volle Stahlbehälter dürfen übereinander gestapelt werden, wenn die Lagerhalle 8 m hoch ist und der Lagerboden mit maximal 2 000 kg/m^2 belastet werden kann?*
c) *Wie viele m^2 werden für die Einlagerung der 10 Stahlbehälter benötigt?*

19. a) *Wie viele m^3 Erde müssen ausgebaggert werden, wenn ein 400 m langes Hafenbecken ausgehoben werden soll, das an der Sohle 30 m und an der Wasseroberfläche 50 m breit ist und 2,80 m tief sein soll?*

Schnittzeichnung

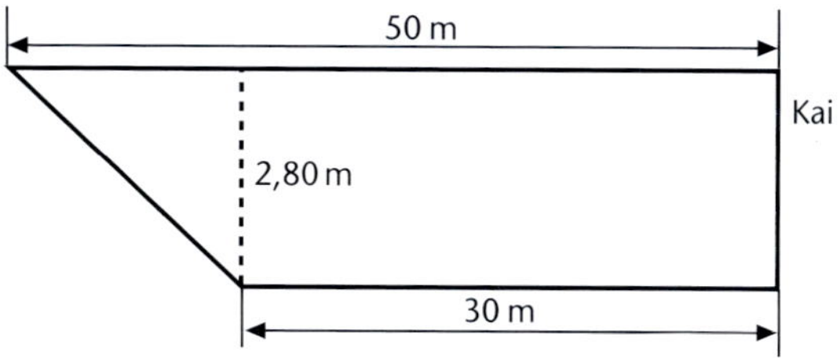

b) *Wie viele Güterzüge mit je 40 Waggons wären nötig, um obige Erdmenge abzufahren, wenn die Innenmaße pro Waggon 12,80 m · 2,60 m · 2,10 m betragen (Volumen eines Waggon auf volle m^3 runden)?*

20. ***Sie sind als Mitarbeiter/-in der internationalen Spedition EDR, Lyon, in deren Filiale in Mannheim mit dem Versand der eingelagerten Waren betraut. Laut einem Ihnen vorliegenden Arbeitsauftrag sollen Sie 396 Pakete Kunststoffteile – wie abgebildet – auf Euro-Paletten verpacken.***

a) Ermitteln Sie die Maße der einzelnen Pakete, wenn die Höhe der abgebildeten Euro-Palette einschließlich des 10 cm hohen Palettensockels 1,00 m beträgt.

b) Wie viele Euro-Paletten werden zur Beförderung der Pakete benötigt?

c) Errechnen Sie das Gesamtgewicht der Sendung, wenn jedes Paket 35 kg wiegt und das Eigengewicht jeder Euro-Palette 20 kg beträgt.

5.2 Grundfläche, Lagerfläche, Ladefläche, Verkehrsfläche

Lagernutzflächen oder auch Ladenutzflächen geben die Grundflächen (Bruttofläche) von Lager- bzw. Lade-Räumen an. Diese Flächen können i. d. R. jedoch nicht völlig als Lagerfläche (= Fläche für die wirtschaftliche Lagerung von Gütern; sog. Nettofläche) verwendet werden, da für eine reibungslose Ein- und Auslagerung genügend und ausreichend breite Wege für innerbetriebliche Transportmittel, sogenannte Verkehrsflächen, freigehalten werden müssen.

Nachfolgende Darstellung gibt die übliche Aufteilung der Bruttofläche wieder:

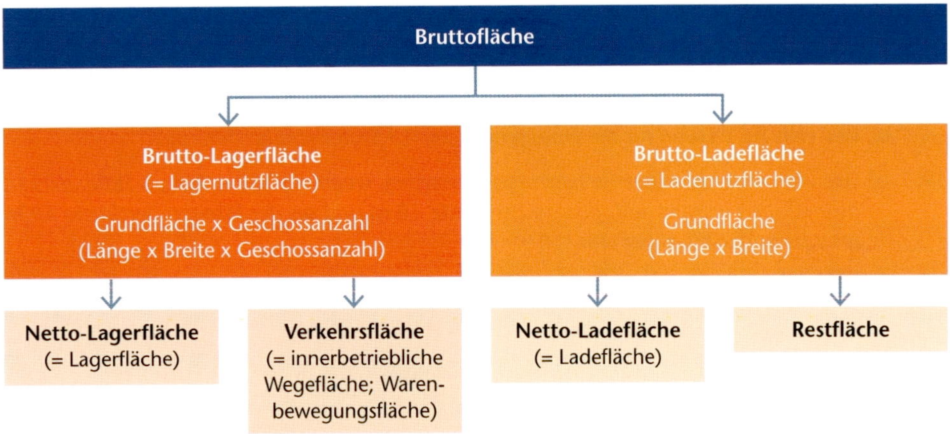

Musteraufgabe

Eine neu gebaute, eingeschossige Lagerhalle weist eine Grundfläche von 75 m · 40 m auf.

Berechnen Sie die zur Verfügung stehende Lagerfläche, wenn für die innerbetrieblichen Verkehrswege 1/4 der Fläche freizuhalten sind.

Musterlösung

Grundfläche (Lagernutzfläche):	75 m · 40 m	=	3000 m^2
Wegefläche (Verkehrsfläche):	1/4	=	750 m^2
Lagerfläche	3000 m^2 – 750 m^2	=	2250 m^2

Lösungsschritte

1. Ermittlung der insgesamt zur Verfügung stehenden Grundfläche.
2. Berechnung der Wegefläche.
3. Ermittlung der Lager-(Lade-)fläche.

Übungsaufgaben

1. Eine Sendung von 22 Euro-Paletten (120 cm · 80 cm) soll eingelagert werden.
a) Wie viel m^2 Lagerfläche müssen für die Einlagerung zur Verfügung gestellt werden?
b) Welche Lagerfläche müsste bereitgestellt werden, wenn die Paletten in zwei Lagen gestapelt werden könnten?

2. Wie viele nicht stapelbare Euro-Paletten der Größe 1200 mm · 800 mm können in einem neuen Lageranbau mit den Maßen 30 m · 20 m eingelagert werden?

3. Das 4-geschossige Lagergebäude der Mannheimer Lagerhausgesellschaft weist eine Länge von 120 m und eine Breite von 35 m auf.
a) Ermitteln Sie die Grundfläche.
b) Berechnen Sie die gesamte Lagernutzfläche.
c) Errechnen Sie die zur Verfügung stehende reine Lagerfläche, wenn für innerbetriebliche Fahr- und Gehwege 1/5 der Fläche freizuhalten ist.

4. Ein Sattelauflieger mit den Maßen 7,85 m · 2,44 m soll mit nicht stapelbaren Holzkisten beladen werden.
a) Berechnen Sie die Ladenutzfläche.
b) Errechnen Sie die Fläche einer Kiste, wenn diese 95 cm lang und 60 cm breit ist.
c) Wie viele Kisten können tatsächlich bei optimaler Ausnutzung eingelagert werden?
d) Ermitteln Sie die reine Ladefläche der Holzkisten, sowie die nicht zu nutzende Restfläche.

5. Nico soll den hinteren Teil des Freilagers (14,40 m · 800 cm) mit Euro-Paletten belegen.
a) Wie viele Euro-Paletten (120 cm · 80 cm) kann Nico bei optimaler Ausnutzung des Freilagers unterbringen?
b) Wie vielen Lkw entspricht dies, wenn pro Lkw 20 Paletten angeliefert werden?
c) Wie viele zusätzliche Tonnen Waren sind nun im Freilager gelagert, wenn eine Palette mit durchschnittlich 800 kg bepackt ist?

6. *Als Fachkraft für Lagerlogistik sind Sie auch häufig mit der Versendung von Gütern durch die Deutsche Bahn AG betraut.*

   a) *Ermitteln Sie, wie viele Euro-Paletten in einem Gelenkwaggon der Deutschen Bahn AG geladen werden können, wenn die Länge des Laderaumes 19,85 m, die Breite 2,65 m und die Höhe 2,73 m beträgt, die Paletten nicht stapelbar sind und jede beladene Palette eine Höhe von 145 cm aufweist.*

   b) *Berechnen Sie das durchschnittliche Gewicht je Palette, wenn der Waggon mit höchstens 45,6 t beladen werden darf.*

   c) *Wie viel m^3 Laderaum (Restvolumen) bleibt frei, wenn der Waggon mit der maximalen Anzahl an Paletten beladen ist?*

   d) *Ermitteln Sie die mit der Auslagerung der Paletten verbundenen Zeiten und Kosten, wenn nachfolgende Daten zur Verfügung stehen:*

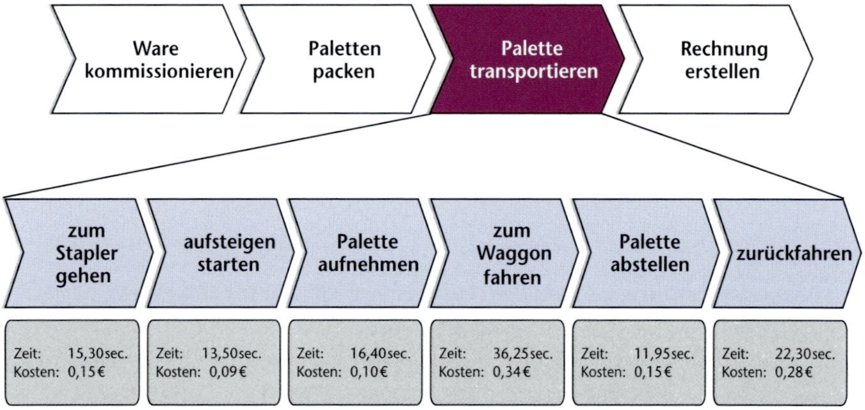

   Zur Lösung kann eine Tabelle nach folgendem Muster erstellt werden:

Vorgang	Häufigkeit	Zeit		Kosten	
		einmalig	insgesamt	einmalig	insgesamt

   e) *Welchem Stundensatz entsprechen die Einlagerungskosten?*

7. *Die Spedition „Weltweit" setzt im Linienverkehr nach England vorwiegend nachfolgend abgebildeten Lkw ein.*

   a) *Ermitteln Sie, wie viele Euro-Paletten (1,20 m · 0,80 m) in den abgebildeten Sattelzug geladen werden können, wenn die Innenbreite des Sattelaufliegers 2,44 m beträgt, die Paletten stapelbar sind und jede bepackte Palette eine Höhe von 120 cm aufweist.*

   b) *Berechnen Sie das Ladungsgewicht des Lkw, wenn jede Palette im Durchschnitt 520 kg wiegt.*

   c) *Skizzieren Sie die Draufsicht eines möglichen Ladeplanes.*

   d) *Wie viel Laderaum Restvolumen bleibt frei, wenn der Sattelauflieger mit der maximalen Anzahl an Paletten beladen ist?*

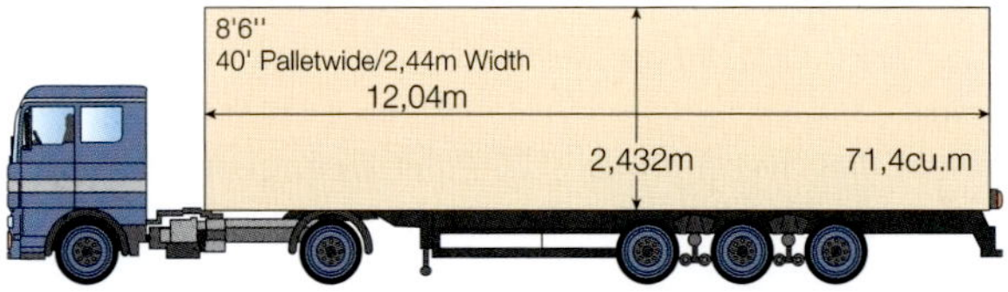

8. *Laut eines Zeitungsberichts lagert der Reifenhersteller Goodyear in seiner neuen 73 000 m² großen überdachten Lagerhalle bei Philippsburg 2 Mio. Reifen auf 3 200 Palettenstellplätzen.*
   a) *Wie viele Reifen werden durchschnittlich pro Palettenstellplatz gelagert?*
   b) *Wie viel m² benötigt ein Palettenstellplatz, wenn 20 % der Brutto-Lagerfläche für Verkehrswege frei zu halten sind?*
   c) *Wie viele Reifen werden täglich abverkauft, wenn über Tag 45 Lkw und im Nachtsprung 80 Lkw mit je 200 Reifen abgefertigt werden?*
   d) *Welcher täglich neu zu belegenden Lagerfläche entspricht dieser Abverkauf an Reifen?*
   e) *Wie viele Arbeitstage würde es dauern, die Lagerhalle komplett zu räumen, wenn pro Tag max. 125 Lkw abgefertigt werden könnten und jeder Lkw mit 200 Reifen beladen wird?*

9. *Die Geschäftsleitung des Automobilzulieferers Karl Wolf KG, Mannheim, beabsichtigt die Lagerhaltung ihres Tiefkühllagers zu optimieren, um dadurch einerseits zusätzlichen Lagerraum zu gewinnen und andererseits die Energie- und Betriebskosten zu senken. Ein auf dieses Problem spezialisiertes Unternehmen schlägt daraufhin die Umwandlung des stationären Regalsystems in eine Verschieberegalanlage vor.*
   a) *Ermitteln Sie den durch die beabsichtigte Umwandlung erzielten Betriebsflächengewinn in Prozent für Fall 1.*
   b) *Errechnen Sie die Steigerung der Lagerkapazität im Fall 2.*

Bisheriges stationäres Regalsystem mit 10 Regalzeilen

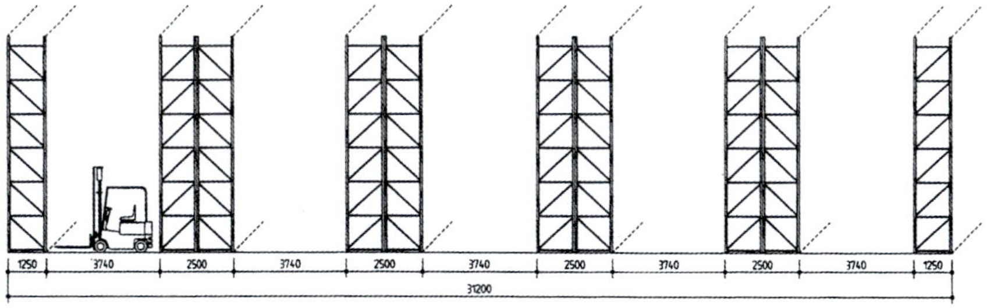

Fall 1

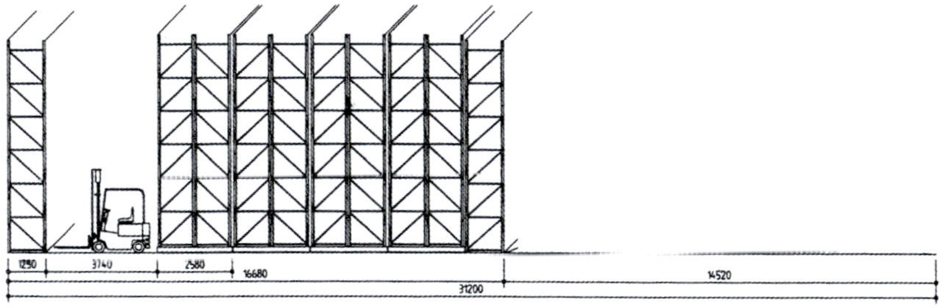

Fall 2

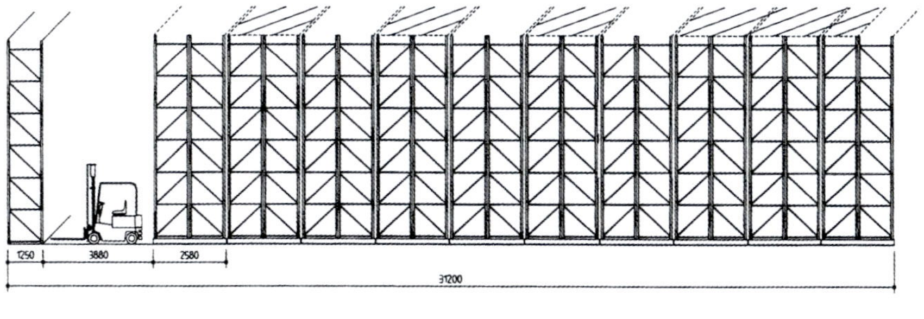

5.3 Nutzungsgrade im Lager (Flächen- und Raumnutzungsgrad)

LOP

Als hilfreiche Kenngrößen im Lagerbereich gelten die Nutzungsgrade, geben sie doch das Verhältnis aus tatsächlichem und maximalem Wert einer Bezugsgröße an, d.h. sie informieren über die aktuelle Auslastung unseres Lagers bzw. des zu beladenden Fahrzeugs.

Solche Kenngrößen können sein:

Flächennutzungsgrad	Raumnutzungsgrad	Lagernutzungsgrad für Hochregallager
Der Flächennutzungsgrad ist ein Prozentsatz, der das Verhältnis von tatsächlich belegter zu nutzbarer Fläche angibt	Der Raumnutzungsgrad ist ein Prozentsatz, der das Verhältnis des tatsächlich genutzten Raumes zum nutzbaren Raum angibt	Der Lagernutzungsgrad ist ein Prozentsatz, der die Auslastung eines Hochregallagers wiedergibt.
Formel: Flächennutzungsgrad = $\frac{\text{tatsächlich belegte Fläche} \cdot 100}{\text{nutzbare Fläche (Bruttofläche/Lagernutzfläche)}}$	Formel: Raumnutzungsgrad = $\frac{\text{tatsächlich genutzter Raum} \cdot 100}{\text{nutzbarer Raum (Bruttoraum)}}$	Formel: Lagernutzungsgrad = $\frac{\text{tatsächlich belegte Hochregallagerplätze} \cdot 100}{\text{Gesamthochregallagerplätze (Bruttolagerplätze)}}$

Musteraufgabe

Die Grundfläche des doppelgeschossigen Lagerhauses der Dortmunder Lagergenossenschaft GmbH misst 80 m · 30 m. Auf notwendige innerbetriebliche Verkehrsflächen entfallen 15 %.

a) Errechnen Sie die gesamte Lagernutzfläche (Bruttolagerfläche).

b) Ermitteln Sie die reine Lagerfläche (Nettolagerfläche).

c) Ermitteln Sie den Flächennutzungsgrad, wenn das Lager im Durchschnitt bei Bodenlagerung mit 3 800 Euro-Paletten belegt ist.

Musterlösung

a) Bruttofläche = L · B
= 80 m · 30 m
= 2 400 m² · 2 Geschosse
= 4 800 m²

b) Nettolagerfläche = Bruttolagerfläche – Verkehrsfläche
= 4 800 m² – 720 m²
= 4 080 m²

c) Fläche einer Euro-Palette = 1,20 m · 0,80 m
= 0,96 m²

Gesamtfläche der Euro-Paletten: 0,96 m² · 3 800 Paletten = 3 648 m²

Flächennutzungsgrad $= \frac{3\,648 \text{ m}^2}{4\,800 \text{ m}^2} \cdot 100 = 76\,\%$

Lösungsschritte

1. Ermittlung der Bruttofläche des gesamten Lagergebäudes
   hier: Länge · Breite · Geschossanzahl = 4 800 m^2

2. Berechnung der Nettolagerfläche
   hier: Bruttolagerfläche – 15 % Verkehrsfläche = 4 080 m^2

3. Errechnung der durchschnittlichen Belegungsfläche
   hier: Fläche einer Euro-Palette · Ø Palettenanzahl = 3 648 m^2

4. Ermittlung des Flächennutzungsgrades, wobei zu beachten ist, dass sich der Nutzungsgrad immer auf die Bruttofläche bezieht.

   hier:

$$\text{Flächennutzungsgrad} = \frac{\text{aktuell genutzte Fläche } 3\,648\ m^2}{\text{Bruttofläche } 4\,800\ m^2} \cdot 100 = 76\,\%$$

Übungsaufgaben

1. *Das neu errichtete Lagerhaus der Spedition Josef Dittmann KG, Tauberbischofsheim, mit den Innenabmessungen (L · B · H) 70,00 m · 43,20 m · 7,00 m wurde mit 10 Regalreihen mit den Maßen 65,00 m · 2,40 m · 6,50 m bestückt.*

   Berechnen Sie:

   a) die zur Verfügung stehende Bruttolagerfläche (Lagernutzfläche),

   b) die reine Lagerfläche (Nettofläche),

   c) den Flächennutzungsgrad,

   d) den Lagerraum der gesamten Halle (Bruttolagerraum),

   e) den von den Regalen beanspruchten Raum (Nettolagerraum),

   f) den Raumnutzungsgrad.

2. *Ein 20-Fuß-Standard-Container mit den Innenmaßen (L · B · H) 5 935 mm · 2 335 mm · 2 383 mm soll mit quaderförmigen Kisten beladen werden.*

   a) Berechnen Sie den zur Verfügung stehenden Laderaum in m^3.

   b) Wie viele der stapelbaren Kisten mit den Maßen (L · B · H) 50 cm · 40 cm · 30 cm passen maximal in den Container, wenn die Kisten aus Sicherheitsgründen auf ihrer Grundfläche stehen müssen?

   c) Berechnen Sie den Raumnutzungsgrad, wenn der Container mit der maximalen Anzahl an Kisten beladen wird.

3. *Das zweigeschossige Lagergebäude der Gebr. Neumann GmbH mit den Grundmaßen 80 m · 50 m wird ausschließlich als Palettenlager genutzt. Auf benötigte Verkehrswege sowie den Kommissionsbereich entfallen 20 %. Im Durchschnitt sind 6 500 Euro-Paletten eingelagert.*
   Ermitteln Sie den Flächennutzungsgrad.

4. *Das neu gebaute Palettenlager der Rhein-Main Lagergesellschaft mbH weist bei einer Geschosshöhe von 6,90 m eine nutzbare Fläche von 15 000 m^2 auf. Die Geschäftsleitung rechnet mit durchschnittlich 50 000 gelagerten Euro-Paletten.*

Als Stapellager betrieben können drei mit Waren bepackte Euro-Paletten übereinander eingelagert werden, als Hochregallager mit eingezogenem Stahlboden lassen sich je Ebene ebenfalls drei Paletten übereinander stapeln.

a) Ermitteln Sie den Raumnutzungsgrad, wenn in Zukunft durchschnittlich 50 000 Euro-Paletten mit einer Höhe von 1,10 m eingelagert werden sollen.

b) Vergleichen Sie die Flächennutzung im Hochregallager mit der im Stapellager und entscheiden Sie sich für eine der beiden Lagerarten.

5. Die Dittmann & Konrad GmbH, Mannheim, verfügt über das neue, nachstehend abgebildete Euro-Palettenlager mit den Maßen: Länge 14 m · Breite 8 m · Höhe 6 m.

a) Berechnen Sie die zur Verfügung stehende Bruttolagerfläche (Lagernutzfläche).

b) Ermitteln Sie die Nettolagerfläche, wenn sämtliche Palettenstellplätze belegt sind.

c) Errechnen Sie den Flächennutzungsgrad, wenn sämtliche Palettenplätze belegt sind.

d) Wie viel Prozent beträgt der aktuelle Flächennutzungsgrad, wenn der Stapler seine letzte Palette einlagert?

e) Wie viele Euro-Palettenstellplätze kann die Dittmann & Konrad GmbH maximal zur Verfügung stellen, wenn eine bepackte Palette eine Höhe von 160 cm aufweist?

f) Berechnen Sie den zur Verfügung stehenden Bruttolagerraum.

g) Welchem Raumnutzungsgrad würde die Vollausnutzung des Palettenlagers entsprechen?

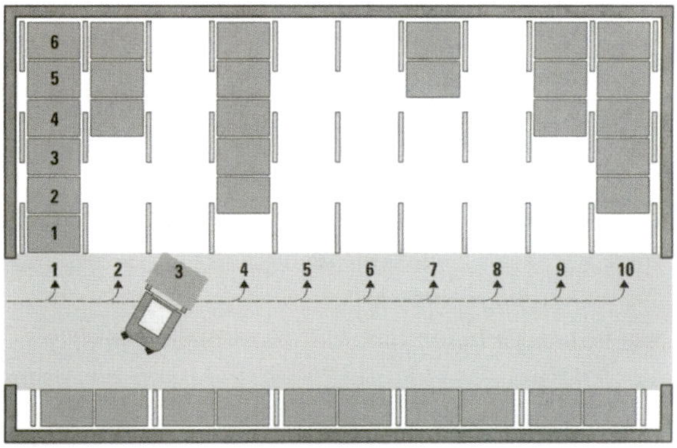

Draufsicht

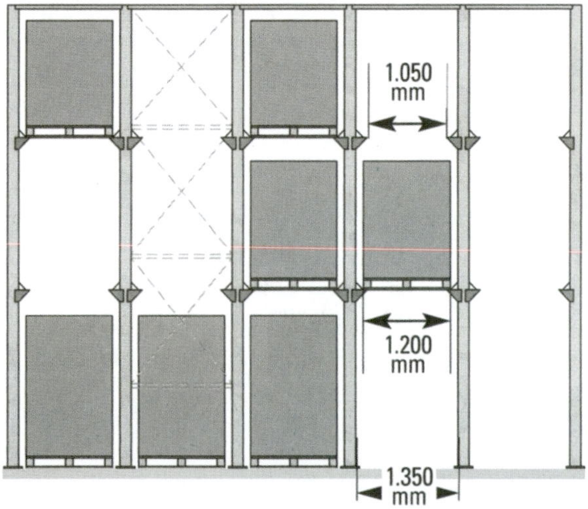

Seitenansicht

Quelle: Bito Gesamtkatalog Lagertechnik Januar 2004 D, S. 59

6. *Emons Cargo ist eine internationale Spedition. Sie verwendet aus Kostengründen hauptsächlich MHT-Trailer, die über ein „Double Loading System" mit folgenden Maßangaben verfügen:*

System	length	width	hight
Mega-Trailer	13,60	2,50	2,80
MHT-Trailer ▪ top deck ▪ bottom deck	 13,50 9,65	 2,50 2,50	 1,83 1,83

Alle Angaben erfolgen in Meter.

a) *Ermitteln Sie, wie viele bepackte Euro-Paletten mit einer Höhe von 120 cm sich maximal mit dem MHT-Trailer befördern lassen.*

b) *Errechnen Sie den dann vorliegenden Raumnutzungsgrad.*

7. *Die gewerbliche Lagerhalter Dr. Stefan Fulst-Blei GmbH erhält einen Auftrag zur Lagerung von 1 840 Euro-Gitterboxpaletten (siehe Abb.). Er beabsichtigt den Auftrag jedoch erst dann anzunehmen, wenn er eine Mindestauslastung seines zurzeit leer stehenden Lagers von 25 % der Nettolagerfläche erreicht.*

a) *Welche Fläche muss er bei Bodenlagerung zur Verfügung stellen, wenn die Außenmaße der Boxen einschließlich Steilwinkelaufsatz 1 240 mm · 835 mm betragen?*

b) *Ermitteln Sie, ob die Lagerhalter Dr. Stefan Fulst-Blei GmbH den Auftrag annehmen sollte, wenn die angebotene Lagerhalle (Maße 115 m · 65 m) bisher leer stand und für eine reibungslose Ein- und Auslagerung 22 % der Fläche für Verkehrswege freigehalten werden müssen.*

c) *Welche Fläche ließe sich einsparen, wenn man jeweils 3 Euro-Gitterboxpaletten übereinanderstapeln könnte?*

d) *Welche Auswirkung hätte diese Lagerung auf den Flächennutzungsgrad?*

6 Verteilungsrechnen

Tipp

Für sämtliche nachfolgenden Aufgaben empfiehlt sich der Einsatz eines Tabellenkalkulationsprogramms.

6.1 Die allgemeine Verteilungsrechnung

Das Ziel der Verteilungsrechnung besteht darin, eine Gesamtmenge nach einem gegebenen Verteilungsschlüssel in verschieden große Teile zu zerlegen.

Musteraufgabe

In einem Einkaufszentrum fallen monatliche Mietkosten in Höhe von insgesamt 91 200,00 € an. Diese Kosten sollen nach der Quadratmeterzahl auf die einzelnen Geschäfte verteilt werden:

Bekleidungshaus Haupt	500 m²
Einrichtungshaus Becker & Co.	2 000 m²
Jeansladen „Pascal"	300 m²
Schuhgeschäft Marcel	50 m²

Ermitteln Sie die monatliche Miete für jedes Geschäft.

Musterlösung

Geschäft	Fläche in m²	Teile	monatliche Miete
Bekleidungshaus	500	10	16 000,00 €
Einrichtungshaus	2 000	40	64 000,00 €
Jeansladen	300	6	9 600,00 €
Schuhgeschäft	50	1	1 600,00 €
	2850	57	91 200,00 €
		1	1 600,00 €
			(Lösungsmenge)

Lösungsschritte

1. Aufstellung des Verteilungsschemas.
2. Ermittlung der Teile (falls erforderlich) zur Vereinfachung der Rechnung; ggf. müssen ungleichnamige Brüche auf einen Hauptnenner gebracht werden.
3. Addition der Teile und Ermittlung der Lösungsmenge durch Division der zu verteilenden Gesamtmenge durch die Summe der Teile.
4. Errechnung der einzelnen Anteile.

Übungsaufgaben

1. ***Ein Lottogewinn in Höhe von 800 000,00 € soll auf drei Personen im Verhältnis ihres Einsatzes verteilt werden. A gab 1,50 €, B gab 5,50 € und C gab 3,00 €. Welcher Anteil am Gesamtgewinn steht A, B und C zu?***

2. *Durch den gemeinsamen Einkauf von Waren erhalten drei Sanitärgeschäfte einen Bonus von 205 000,00 € auf der Grundlage nachfolgender Umsätze:*

Unternehmung	Umsätze in Mill. €
A	1,8
B	0,9
C	1,4

Berechnen Sie den Bonus, den jedes Unternehmen erhält.

3. *Eine Unternehmung benötigt jährlich 120 000 l Heizöl zum Literpreis von 0,40 €.*
Die Heizkosten sollen nach der Größe der verschiedenen Abteilungen verteilt werden:
– *Verwaltungsräume 210 m³ Rauminhalt* – *Werkstatt 910 m³ Rauminhalt*
– *Sozialraum 45 m³ Rauminhalt* – *Lager 235 m³ Rauminhalt*
Wie hoch ist der Heizkostenanteil jeder Abteilung?

4. *An einem Gelegenheitsgeschäft beteiligen sich 3 Partner wie folgt: A mit 18 000,00 €, B mit 21 000,00 € und C mit 12 000,00 €.*
Welchen Anteil erhält jeder Gesellschafter, wenn ein Gewinn in Höhe von 11 084,00 € entsprechend dem Verhältnis der Kapitalanteile verteilt werden soll?

5. *148,80 € Bezugskosten werden nach dem Gewicht auf folgende Waren verteilt:*
– *Mehl 75 kg* – *Salz 180 kg*
– *Erbsen 375 kg* – *Zucker 420 kg*
Mit welchen Bezugskosten werden die einzelnen Waren belastet?

6. *Eine Lohnprämie von 8 800,00 € soll zwischen den Arbeitern in der Abteilung „Kommissionierung" im Verhältnis der geleisteten Überstunden verteilt werden:*
A leistet 46 Überstunden, B 60, C 26, D 32 und E 12.
Wie viel Euro erhält jeder Arbeiter?

7. *Die Spedition Müller & Klein liefert folgende Waren per Lkw an einen Industriebetrieb:*
– *Ware I: 16 t* – *Ware II: 38 t* – *Ware III: 26 t*
Verteilen Sie die Transport- und Versicherungskosten in Höhe von 8 800,00 € anteilsmäßig.

8. *Zum Kauf eines Lkw im Wert von 300 000,00 € gab A 1/4, B 1/5, C 1/6 und D den Rest des Kaufpreises.*
Wie viel Euro gab jeder der Gesellschafter?

9. *Am Kauf eines Grundstückes in Höhe von 324 480,00 € sind 4 Geschäftsleute beteiligt: A mit 1/3, B mit 1/4, C mit 3/8 und D mit dem Rest.*
Wie hoch ist der Anteil jedes Geschäftsmanns?

10. *Fünf Geschwister erben ein Elektrofachgeschäft. Aufgrund verschiedener Schenkungen zu Lebzeiten wird das Erbe ungleich verteilt. A erhält 1/10, B 2/5, C 1/5, D 1/8 und E den Rest in Höhe von 38 780,00 €.*
Wie hoch ist die Erbschaft insgesamt und wie viel Euro erhält jedes der Geschwister?

11. *Von den Baukosten eines Golfplatzes trägt der Golfclub „Langer" 1/12, ein privater Sponsor 20 %, ein Sportgeschäft 1/6 und die Gemeinde 412 500,00 €.*
Ermitteln Sie die Baukosten insgesamt und je Geldgeber.

12. *Anlässlich ihres 25-jährigen Betriebsjubiläums verteilt die Firma Müller & Co. an ihre Lagerarbeiter eine Gratifikation in Höhe von 5 600,00 €.*
Wie hoch ist der Anteil, den jeder Arbeiter erhält, wenn jeder Arbeiter zunächst 500,00 € vorweg bekommt und der Restbetrag nach der Betriebszugehörigkeit verteilt wird? A ist 6 Jahre und 8 Monate, B 4 Jahre und 5 Monate, C 2 Jahre und 7 Monate und D 1 Jahr und 4 Monate in der Unternehmung.

13. *Die Spielwarengroßhandlung Müller und Co., Hamburg, bezieht aus Hongkong 4 Kisten Spielwaren. Die Schiffsfracht für die Sendung beträgt insgesamt 1 764,00 €.*
Wie hoch sind die Frachtkosten je Kiste, wenn die Seefracht i. d. R. nach dem Rauminhalt der einzelnen Kisten berechnet wird und die Kisten folgende Abmessungen haben:

Kiste 1	*1,2 m · 0,8 m · 1,5 m*
Kiste 2	*0,8 m · 0,5 m · 0,6 m*
Kiste 3	*0,4 m · 0,4 m · 0,3 m*
Kiste 4	*0,9 m · 0,6 m · 0,5 m*

14. *Zwei Geschäftsleute haben gemeinsam 12 650 l Heizöl eingekauft.*
Wie viele Liter bekommt jeder von ihnen, wenn A 1/5 mehr erhalten soll als B?

15. *15 200,00 € sollen an A, B und C so verteilt werden, dass B die Hälfte mehr als A und C die Hälfte mehr als B erhält.*
Wie viel Euro erhalten A, B und C?

16. *Das Sanitärfachgeschäft Müller, Stuttgart, unterhält im süddeutschen Raum drei Filialen. Anlässlich des 50-jährigen Firmenjubiläums wurde eine besondere Werbeaktion durchgeführt. Die dabei entstandenen Kosten in Höhe von 72 000,00 € sollen auf alle Geschäfte im Verhältnis der Vorjahresumsätze verteilt werden.*
   a) Wie hoch waren die einzelnen Vorjahresumsätze, wenn die Zentrale in Stuttgart 3/8, die Filiale A 1/3, die Filiale B 1/6 des gesamten Umsatzes und die Filiale C einen Umsatz von 1 320 000,00 € erzielte?
   b) Führen Sie nun die Verteilung der entstandenen Werbekosten durch.

17. *Dem Autohaus Freddie Münster e. K. wurde von der Ersatzteile Neumann GmbH für Ersatzteile nachfolgende Rechnung ausgestellt:*
   a) Verteilen Sie die Frachtkosten anteilig nach dem Gewicht der Ware, die Transportversicherung nach dem Warenwert und ermitteln Sie die Gesamtkosten je Artikel ohne Berücksichtigung der Umsatzsteuer.
   b) Herr Münster erinnert sich, dass er für eine identische Lieferung im letzten Jahr lediglich Frachtkosten in Höhe von 72,00 € zahlen musste.
   Um wie viel Prozent sind die Frachtkosten in diesem Jahr angestiegen?

Ersatzteile Neumann GmbH

Ersatzteile Neumann GmbH, Burgstr. 10, 10127 Berlin

Autohaus Freddie Münster e.K.
Heidelberger Str. 128
33817 Bielefeld

Rechnungsdatum	27.02.20..
Kunden-Nr.	3279
Rechnungs-Nr.	381/02
Bitte bei Zahlung angeben	

Rechnung

Position	Menge	Text	Betrag in €
1	1	Getriebe; Gewicht 35 kg	800,00
2	1	Frontspoiler; schwarz, Typ 2001, Gewicht 15 kg	250,00
3		Frachtkosten	80,00
4		Kosten für Transportversicherung	21,00
		Rechnungsbetrag netto	1 151,00
		zuzüglich USt	218,69
Summe		zahlbar bis 27.03.20..	1 369,69

Bankverbindung: Commerzbank Berlin, BLZ 1 001 903, Konto-Nr.: 793 231
USt-IdNr.:141 905 112

6.2 Gewinnverteilung der Personengesellschaften

6.2.1 Gewinnverteilung bei der offenen Handelsgesellschaft (OHG)

Eine **OHG** ist eine **Personengesellschaft**, die aus mindestens zwei Personen besteht. Ein sich aus der GuV ergebender Gewinn ist auf die Gesellschafter zu verteilen. Falls der Gesellschaftsvertrag keine Vereinbarung über die Gewinnverteilung enthält, so ist der Gewinn nach der gesetzlichen Regelung des § 121 HGB zu verteilen. WSP

§ 121 HGB [Verteilung von Gewinn und Verlust] (1) [1]Von dem Jahresgewinn gebührt jedem Gesellschafter zunächst ein Anteil in Höhe von vier vom Hundert seines Kapitalanteils. [2]Reicht der Jahresgewinn hierzu nicht aus, so bestimmen sich die Anteile nach einem entsprechend niedrigeren Satze.

(2) [1]Bei der Berechnung des nach Absatz 1 einem Gesellschafter zukommenden Gewinnanteils werden Leistungen, die der Gesellschafter im Laufe des Geschäftsjahrs als Einlage gemacht hat, nach dem Verhältnisse der seit der Leistung abgelaufenen Zeit berücksichtigt.
[2]Hat der Gesellschafter im Laufe des Geschäftsjahrs Geld auf seinen Kapitalanteil entnommen, so werden die entnommenen Beträge nach dem Verhältnisse der bis zur Entnahme abgelaufenen Zeit berücksichtigt.

(3) Derjenige Teil des Jahresgewinns, welcher die nach den Absätzen 1 und 2 zu berechnenden Gewinnanteile übersteigt, sowie der Verlust eines Geschäftsjahrs wird unter die Gesellschafter nach Köpfen verteilt.

§ 121 HGB sieht demnach vor, dass

1. jeder Gesellschafter zunächst eine 4 %ige Verzinsung seiner Einlage erhält und danach
2. ein sich ergebender Rest gleichmäßig auf die Gesellschafter zu verteilen ist. Das Gesetz spricht von der Verteilung des Restgewinns nach Köpfen.

Musteraufgabe

An einer OHG ist A mit 100 000,00 €, B mit 300 000,00 € und C mit 400 000,00 € beteiligt. Wie viel Euro erhält jeder Gesellschafter, wenn ein Gewinn in Höhe von 80 000,00 € entsprechend den gesetzlichen Vorschriften zu verteilen ist?

Musterlösung

Gesellschafter	Anteil	4 %	Restgewinn	Gesamtanteil
A	100 000,00	4 000,00	16 000,00	20 000,00
B	300 000,00	12 000,00	16 000,00	28 000,00
C	400 000,00	16 000,00	16 000,00	32 000,00
	800 000,00	32 000,00	48 000,00	80 000,00

Gesamtgewinn	80 000,00 €	
– 4 %ige Verzinsung	32 000,00 €	
Restgewinn	48 000,00 €	: 3 (Personen) = 16 000,00 €

Lösungsschritte

1. Aufstellung des Verteilungsschemas.
2. Errechnung der jeweiligen 4 %igen Verzinsung.
3. Ermittlung des gesamten Restgewinns.
4. Errechnung des Restgewinns je Gesellschafter, indem der gesamte Restgewinn durch die Anzahl der Gesellschafter geteilt wird.
5. Ermittlung des Gesamtgewinns je Gesellschafter.

Übungsaufgaben

1. An der Elektrogroßhandlung Berg OHG sind Herr Berg mit 150 000,00 €, Herr Christ mit 120 000,00 € und Herr Deutsch mit 90 000,00 € beteiligt.
Der sich ergebende Jahresgewinn von 180 000,00 € soll so verteilt werden, dass jeder Gesellschafter zunächst eine 4 %ige Verzinsung der Kapitaleinlage erhält und der Rest gleichmäßig verteilt wird.

2. An der Spedition Adam OHG sind die Gesellschafter Adam mit 320 000,00 €, Becker mit 240 000,00 € und Clauß mit 220 000,00 € beteiligt. Laut Gesellschaftsvertrag ist der Jahresgewinn von 215 800,00 € wie folgt zu verteilen:
Zunächst erhält jeder Gesellschafter 6 % seiner Einlage; der Rest ist im Verhältnis 5 : 4 : 4 (Adam:Becker:Clauß) aufzuteilen.
Welchen Gewinnanteil erhält jeder Gesellschafter?

3. An einer OHG mit einer Gesamteinlage von 1,8 Mill. € sind 4 Gesellschafter beteiligt: A mit 1/4, B mit 2/5, C mit 1/6 und D mit dem Rest.
Der Jahresgewinn in Höhe von 400 000,00 € soll auf die einzelnen Gesellschafter entsprechend den gesetzlichen Bestimmungen verteilt werden.
Welchen Gewinnanteil erhält jeder Gesellschafter?

4. Vier Gesellschafter gründen eine OHG. A ist mit 1/3, B mit 1/12, C mit 1/2 und D mit dem Rest = 100 000,00 € beteiligt.
Wie hoch ist der Gewinnanteil jedes Gesellschafters, wenn die Verteilung nach HGB § 121 erfolgen soll und der Gesamtgewinn 200 000,00 € beträgt?

5. Anna Wolf, Maria Konrad und Anton Dittmann gründen die Wolf & Konrad OHG zum Vertrieb von Sanitärartikeln. Anna Wolf bringt eine Kapitaleinlage von 140 000,00 € ein, Maria Konrad übernimmt 1/3 und Anton Dittmann 1/4 des Gesamtkapitals.

a) Ermitteln Sie die Kapitaleinlagen von Maria Konrad und Anton Dittmann.

b) Zur Gewinnverteilung steht folgende Regelung im Gesellschaftsvertrag:

> § 5 Gewinnverteilung
>
> Das eingesetzte Kapital ist zunächst mit 6 % zu verzinsen, der darüber hinausgehende Gewinn wird auf die Gesellschafter nach Köpfen verteilt.

Ermitteln Sie die Gewinnanteile eines jeden Gesellschafters, wenn der Gesamtgewinn des vergangenen Geschäftsjahres 110 160,00 € betrug.

6.2.2 Gewinnverteilung bei der Kommanditgesellschaft (KG)

Die Kommanditgesellschaft (KG) ist wie die OHG eine Personengesellschaft, die aus mindestens zwei Personen – einem Vollhafter (Komplementär) und einem Teilhafter (Kommanditist) – besteht.

Für einen sich ergebenden Gewinn sieht der Gesetzgeber in § 168 HGB vor, dass zunächst

1. jeder Gesellschafter eine 4%ige Verzinsung seiner Einlagen erhält und danach
2. ein sich ergebender Rest in angemessenem Verhältnis zu verteilen ist.

§ 168 HGB **Verteilung von Gewinn und Verlust** (1) Die Anteile der Gesellschafter am Gewinn bestimmen sich, soweit der Gewinn den Betrag von vier vom Hundert der Kapitalanteile nicht übersteigt, nach den Vorschriften des § 121 Abs. 1 und 2.

(2) In Ansehung des Gewinns, welcher diesen Betrag übersteigt, sowie in Ansehung eines Verlustes gilt, soweit nicht ein anderes vereinbart ist, ein den Umständen nach angemessenes Verhältnis der Anteile als bedungen.

Musteraufgabe

Im Gesellschaftsvertrag der Spedition Eiltrans KG vereinbarten der Vollhafter Mott und der Teilhafter Refior, dass bei der Gewinnverteilung vorab eine Verzinsung von 4 % zu erfolgen hat und anschließend ein sich ergebender Gewinn im Verhältnis der Kapitalanteile zu verteilen ist.

Welchen Gewinnanteil erhält jeder Gesellschafter, wenn im vergangenen Geschäftsjahr ein Gewinn in Höhe von 144 000,00 € erzielt wurde und Mott mit 400 000,00 € und Refior mit 200 000,00 € an der KG beteiligt waren?

Musterlösung

Gesellschafter	Anteil	Teile	4%	Restgewinn	Gesamtanteil
Mott Refior	400 000 200 000	4 2	16 000 8 000	80 000 40 000	96 000 48 000
		6 1	24 000	120 000 20 000	144 000

Lösungsschritte

1. Aufstellen des Verteilungsschemas.
2. Ermittlung der Teile, falls erforderlich.
3. Errechnung der 4%igen Verzinsung.
4. Ermittlung des Restgewinns.
5. Errechnung eines Teilbetrages.
6. Ermittlung des Gesamtgewinns je Gesellschafter.

Übungsaufgaben

1. *An der Sanitärgroßhandlung Neumann KG sind die Komplementärin Roswitha Neumann mit 450 000,00 € sowie ihre beiden Schwestern Bibiana mit 80 000,00 € und Brigitta mit 50 000,00 € als Kommanditistinnen beteiligt. Im Gesellschaftsvertrag wurde vereinbart, dass zunächst jeder Gesellschafter entsprechend der gesetzlichen Regelung eine 4 %ige Verzinsung seiner Einlage erhält und danach ein sich ergebender Rest im Verhältnis 10:2:2 zu verteilen ist.*
   Ermitteln Sie den Gesamtgewinn jeder Schwester, wenn im abgelaufenen Geschäftsjahr ein zu verteilender Gewinn in Höhe von 128 200,00 € angefallen ist.

2. *An der Euroweit KG sind der Vollhafter Markus Eberle mit 800 000,00 € und die beiden Teilhafter Uwe Leuck mit 200 000,00 € und Mario Früh mit 100 000,00 € beteiligt. Bezüglich der Gewinnverteilung wurde im Gesellschaftsvertrag vereinbart, dass vorab eine Kapitalverzinsung von 6 % pro Jahr zu erfolgen hat und danach ein sich ergebender Rest im Verhältnis der Kapitaleinlagen zu verteilen ist.*
   Führen Sie die Gewinnverteilung bei der Euroweit KG durch, wenn der zu verteilende Gewinn am Jahresende 286 000,00 € beträgt.

3. *Die Gewinnverteilung bei der Tannebaum KG, Ludwigsburg, ist im Gesellschaftsvertrag wie folgt festgeschrieben:*

   > Vorab erhält jeder Komplementär eine jährliche Vergütung von 50 000,00 €. Danach hat eine Kapitalverzinsung von 4 % zu erfolgen. Ein sich darüber hinaus ergebender Restgewinn ist im Verhältnis der Kapitalanteile zu verteilen.

   Verteilen Sie einen sich ergebenden Jahresgewinn in Höhe von 167 200,00 € entsprechend dem Gesellschaftsvertrag, wenn an der Tannebaum KG neben den beiden Vollhaftern Hartmut und Sina Tannebaum mit je 200 000,00 € noch der Teilhafter Andreas Fritz mit 80 000,00 € beteiligt ist.

4. *Bei der Spedition Lehmann KG sind neben dem Vollhafter Gerd Lehmann noch seine beiden Töchter Nicola und Katja als Teilhafter beteiligt. Die Einlagen der Gesellschafter betragen:*
   - *Vollhafter (Komplementär) Gerd Lehmann 2 000 000,00 €*
   - *Teilhafter (Kommanditist) Nicola Lehmann 400 000,00 €*
   - *Teilhafter (Kommanditist) Katja Lehmann 600 000,00 €*

   Auszug aus dem Gesellschaftsvertrag:

   > § 5 Gewinnverteilung
   >
   > (1) Der Vollhafter erhält für seine Geschäftsführung eine Tätigkeitsvergütung in Höhe von 3 500,00 € monatlich, die am Jahresende vom Gesamtgewinn jedoch vor der Verteilung abzuziehen sind.
   >
   > (2) Danach erhält jeder Gesellschafter entsprechend den gesetzlichen Bestimmungen eine 4 %ige Verzinsung seiner Einlagen.
   >
   > (3) Ein sich ergebender Rest ist im Verhältnis der Einlagen zu verteilen.

   Verteilen Sie einen sich ergebenden Jahresgewinn in Höhe von 252 000,00 € entsprechend der Regelung des Gesellschaftsvertrags.

Prüfungsaufgaben

Tipp

Bei den nachfolgenden Aufgaben handelt es sich um Aufgaben, die sowohl Rechen- als auch Buchführungsinhalte aufweisen.

1. Die beiden Freunde Christian Eulig und Thomas Storz betreiben unter der Firma Eulig & Storz KG eine Schraubengroßhandlung in Mannheim.

a) Ermitteln Sie aus der vorliegenden Gewinn- und Verlustrechnung den Gewinn der Eulig & Storz KG.

Aufwand		GuV	Ertrag
Konto 600	2500000,00	Konto 500	4000000,00
Konto 61–64	680000,00	Sonstige Ertrage	68000,00
Konto 65	32000,00		
Sonstiger Aufwand	426000,00		

b) Auf welches Konto wird ein sich ergebender Gewinn oder Verlust verbucht?

c) Führen Sie die Gewinnverteilung der Eulig & Storz KG für das Jahr 2007 unter Berücksichtigung des in der Anlage aufgeführten Gesellschaftsvertrages durch, wenn an der KG neben den beiden genannten Vollhaftern auch noch Teilhafter Helmut Landa beteiligt ist.

Anlage: Auszug aus dem Gesellschaftsvertrag

Gesellschaftsvertrag der Eulig & Storz KG

1. Allgemeine Angaben
- Herr Christian Eulig wird Komplementär der Gesellschaft.
- Herr Thomas Storz wird Komplementär der Gesellschaft.
- Herr Helmut Landa wird Kommanditist der Gesellschaft.
- Die Firma wird unter dem Namen Eulig & Storz KG in das Handelsregister eingetragen.
- Sitz des Unternehmens ist Mannheim, B 7, 12.
- Der Geschäftsbetrieb beginnt am 01.01.2005.

2. Pflichten der Gesellschafter
- Christian Eulig bringt als Vollhafter 1500,000,00 € als Vermögen ein.
- Thomas Storz bringt als Vollhafter 670000,00 € als Vermögen ein.
- Helmut Landa bringt als Teilhafter 430000,00 € als Vermögen ein.
- Bei Kaufabschlüssen über 50000,00 € ist ein Gesamtbeschluss aller Gesellschafter erforderlich.

3. Rechte der Gesellschafter
- Die beiden Vollhafter erhalten eine jährliche Tätigkeitsvergütung von je 40000,00 €.
- Die Kapitaleinlagen werden mit 5% verzinst.
- Ein verbleibender Restgewinn sowie ein eventueller Verlust werden im Verhältnis 5 : 5 : 1 aufgeteilt.

2. *An der 2007 gegründeten Spedition Zöphel KG, Mannheim, sind 3 Gesellschafter beteiligt. Der Komplementär Peter Zöphel brachte 3/7, seine Frau, die Komplementärin Sabine Zöphel, die Hälfte und der Schweizer Freund Emil Neumann den Rest des Eigenkapitals auf.*

   a) *Geben Sie zwei Gründe an, die die Gesellschafter der Spedition Zöphel dazu bewogen haben könnten, die Gesellschaftsform einer KG zu wählen.*

   b) *Berechnen Sie das Eigenkapital der Zöphel KG, wenn dieses 35 % des Gesamtkapitals in Höhe von 2 200 000,00 € beträgt.*

   c) *Ermitteln Sie die Einlagen eines jeden Gesellschafters.*

   d) *Führen Sie die Gewinnverteilung der Zöphel KG unter Beachtung des unten aufgeführten Gesellschaftsvertrages durch, wenn die KG im abgelaufenen Geschäftsjahr einen Gewinn in Höhe von 152 300,00 € erzielte.*

Gesellschaftsvertrag der Spedition Zöphel KG, Mannheim

...

§ 3 Einlagen der Gesellschafter.

– Peter Zöphel,	Komplementär	... €
– Sabine Zöphel,	Komplementärin	... €
– Emil Neumann,	Kommanditist	... €

§ 4 Tätigkeitsvergütung der Gesellschafter

- Die Komplementäre erhalten vom Gewinn vorweg eine Tätigkeitsvergütung in Höhe von je 42 000,00 €.

§ 5 Gewinn- und Verlustbeteiligung

- Die Verzinsung der Einlage erfolgt entsprechend der gesetzlichen Regelung des § 168 (1) HGB.
- Ein eventuell entstehender Restgewinn bzw. ein Verlust ist im Verhältnis 7 : 7 : 1 auf die Gesellschafter zu verteilen.

  ...

   e) *Zu welchem Zinssatz hat sich das eingesetzte Kapital von Herrn Neumann verzinst?*

   f) *Auf welchem Konto wird ein sich ergebender Gewinn bzw. Verlust*
      - *ermittelt*
      - *gegen gebucht?*

   g) *Wie lauten die Buchungssätze, wenn Herr und Frau Zöphel den nicht als Tätigkeitsvergütung erzielten Gewinn zur Erhöhung ihrer Einlagen im Unternehmen belassen?*

   h) *Wie verändern sich hierdurch die Einlagen der Gesellschafter für das nächste Jahr?*

   i) *Wie wäre zu buchen, wenn die Zöphel KG den gesamten Gewinnanteil von Herrn Neumann auf dessen Schweizer Bankkonto überweisen würde?*

   j) *Welchem Betrag in Schweizer Franken entspricht der Gewinn bei einem Kurs von 1,1386?*

7 Durchschnittsrechnung

7.1 Der einfache Durchschnitt

Bei dieser Rechenart wird aus mehreren Beträgen ein durchschnittlicher Wert ermittelt. Dabei wird allerdings Mengengleichheit unterstellt.

Musteraufgabe

Ein Kaufmann verzeichnet während einer Woche folgende Tagesumsätze: Montag 7 869,00 €, Dienstag 12 978,00 €, Mittwoch 13 756,00 €, Donnerstag 8 435,00 €, Freitag 10 342,00 €, Samstag 6 620,00 €.

Wie hoch ist der durchschnittliche Tagesumsatz?

Musterlösung

Tage	Umsätze
Montag	7 869,00 €
Dienstag	12 978,00 €
Mittwoch	13 756,00 €
Donnerstag	8 435,00 €
Freitag	10 342,00 €
Samstag	6 620,00 €
	60 000,00 € : 6 Tage = 10 000,00 €

Der durchschnittliche Tagesumsatz beträgt 10 000,00 €.

Lösungsschritte

1. Addition der einzelnen Posten.
2. Division der ermittelten Gesamtsumme durch die Anzahl der Posten.

$$\text{einfacher Durchschnittswert} = \frac{\text{Gesamtsumme}}{\text{Anzahl der Posten}}$$

Übungsaufgaben

1. Der Auszubildende Thomas Pfister schrieb im vergangenen Schuljahr im Fach „Rechnen" folgende Noten:
1,5; 3,5; 2,0; 5,5; 2,5.
Welche Zeugnisnote erhält Thomas?

2. Ein Lebensmittelgeschäft wurde in der vergangenen Woche unterschiedlich frequentiert. Am Montag besuchten 344 Kunden das Geschäft, am Dienstag 287, am Mittwoch 198, am Donnerstag 362, am Freitag 412 und am Samstag 401.
Wie viele Kunden besuchten das Geschäft durchschnittlich pro Tag?

3. Ein Lkw-Fahrer legte in der Woche vom 02.10.–06.10.20.. folgende Tagesstrecken zurück: Montag 587 km, Dienstag 618 km, Mittwoch 746 km, Donnerstag 653 km und Freitag 396 km.
Wie viel km fuhr der Lkw-Fahrer durchschnittlich pro Tag?

4. *Der Reisende Edgar Traub hat folgende Tagesumsätze: Montag 4 367,00 €, Dienstag 6 549,00 €, Mittwoch 3 786,00 €, Donnerstag 5 674,00 € und Freitag 7 624,00 €. Wie hoch war sein durchschnittlicher Tagesumsatz?*

5. *Die Filialbetriebe eines Elektrofachgeschäftes erzielten folgende Jahresumsätze: Filiale A 6 536 700,00 €, Filiale B 4 379 300,00 €, Filiale C 7 540 000,00 €.*
Ermitteln Sie den durchschnittlichen Umsatz.

6. *Nach Angaben des Bundesinstitutes für Berufsbildung wurden im Jahr 2011 viele Ausbildungsplätze wieder vorzeitig aufgelöst.*

Auf die einzelnen alphabetisch aufgeführten Bundesländer bezogen, betrug die Auflösungsquote in Prozent:

Nr.	Bundesland	Auflösungsquote in Prozent
1	Baden-Württemberg	20,9
2	Bayern	21,1
3	Berlin	33,6
4	Brandenburg	29,9
5	Bremen	23,5
6	Hamburg	28,2
7	Hessen	23,2
8	Mecklenburg-Vorpommern	33,9
9	Niedersachsen	23,6
10	Nordrhein-Westfalen	23,5
11	Rheinland-Pfalz	26,5
12	Saarland	29,0
13	Sachsen	27,5
14	Sachsen-Anhalt	31,0
15	Schleswig-Holstein	27,2
16	Thüringen	29,6

Quelle: Statistisches Bundesamt/MM Grafik v. 26.01.2013 Seite 6

a) Stellen Sie den in der Tabelle aufgeführten Sachverhalt grafisch dar.

b) Bringen Sie die angeführten Bundesländer in eine aufsteigende Reihenfolge ausgehend von dem Bundesland mit der geringsten Abbrecherquote bis hin zum Bundesland mit der höchsten Abbrecherquote.

c) Ermitteln Sie die durchschnittliche Abbrecherquote in Deutschland für das Jahr 2011.

7. *Ein Lebensmittelfachgeschäft erzielte in den vergangenen 5 Jahren folgende Reingewinne:*
1. Jahr 82 579,00 €, 2. Jahr 69 792,00 €, 3. Jahr 78 531,00 €,
4. Jahr 91 683,00 €, 5. Jahr 87 980,00 €.
Wie hoch war der durchschnittliche Reingewinn in den letzten 5 Jahren?

8. *Das Mindestgewicht einer Ware beträgt 285 g. Beim Nachwiegen der Sendung dieser Ware werden folgende Einzelgewichte ermittelt: 322 g, 304 g, 318 g, 316 g und 310 g. Wie viel g liegt das Durchschnittsgewicht über dem Mindestgewicht?*

9. *Die Peter Zöphel KG, Oberstdorf, ist eine Arzneimittelgroßhandlung, die viele Apotheken im süddeutschen Raum mit Arzneimitteln beliefert. Um an einer wichtigen Pharma-Tagung in Leipzig teilzunehmen, entschließt sich Herr Zöphel, den ICE 2012 „Allgäu", der täglich auf der 1182 km langen Strecke zwischen Oberstdorf und Leipzig verkehrt, zu nutzen.*
   a) *Ermitteln Sie die Durchschnittsgeschwindigkeit des Zuges (auf volle km runden), wenn dieser um 09:48 Uhr im Oberstdorfer Bahnhof abfährt und um 23:22 Uhr am Leipziger Hauptbahnhof eintrifft und an Zwischenaufenthalten an den verschiedenen Umsteigebahnhöfen 151 Minuten entstehen.*
   b) *Wann würde der ICE den Leipziger Hauptbahnhof erreichen, wenn der Zug seine Durchschnittsgeschwindigkeit um 10 km/h erhöhen könnte? (Zwischenrechnung auf volle Minuten aufrunden)*

7.2 Der gewogene Durchschnitt

Der gewogene Durchschnitt wird immer dann angewandt, wenn mehrere nicht gleichwertige Größen gegeben sind. Dies hat zur Folge, dass diese Größen zunächst gewichtet werden müssen, z. B. bei der Ermittlung des Gesamtpreises einer Sorte aus der Multiplikation von Menge und Preis.

Musteraufgabe

Das Elektrogeschäft Breuer & Co., Mannheim, bezog im letzten Quartal exklusive Farbfernsehgeräte der Marke „Sehgut" zu folgenden Preisen: 75 Stück zu je 980,00 €, 28 Stück zu je 1 130,00 € und 115 Stück zu je 900,00 €.

Wie hoch ist der Durchschnittspreis, zu dem die Farbfernsehgeräte bezogen wurden?

Musterlösung

Lieferung	Menge	Preis/Stück	Gesamtpreis
I	75	980,00 €	73 500,00 €
II	28	1 130,00 €	31 640,00 €
III	115	900,00 €	103 500,00 €
	218		208 640,00 €
	1	957,06 €	

Lösungsschritte

1. Aufstellung des Schemas.
2. Ermittlung des Gesamtpreises je Lieferung/Sorte.
3. Ermittlung der Gesamtmenge.
4. Errechnung des gewogenen Durchschnittspreises durch Division des Gesamtpreises durch die Gesamtmenge.

$$\text{gewogener Durchschnitt} = \frac{\text{Gesamtpreis}}{\text{Gesamtmenge}}$$

Übungsaufgaben

1. *Im Winterschlussverkauf werden unterschiedliche Stoffreste zu einem einheitlichen Preis angeboten. Es handelt sich dabei um folgende Posten: Sorte I 22 m zu je 3,20 €, Sorte II 82 m zu je 4,95 € und Sorte III 10 m zu je 3,90 €.*
   Wie hoch ist der Durchschnittspreis für 1 m Stoff?

2. *Ein Spediteur beschäftigte zur Erledigung eines eiligen Auftrages 14 Tagelöhner, die folgende Stundensätze erhielten: 1 Arbeiter bekam 10,70 €, 3 Arbeiter erhielten je 8,50 €, 8 Arbeiter arbeiteten für je 9,60 € und 2 Arbeiter bekamen je 10,00 €.*
   Wie viel Euro betrug der durchschnittliche Stundenverdienst eines Tagelöhners?

3. *Der Transport und Lagerei AG stehen diverse Silos mit unterschiedlichen Fassungsvermögen zur Verfügung. 5 Silos mit je 180 t, 12 Silos mit je 250 t, 8 Silos mit je 275 t und 3 Silos mit je 300 t.*
   Wie hoch ist das durchschnittliche Fassungsvermögen eines Silos?

4. *Der Lagerleiter Marco Schweighoffer überlegt sich, ob es nicht sinnvoll sei, einen Teil seiner Ersparnisse in Aktien anzulegen. Deshalb verfolgte er in letzter Zeit die in der Tageszeitung angegebenen Börsenkurse mit großem Interesse. Der Börsenkurs der von ihm favorisierten Aktie entwickelte sich über die Woche wie folgt:*

Börsentage	Montag	Dienstag	Mittwoch	Donnerstag	Freitag
Kurse in Euro je Aktie	13,50	12,85	12,90	13,40	12,35
Gekaufte Stück	20	40	40	10	90

   a) Berechnen Sie den Durchschnittskurs der Aktie an den 5 Tagen.
   b) Wie viel Euro hätte eine Aktie im Durchschnitt gekostet, wenn Herr Schweighoffer die angegebene Stückzahl gekauft hätte?
   c) Um wie viel Prozent ist der Kurs der Aktie in der betrachteten Woche gesunken?

5. *Der Geschäftswagen der Firma Müller & Schmidt wurde während einer Geschäftsreise dreimal betankt:*
   1. Tankstopp 35 l je 1,08 €
   2. Tankstopp 70 l je 1,11 €
   3. Tankstopp 46 l je 1,10 €
   Wie hoch war der Durchschnittspreis für einen Liter Dieseltreibstoff?

6. *Sie sind Mitarbeiter der Spedition TransGlobal AG und erhalten von Ihrem Vorgesetzten folgende Notiz*

Notiz

Hallo ....

Bitte erledigen Sie nachfolgende Aufträge umgehend:

1. Ermitteln Sie den prozentualen Anteil des Exports am Gesamtumsatz der einzelnen Jahre.
2. Wie entwickelten sich die durchschnittlichen Umsätze der Jahre 2012–2014?
3. Stellen Sie die prozentuale Verteilung des Jahresumsatzes 2014 nach Regionen gegliedert grafisch dar.

	A	B	C	D	E	F	G	H
1								
2								
3		Umsatzzahlen der Spedition TransGlobal AG in den Geschäftsjahren 2012–2014						
4								
5		Geschäfts-jahr	Umsätze in Euro					Export in %
6			Inland	EU	Nordamerika	Asien	Gesamt	
7		2012	3.450.000	1.385.000	935.000	980.000		
8		2013	4.280.000	1.730.000	545.000	770.000		
9		2014	4.320.000	2.080.000	1.200.000	825.000		
10		∅						
11		Umsätze in %						
12		2014						
13								

7. *In der Schnapsbrennerei Bauer & Sohn werden 200 l Alkohol von 68 % mit 80 l destilliertem Wasser gemischt.*
   Wie viel % hat nun ein Liter der Mischung?

8. *In eine Badewanne fließen 150 l Wasser mit einer Temperatur von 68° C und 100 l Wasser mit 12 °C.*
   Wie hoch ist die Temperatur der Mischung?

9. *Peter Dietrich stellt Panzerketten mit einem Feingehalt von 333/1000 her. Er verwendet dafür 333 Gewichtsteile Feingold (Preis je kg = 12 000,00 €), 500 Gewichtsteile Silber (Preis je kg = 240,00 €) und 167 Gewichtsteile Kupfer (Preis je kg = 9,00 €).*
   a) Wie teuer ist ein Gramm der Panzerkette, wenn der Arbeitslohn unberücksichtigt bleibt?
   b) Wie teuer ist eine 50 cm lange Panzerkette im Gewicht von 25,6 g, wenn zum Materialpreis noch 137,50 € Arbeitslohn und 18 % Gewinn kommen?

10. *Sie werden als Mitarbeiter/-in der Jaus OHG vorübergehend in der Lohnabrechnung eingesetzt. Am Ende des Monats August weist Ihr Bildschirm folgende Daten aus:*

Lohnabrechnung

Rohstofflager: 41 — Monat: August

Personal.Nr.	Name	Vorname	Steuerklasse	Arbeits-stunden	Stunden-lohn	Brutto-lohn
187	Leuck	Andrea	III/2	176	9,80 €	?
188	Eberle	Markus	IV	182	10,50 €	?
189	Gottmann	Wolfgang	I	202	12,04 €	?
190	Schweighofer	Joachim	III/2	192	11,80 €	?
191	Haupt	Marina	V	184	10,25 €	?
Durchschnittswerte:				?	?	?

a) Berechnen Sie den Bruttoverdienst eines jeden Arbeiters.
b) Ermitteln Sie für den Monat August die geleisteten Ø-Arbeitsstunden, den Ø-Stundenlohn sowie den Ø-Monatslohn.

8 Zinsrechnen

8.1 Einführung in die Zinsrechnung

Die Zinsrechnung gehört ebenso wie die Prozentrechnung zu den wenigen Rechenarten, die sich sowohl durch das Privat- als auch durch das Wirtschaftsleben zieht.

BWP Als **Zins** bezeichnet man dabei den Preis, den man für die Überlassung von Geld bezahlen muss.

Merke

Zins = Preis für die Überlassung von geliehenem Geld

Die Höhe der Zinsen wird im Zinssatz (Zinsfuß) ausgedrückt, der sich auf ein Jahr bezieht und dadurch vom Prozentsatz unterscheidet. So bedeutet z. B. ein Zinssatz von 6,5 %, dass ein Kapital von 100,00 € in einem Jahr zu 6,5 % verzinst wird und somit 6,50 € Zinsen erbringt, wie folgendes Beispiel zeigt:

Beispiel

100 % – 100,00 €	*Bedingungssatz*
6,5 % – x €	*Fragesatz*
$x = \frac{100 \cdot 6{,}5}{100}$	*Schlusssatz*
$x = 6{,}50$ €	

Bezieht man die Zinsrechnung wie dargestellt auf ein Jahr, erkennt man, dass es sich um eine Prozentrechnung handelt, die mithilfe des Dreisatzes gelöst werden kann.
Weicht der Zeitraum von einem Jahr ab, muss man die Zeit als zusätzliche Größe in die Überlegung einbeziehen.

Merke

Die Zinsrechnung ist eine um den Faktor ZEIT erweiterte Prozentrechnung.

Prozentrechnung		Zinsrechnung				
Grundwert	→	Kapital	(K)	=	100 %	
Prozentwert	→	Zinsen	(z)			
Prozentsatz	→	Zinssatz	(p)			
		+				
		Zeit		·	Jahre	(j)
				·	Monate	(m)
				·	Tage	(t)

Ersetzt man nun im Schlusssatz des Einführungsbeispiels die Zahlen durch die Größen der Zinsrechnung, so erhält man die für die Zinsrechnung notwendige Ausgangsformel,

$$x = \frac{100 \cdot 6{,}5}{100} \cdot 1 \text{ (Jahr)}$$

$$\text{Zinsen} = \frac{\text{Kapital} \cdot \text{Zinssatz}}{100} \cdot \text{Zeit}$$

Zeit:
- Jahre → $\frac{\text{Jahre}}{1}$
- Monate → $\frac{\text{Monate}}{12}$
- Tage → $\frac{\text{Tage}}{360}$

die sich je nach Betrachtungszeitraum (Jahre, Monate, Tage) in die entsprechende Zinsformel umformen lässt.

$$\text{Jahreszinsen} = \frac{\text{Kapital} \cdot \text{Jahre} \cdot \text{Zinssatz}}{100 \cdot 1}$$

$$\text{Monatszinsen} = \frac{\text{Kapital} \cdot \text{Monate} \cdot \text{Zinssatz}}{100 \cdot 12}$$

$$\text{Tageszinsen} = \frac{\text{Kapital} \cdot \text{Tage} \cdot \text{Zinssatz}}{100 \cdot 360}$$

8.2 Berechnung der Zinsen

Tipp

Bei der Berechnung der Zinsen wird der Zinseszinseffekt nicht berücksichtigt.

8.2.1 Berechnung der Jahreszinsen

$$\text{Jahreszinsen} = \frac{\text{Kapital} \cdot \text{Jahre} \cdot \text{Zinssatz}}{100 \cdot 1}$$

oder: $$z = \frac{K \cdot j \cdot p}{100 \cdot 1}$$

Musteraufgabe

Wie viel Zinsen erbringt ein Sparkapital von 5 000,00 € in 3 Jahren bei einem Zinssatz von 4,5 %?

Musterlösung

Gegeben: K = 5 000,00 € Gesucht: z = ?
j = 3 Jahre
p = 4,5 %

Formel: $$z = \frac{K \cdot j \cdot p}{100 \cdot 1}$$

$$z = \frac{5000 \cdot 3 \cdot 4{,}5}{100 \cdot 1}$$

$$z = \underline{\underline{675{,}00\ €}}$$

In 3 Jahren erbringt das Sparkapital 675,00 € Zinsen.

Lösungsschritte

1. Gegebene Größen heraussuchen.
   Hier: K, j, p
   Beachte: Es müssen immer drei Größen gegeben sein!

2. Gesuchte Größe bestimmen.
   Hier: z = ?
3. Formel auswählen.
   Hier: Jahresformel
4. Gegebene Größen in die Formel einsetzen und die gesuchte Größe berechnen.

Übungsaufgaben

1. ***Ein Kapital in Höhe von 5 000,00 € wird zu einem Zinssatz von 6,5 % auf 4 Jahre festgelegt.***
   Wie hoch ist der Betrag, den man nach 4 Jahren einschließlich Zinsen erhält?
2. ***Ein Kunde des Unternehmens Eberle ist seit 1 1/2 Jahren mit einem Betrag von 2 350,00 € in Verzug.***
   Berechnen Sie die Verzugszinsen bei einem Zinssatz von 12 %.
3. ***Für eine größere Investition nimmt ein Kaufmann einen Kredit in Höhe von 250 000,00 € zu 8 3/4 % auf.***
   Wie viel Zinsen hat er in 3 Jahren zu zahlen?
4. ***Die Firma Schweizer & Co. hat auf ihrem Geschäftsgrundstück zwei Hypotheken. Die 1. Hypothek in Höhe von 85 000,00 € wird zu 6 %, die 2. Hypothek in Höhe von 50 000,00 € wird zu 7,5 % verzinst.***
   Wie hoch sind die jährlichen Hypothekenzinsen?

8.2.2 Berechnung der Monatszinsen

$$\text{Monatszinsen} = \frac{\text{Kapital} \cdot \text{Monate} \cdot \text{Zinssatz}}{100 \cdot 12}$$

$$\text{oder:} \quad z = \frac{K \cdot m \cdot p}{100 \cdot 12}$$

Musteraufgabe

Wie viel Zinsen erbringt ein Kapitel von 3 500,00 €, das bei einem Zinssatz von 6 % für 7 Monate festgelegt wurde?

Musterlösung

Gegeben: K = 3 500,00 € Gesucht: z = ?
m = 7 Monate
p = 6 %

Formel:
$$z = \frac{K \cdot m \cdot p}{100 \cdot 12}$$

$$z = \frac{3\,500 \cdot 7 \cdot 6}{100 \cdot 12}$$

$$z = \underline{\underline{122{,}50\ €}}$$

Lösungsschritte

1. Gegebene und gesuchte Größen bestimmen.
2. Formel auswählen.
3. Gegebene Größen in die Formel einsetzen und die gesuchte Größe berechnen.

Übungsaufgaben

1. ***Berechnen Sie die Zinsen:***

	Kapital	Zinssatz	Zeit
a)	12 960,00 €	8,5 %	11 Monate
b)	6 780,00 €	9,8 %	7 Monate
c)	10 525,00 €	6 3/4 %	16 Monate
d)	830,00 €	7 2/3 %	5 Monate

2. ***Dominik Barth legt 15 000,00 € bei seiner Bank als Festgeld für 2 Monate an. Wie viel Zinsen erhält er bei einer Verzinsung von 6 1/4 % gutgeschrieben?***

3. ***Ein Einzelhändler schuldet einem Großhändler 12 000,00 €. Der Großhändler berechnet Verzugszinsen in Höhe von 8 2/3 %. Welchen Betrag muss der Einzelhändler nach 18 Monaten einschließlich Zinsen und 12,00 € Mahngebühren an den Großhändler überweisen?***

4. ***Ein Kapital von 3 780,00 € wird vom 1. März 20.. bis zum 1. Juli 20.. bei einem Zinssatz von 6 1/3 % fest angelegt. Welchen Betrag einschließlich Zinsen erhält man nach Ablauf der Vertragsdauer?***

5. ***Die Firma Müller OHG hat zur Finanzierung von Rohstoffen bei der Deutschen Bank einen Überbrückungskredit in Höhe von 14 750,00 € aufgenommen. Welchen Betrag muss die Firma Müller nach 6 1/2 Monaten zurückzahlen, wenn ein Zinssatz von 5 3/4 % vereinbart wurde?***

6. ***Die Commerzbank berechnet für einen Kredit in Höhe von 58 000,00 €, der vom 10. April 20.. bis 10. September 20.. in Anspruch genommen wurde, 7,5 % Zinsen, 1,5 % Provision des zugesagten Kredites sowie 8,00 € Auslagen. Wie hoch sind die Kreditkosten, die durch die Aufnahme des Kredites entstehen?***

8.2.3 Berechnung der Tageszinsen

$$\text{Tageszinsen} = \frac{\text{Kapital} \cdot \text{Tage} \cdot \text{Zinssatz}}{100 \cdot 360}$$

$$\text{oder:} \quad z = \frac{K \cdot t \cdot p}{100 \cdot 360}$$

Ersetzt man in der Tagesformel das „t" durch ein „i", ergibt sich die einprägsame **„Kip-Formel"**, die als allgemeine Zinsformel bezeichnet wird.

Allgemeine Zinsformel

$$z = \frac{K \cdot i \cdot p}{100 \cdot 360}$$

Musteraufgabe

Ein mit 9 % verzinstes Darlehen in Höhe von 8 500,00 € wird nach 195 Tagen zurückgezahlt. Wie hoch war der Rückzahlungsbetrag einschließlich Zinsen?

Musterlösung

Gegeben: K = 8 500,00 € — Gesucht: z = ?
m = 9 %
p = 195 Tage

Formel:

$$z = \frac{K \cdot i \cdot p}{100 \cdot 360}$$

$$z = \frac{8\,500 \cdot 195 \cdot 9}{100 \cdot 360}$$

$$z = \underline{\underline{414{,}38\ €}}$$

Kreditbetrag	8 500,00 €
+ Zinsen	414,38 €
= Rückzahlungsbetrag	8 914,38 €

Lösungsschritte

1. Gegebene und gesuchte Größen bestimmen.
2. Formel auswählen.
3. Gegebene Größen in die Formel einsetzen und die gesuchte Größe bestimmen.
4. Rückzahlungsbetrag errechnen.

Bei der Tageberechnung gilt es in der Zinsrechnung Folgendes zu beachten:

Merke

1. *Das Jahr wird mit 360 Tagen gerechnet.*
2. *Jeder Monat wird mit 30 Tagen gerechnet,*
   - *der 31. eines Monats wird vernachlässigt,*
   - *der Februar wird mit 30 Tagen gerechnet.*

   Ausnahme: *Bei der Verzinsung bis zum 28. (29.) Februar werden auch nur 28 (29) Tage berechnet.*
3. *Der Tag, von dem aus gerechnet wird, zählt nicht mit.*

Berechnungsbeispiele einzelner Zinstage:

a) 15.06.–27.09.
b) 19.01.–31.05.
c) 06.08.–18.12.
d) 17.12.–28.02.

Zur Berechnung der Zinstage unterscheidet man 2 Möglichkeiten:

1. Möglichkeit:

- angebrochene Monate auf volle Monate auffüllen
- die übersprungenen (vollen) Monate ermitteln und mit je 30 Tagen multiplizieren
- Tage des angebrochenen Monats hinzuaddieren

Lösung a) 15.06.–27.09.

angebrochenen Monat auffüllen (15.06.–30.06.)	15 Tage
+ 2 volle Monate (Juli, August) à 30 Tage	60 Tage
+ Tage des angebrochenen Monats (27.09.)	27 Tage
= Zinstage	102 Tage

Lösung b) 19.01.– 31.05.

angebrochenen Monat auffüllen (19.01.–30.01.)	11 Tage
+ 4 volle Monate (Februar, März, April, Mai) à 30 Tage	120 Tage
= Zinstage	131 Tage

2. Möglichkeit

- Berechnung der ganzen Monate zu je 30 Tage
- Berücksichtigung der Zu- bzw. Abschläge

Lösung c) 06.08.–18.12.

4 Monate (06.08.–06.12.) à 30 Tage	120 Tage
+ Zuschläge (06.12.–18.12.)	12 Tage
= Zinstage	132 Tage

Lösung d) 17.12.–28.02.

2 Monate (17.12.–17.02.) à 30 Tage	60 Tage
+ Zuschläge (17.02.–28.02.)	11 Tage
= Zinstage	71 Tage

Übungsaufgaben

1. *Berechnen Sie die Zinstage:*

a) 18.01. – 31.03.	*e) 28.02. – 11.05.*
b) 29.01. – 05.04.	*f) 23.03. – 16.06.*
c) 01.02. – 24.05.	*g) 18.11. – 23.07.*
d) 31.03. – 17.11.	*h) 02.06. – 31.12.*

2. *Berechnen Sie die Zinsen der folgenden Darlehen:*

	Darlehen	Zinssatz	Zeit
a)	11 750,00 €	5,8 %	16.04.–31.07.
b)	3 400,00 €	7,5 %	21.01.–17.06.
c)	20 500,00 €	6,3 %	02.02.–11.08.
d)	975,00 €	8,8 %	17.12.–28.02.

3. *Die Firma Schöngut erhält am 23.04. von der Stadtsparkasse Mannheim einen 7 1/2 %igen Überbrückungskredit in Höhe von 23 800,00 €.*
Welchen Betrag muss die Firma Schöngut am 15.11. zurückzahlen?

4. *Wie viel Zinsen erbringt ein Kapital von 12 500,00 €, das in der Zeit vom 13.03. bis 26.07. zu 4 2/3 % festgelegt war?*

5. *Ein Kunde ist mit der Bezahlung einer Rechnung in Höhe von 845,00 € seit dem 17.05. in Verzug.*
   Welchen Betrag muss er am 31.10. bei 6,5 % Verzugszinsen und einer Mahngebühr von 5,00 € überweisen?

6. *Die Spedition Schneider & Co. hat eine Rechnung über 6 450,00 €, die bereits am 18.08. fällig war, erst am 21.12. überwiesen.*
   Wie hoch war der Überweisungsbetrag einschließlich 7 % Verzugszinsen?

7. *Ein Kaufmann schuldet für gelieferte Waren 1 758,00 €, fällig am 16.04., und 2 347,00 €, fällig am 03.05.*
   Wie viel Euro muss der Kaufmann am 30.06. an seinen Lieferanten einschließlich 6 2/3 % Verzugszinsen überweisen?

8. *Ein Kunde erhielt am 02.04. eine Rechnung über 7 380,00 € mit einem Zahlungsziel von 30 Tagen.*
   Welchen Betrag fordern wir am 12.05. bei 8,5 % Verzugszinsen?

9. *Ein Kapital in Höhe von 3 850,00 € wird vom 23.02. bis zum 17.08. bei der Deutschen Bank angelegt.*
   Wie hoch sind die Zinsen, wenn der Zinssatz bis zum 11.04. 6,5 % betrug und anschließend auf 7 % erhöht wurde?

10. *Die Firma Weber & Co. bezieht eine Warenlieferung im Wert von 6 800,00 €.*
    Vereinbart wurde bei Vertragsabschluss folgende Zahlungsbedingung: „Zahlbar bei Lieferung unter Abzug von 2,5 % Skonto oder innerhalb von 30 Tagen rein netto.“
    Ist es für die Firma Weber & Co. ratsam, unter Abzug von Skonto zu zahlen, wenn sie dafür einen Kredit zu 9 % bei ihrer Hausbank aufnehmen muss?

8.3 Berechnung des Kapitals, des Zinssatzes und der Zeit

Je nachdem, welche Größe der Zinsformel gesucht ist, kann die allgemeine Zinsformel entsprechend umgeformt werden.

Allgemeine Zinsformel:

$$z = \frac{K \cdot i \cdot p}{100 \cdot 360}$$

↓ ← Multiplikation mit dem Nenner (100 · 360)

$$z \cdot 100 \cdot 360 = K \cdot i \cdot p$$

← Division durch die beiden gegebenen Größen

: (i · p)

$$K = \frac{z \cdot 100 \cdot 360}{i \cdot p}$$

: (K · p)

$$i = \frac{z \cdot 100 \cdot 360}{K \cdot p}$$

: (K · i)

$$p = \frac{z \cdot 100 \cdot 360}{K \cdot i}$$

Ohne mathematische Kenntnisse lassen sich die Formeln der gesuchten Größe auch folgendermaßen ermitteln:

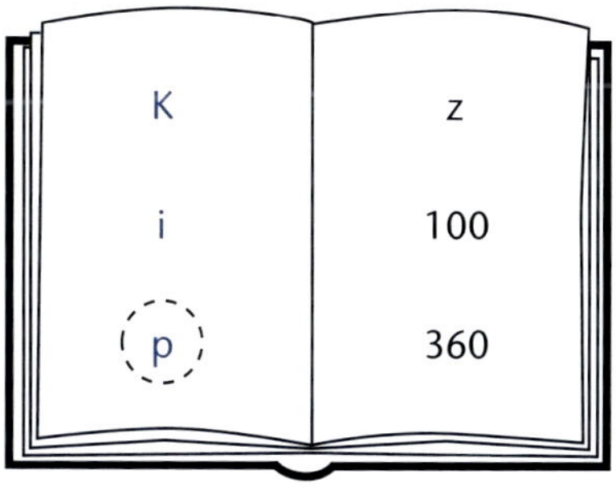

Man denke sich die beiden Seiten eines Buches.

Auf die eine Seite schreibt man die Buchstaben „Kip", auf die andere Seite die restlichen Größen der Zinsrechnung.

Wird nun eine der Größen K, i oder p gesucht, so deckt man diese ab (hier: „p"), sodass nur noch zwei Größen auf der Seite stehen. Anschließend wendet man folgenden Grundsatz an:

„Diejenige Seite des Buches, die noch alle drei Größen aufweist (hier: z, 100, 360), kommt immer auf den Bruch, diejenige Seite, die eine Größe weniger aufweist (hier: K, i), kommt immer unter den Bruchstrich."

Es ergeben sich somit oben stehende Formeln.

8.3.1 Berechnung des Kapitals

$$K = \frac{z \cdot 100 \cdot 360}{i \cdot p}$$

Musteraufgabe

Für ein Sparguthaben, das in der Zeit vom 18.02.–28.06. zu 3% angelegt war, schrieb uns die Bank 65,00 € Zinsen gut.

Wie hoch war das Sparguthaben?

Musterlösung

Gegeben: i = 130 Tage; p = 3%; z = 65,00 € — Gesucht: K = ?

Formel: $K = \frac{z \cdot 100 \cdot 360}{i \cdot p}$

$$K = \frac{65 \cdot 100 \cdot 360}{130 \cdot 3}$$

$$K = \underline{\underline{6000{,}00\ €}}$$

Lösungsschritte

1. Bestimmung der angegebenen und gesuchten Größen.
2. Auswahl der gesuchten Formel (Umstellen der „Kip-Formel").
3. Einsetzen der gegebenen Größen in die Formel und Errechnung der gesuchten Größe.

Übungsaufgaben

1. ***Berechnen Sie in folgenden Fällen das Kapital:***

	Zinsen	Laufzeit	Zinssatz
a)	24,50 €	11.05.–18.06.	7 %
b)	16,80 €	31.01.–28.02.	6 %
c)	8,50 €	23.08.–18.11.	4 1/2 %
d)	50,50 €	21.12.–02.04.	3 1/3 %

2. ***Wie hoch ist das Kapital, das bei einer Verzinsung von 9 % in 160 Tagen 56,00 € Zinsen erbringt?***

3. ***Welchen Sparbetrag muss man bei einer 4 %igen Verzinsung 6 Monate anlegen, damit er einen Zinsertrag von 400,00 € erbringt?***

4. ***Ein Sparer erhält aus 8 %igen Pfandbriefen halbjährlich 210,00 € Zinsen. Wie hoch ist der Nennwert der Pfandbriefe?***

5. ***Mit welchem Betrag war ein Kunde in Zahlungsverzug, wenn wir ihm wegen verspäteter Zahlung für die Zeit vom 11.03.–11.06. mit 8 % Verzugszinsen = 22,50 € belasten?***

6. ***Für einen zweimonatigen Überziehungskredit mussten wir 12 % = 223,00 € bezahlen. Wie hoch war der Kredit?***

7. ***Der Auszubildende Peter Müller überzog sein Girokonto in der Zeit vom 09.03.–29.03., worauf ihn die Bank mit 12,5 % = 5,50 € Überziehungszinsen belastete. Mit welchem Betrag hat Peter sein Konto überzogen?***

8. ***Welchen Betrag müsste man in 7,5 %ige Wertpapiere investieren, um ein monatliches Zusatzeinkommen von 600,00 € zu erzielen?***

9. ***Welches Kapital wurde dem Kontoauszug Nr. 187 zugrunde gelegt, wenn zwischen der Sparkasse und der Spedition Weltweit GmbH ein Zinssatz von 6 % vereinbart wurde?***

Kontoauszug ***Sparkasse Rhein Neckar Nord – Bankleitzahl (BLZ) 67050505***

Kontonummer	Kontobezeichnung		Vortrag vom	Auszug Nr.
07807632	Spedition Weltweit GmbH		31.12.20..	187
			Saldovortrag	35.280,00 €
Buchungstag	**Wertstellung**	**Erläuterungen**	**Belastungen/Gutschriften**	
31.12.20..	31.12.20..	Darlehenszinsen	12.000,00 €	
		Auszug vom: 31.12.20.. **Ihr Dispo:** 100.000,00 €	Neuer Saldo	23.280,00 €

8.3.2 Berechnung des Zinssatzes

$$p = \frac{z \cdot 100 \cdot 360}{K \cdot i}$$

Musteraufgabe

Zu welchem Zinssatz wurde ein Sparguthaben von 2800,00 € festgelegt, wenn die Bank für die Zeit vom 27.03.–09.06. 30,80 € Zinsen gutschrieb?

Musterlösung

Gegeben: $K = 2800{,}00$ € Gesucht: $p = ?$

$i = 72$ Tage

$z = 30{,}80$ €

Formel: $$p = \frac{z \cdot 100 \cdot 360}{K \cdot i}$$

$$p = \frac{30{,}80 \cdot 100 \cdot 360}{2800 \cdot 72}$$

$$p = \underline{\underline{5{,}5\,\%}}$$

Lösungsschritte

1. Bestimmung der gegebenen und gesuchten Größen.
2. Auswahl der gesuchten Formel.
3. Einsetzen der gegebenen Größen in die Formel und Errechnung der gesuchten Größe.

Übungsaufgaben

1. *Ein Kreditnehmer überweist für einen Kredit in Höhe von 2860,00 € für 58 Tage 35,71 € Zinsen.*
   Zu welchem Zinssatz war der Kredit vereinbart?

2. *Für eine Hypothek von 80 000,00 € mussten vierteljährlich 2600,00 € Zinsen gezahlt werden.*
   Zu welchen Zinssatz wurde die Hypothek verzinst?

3. *Eine am 20.11. fällige Rechnung über 2500,00 € wurde erst am 15.01. einschließlich Verzugszinsen mit 2525,46 € zurückgezahlt.*
   Wie viel Prozent Verzugszinsen wurden berechnet?

4. *Manuela bezahlte für einen Kredit von 3500,00 € bei einer Laufzeit von 3 1/2 Monaten 81,66 € Zinsen.*
   Welcher Zinsfuß war vereinbart?

5. *Die Stadtsparkasse Mannheim gewährte einem Kunden am 04.05. einen Kredit über 25 000,00 €. Als der Kunde den Kredit am 19.12. zurückzahlte, berechnete ihm die Sparkasse 1250,00 € Zinsen.*
   Zu welchem Zinsfuß lieh die Sparkasse das Geld aus?

6. *Bei welchem Zinssatz verdoppelt sich ein Kapital von 5 000,00 € in 10 Jahren?*

7. *Michael beabsichtigt ein Fernsehgerät zu kaufen, das bei Barzahlung 1 580,00 € kostet. Da er zurzeit nicht so viel Bargeld besitzt, beschließt er, das Fernsehgerät mit einem Ratenkredit zu finanzieren. Dabei sind sofort 330,00 € anzuzahlen.*
Der Rest ist in 6 Monatsraten zu je 225,00 € zu begleichen.
Berechnen Sie, wie hoch der Zinsfuß ist, der dem Ratengeschäft zugrunde gelegt wurde.

8. *In der Rechnungswesenabteilung bekommen Sie nachfolgenden Kontoauszug Nr. 43 mit der Bitte vorgelegt,*
a) den zugrunde liegenden Zinssatz zu errechnen,
b) die Höhe der Restzinsen für das laufende Jahr zu ermitteln.

Kontoauszug	**Sparkasse Rhein Neckar Nord – Bankleitzahl (BLZ) 67050505**			
Kontonummer	Kontobezeichnung		**Vortrag vom**	**Auszug Nr.**
07807632	Spedition Weltweit GmbH		29.06.20..	43
			Saldovortrag	- 24.700,00 €
Buchungstag	**Wertstellung**	**Erläuterungen**	**Belastungen/Gutschriften**	
30.06.20..	30.06.20..	Sollzinsen Juni für Fälligkeitsdarlehen in Höhe von 60 000,00 €	412,50 €	
		Auszug vom: 30.06.20.. **Ihr Dispo:** 100.000,00 €	Neuer Saldo	
				- 25.112,50 €

8.3.3 Berechnung der Zeit

$$i = \frac{z \cdot 100 \cdot 360}{K \cdot p}$$

Musteraufgabe

Ein Sparguthaben von 3 500,00 €, das mit 4,5 % verzinst wurde, brachte 70,00 € Zinsen. Wie viel Tage war das Kapital angelegt?

Musterlösung

Gegeben: K = 3 500,00 €   Gesucht: i = ?
p = 4,5 %
z = 70,80 €

Formel:
$$i = \frac{z \cdot 100 \cdot 360}{K \cdot p}$$

$$i = \frac{70 \cdot 100 \cdot 360}{3500 \cdot 4{,}5}$$

$$i = \underline{\underline{160 \text{ Tage}}}$$

Lösungsschritte

1. Bestimmung der gegebenen und gesuchten Größen.
2. Auswahl der gesuchten Formel.
3. Einsetzen der gegebenen Größen in die Formel und Errechnung der gesuchten Größe.
   Beachte: Bei der Errechnung der Zinstage wird in der Praxis grundsätzlich aufgerundet.

Übungsaufgaben

1. In welcher Zeit wuchs ein Sparguthaben von 27 500,00 € auf 30 000,00 € an, wenn es mit 6 % verzinst wurde?

2. Ein Kapital von 5 600,00 € brachte bei einer 7 %igen Verzinsung 1 176,00 € Zinsen. Wie viel Jahre war das Kapital angelegt?

3. Wann wurde ein Kredit in Höhe von 1 360,00 € aufgenommen, wenn er am 20.08. einschließlich 5 % Zinsen mit 1 380,40 € zurückgezahlt wurde?

4. An welchem Tag wurde eine Rechnung über 1 850,00 € ausgestellt, wenn am 15.04. 6 2/3 % Verzugszinsen = 45,22 € berechnet wurden?

5. Am 15.03. wurde eine Erbschaft von 28 500,00 € bei der Commerzbank zu 7 1/2 % angelegt. Vereinbarungsgemäß darf die Erbschaft erst dann ausgezahlt werden, wenn sie auf 30 000,00 € angewachsen ist.
An welchem Tag ist die Erbschaft fällig?

6. Wann wurde eine Rechnung über 2 070,00 € ausgestellt, wenn ein Zahlungsziel von 30 Tagen vereinbart war und uns am 17.05. 8 % Verzugszinsen = 23,00 € belastet wurden?

7. Wann wurden 2 400,00 € auf ein Sparkonto eingezahlt, wenn der Zinsfuß bis zum 20.08. 4,5 % betrug und dann auf 5 % erhöht wurde?
Das Guthaben betrug am 31.12. einschließlich Zinsen 2 488,00 €.

8. Die Kreissparkasse Weinheim berechnete für einen Kredit in Höhe von 7 500,00 €, den wir am 17.02. in Anspruch nahmen, 8 % = 300,00 € Zinsen.
Wann wurde der Kredit zurückgezahlt?

Vermischte Zinsrechenaufgaben

1. Ein Spediteur benötigt einen Überbrückungskredit in Höhe von 15 000,00 € für 3 1/2 Monate. Auf seine Anfrage bei zwei Banken erhielt er folgende Angebote:
Angebot 1: 7,5 % Zinsen bei 100 %iger Auszahlung
Angebot 2: 6 % Zinsen + 1 % Bearbeitungsgebühr von der Kreditsumme
Errechnen Sie das günstigere Angebot.

2. Ermitteln Sie die monatliche Zinsbelastung der Familie Eberle, die zum Kauf ihres Hauses eine Hypothek über 250 000,00 € zu 8,5 % aufnehmen musste.

3. *Ein Kunde schuldet einen seit dem 18.02. fälligen Rechnungsbetrag über 1 600,00 €. Er überwies dafür einschließlich 7,5 % Verzugszinsen 1 625,00 €.*
Ermitteln Sie, wann der Rechnungsbetrag beglichen wurde.

4. *Ein Wohnhaus brachte im 1. Quartal 20.. 18 000,00 € Mieteinnahmen. An Gebäudekosten entstanden im gleichen Zeitraum insgesamt 8 000,00 €.*
Wie hoch ist der zugrunde gelegte Wert des Hauses, wenn der Eigentümer von einer 8 %igen Verzinsung seines ins Haus investierten Kapitals ausgeht?

5. *Ein Sparguthaben in Höhe von 2 850,00 € wuchs vom 23.03.–28.07. auf 2 925,00 € an.*
Zu welchem Zinssatz war es angelegt?

6. *Die Bezirkssparkasse Heidelberg berechnet für einen Kredit über 72 000,00 €, der in der Zeit vom 10.03.–25.07. in Anspruch genommen wurde, 7 % Zinsen, 1/6 % Provision des zugesagten Kredites sowie 6,00 € Gebühren.*
Welchem Zinssatz entspricht die gesamte Belastung?

7. *Die Einzelhändlerin Kristin Schweighoffer erhält eine Eingangsrechnung über 17 250,00 € inkl. USt mit folgender Zahlungsbedingung: „Zahlbar innerhalb von 10 Tagen unter Abzug von 2 % Skonto oder innerhalb von 30 Tagen rein netto." Statt den Lieferantenkredit in Anspruch zu nehmen, überzieht die Einzelhändlerin ihr Bankkonto und nutzt die Skontogewährung aus. Die Bank berechnet ihr für den zur Verfügung gestellten Betrag 15 % Sollzinsen.*

   Berechnen Sie
   a) den Skontoertrag,
   b) den in Anspruch zu nehmenden Bankkredit,
   c) die zu zahlenden Kreditzinsen,
   d) die Ersparnis, die sich durch obige Vorgehensweise ergibt.

8. *Für den Kauf von Rohstoffen berechnete uns unser Lieferer am 25. April 20.. 82 500,00 €. Zahlungsbedingungen: Zahlbar innerhalb von 14 Tagen mit 2,5 % Skonto oder innerhalb von 30 Tagen rein netto. Bei Zielüberschreitung wurden 6 % Verzugszinsen vereinbart. Wegen kurzfristiger Liquiditätsprobleme können wir die Rechnung jedoch erst am 26. Juni begleichen.*
   a) Welchen Betrag müssen wir am 26. Juni überweisen?
   b) Unser Girokonto verzeichnete am 28. April einen Kontostand von 144 000,00 € Soll. Unser Kreditlimit beträgt 180 000,00 € zu 10 %, darüber hinausgehend werden Kontoüberziehungen bis 250 000,00 € von der Bank geduldet, allerdings erfolgt hierfür ein Zinsaufschlag von 3 %.
   Berechnen Sie, ob es unter den gegebenen Bedingungen sinnvoll ist, das Skonto auszunutzen.

9. *Denise Esen ist während ihrer Ausbildung bei der Firma Alfred Becker e. K., Automobilzubehör, Bruchsal, auch einige Wochen in der Finanzbuchhaltung beschäftigt und dort mit der Überwachung der Zahlungseingänge betraut.*

Auf ihrem Bildschirm erscheint folgender Ausdruck:

offene Posten

ESC Ende	F3 Neu	F4 Speichern	F5 Suchen	F6 Buchen
F1 Hilfe	vorwärts	rückwärts	F12 Mahnungen	SF12 EinzMahng

Rechnungs-Nr.	1003751		Datum	11. Mai
Debitoren-Nr.	10976		Zahlungsziel	30 Tage
Kunden-Nr.	10976		Rechnungsbetrag	1 875,00 €
Anrede	2		Bezahlt	0,00
Name1	Edgar		Gutschrift-Nr.	
Name2	Traub		Gesamtbetrag	
Straße	Schneidertor 7			
PLZ/Ort D	76153	Karlsruhe	offener Betrag	1 875,00 €
1. Mahnung am	20. Juni			
2. Mahnung am	20. Juli			
3. Mahnung am			Mahnstufe	2

Welchen Gesamtbetrag muss Denise dem Kunden am 15. August 20.. in Rechnung stellen, wenn die Firma Alfred Becker mit 12 % Verzugszinsen sowie 10,00 € für sonstige Auslagen kalkuliert?

10. ***Welcher Zinssatz wurde laut Kontoauszug Nr. 187 zwischen der Sparkasse und der Spedition Weltweit GmbH für das angeführte Ratendarlehen vereinbart?***

Kontoauszug ***Sparkasse Rhein Neckar Nord – Bankleitzahl (BLZ) 67050505***

Kontonummer	Kontobezeichnung		Vortrag vom	Auszug Nr.
07807632	Spedition Weltweit GmbH		31.12.20..	187
			Saldovortrag	35.280,00 €
Buchungstag	**Wertstellung**	**Erläuterungen**	**Belastungen/Gutschriften**	
31.12.20..	31.12.	Darlehenstilgung 3. Jahr	20.000,00 €	
	31.12.	Darlehenszinsen für das 3.Jahr	12.000,00 €	
		(Restlaufzeit 7 Jahre)		
		Auszug vom: 31.12.20..	Neuer Saldo	
		Ihr Dispo: 100.000,00 €		3.280,00 €

9 Währungsrechnen

In einer Zeit zunehmender privater und geschäftlicher Auslandsaktivitäten erwächst die Notwendigkeit einer umfassenden Kenntnis der Währungsrechnung.

WSP

Die Gültigkeit dieser Aussage bleibt auch nach dem 01.03.2002 uneingeschränkt bestehen, obwohl seit diesem Zeitpunkt innerhalb der Europäischen Währungsunion (EWU) nur noch der **Euro** als alleiniges gesetzliches Zahlungsmittel gilt. Da sich jedoch ein wesentlicher Teil unseres Handels mit nicht EU- bzw. nicht Euro-Ländern abspielt, erfordern der weltweit steigende Güteraustausch und mit ihm die Globalisierung der Märkte auch in Zukunft grundlegende Kenntnisse im Umgang mit ausländischen Währungen. Zurzeit sind von nachfolgenden 28 EU-Mitgliedsstaaten an der Europäischen Währungsunion – mit dem Euro als Zahlungsmittel – beteiligt:

Mitgliedsstaaten EU	Währungen		Euro-Einführung vorgesehen für
	€	sonstige	
Belgien	€		
Bulgarien		Lew	
Dänemark		dkr	
Deutschland	€		
Estland	€		
Finnland	€		
Frankreich	€		
Griechenland	€		
Großbritannien		£	
Irland	€		
Italien	€		
Kroatien		Kuna	
Lettland	€		
Litauen		Litas	
Luxemburg	€		
Malta	€		
Niederlande	€		
Österreich	€		
Polen		Zloty	
Portugal	€		
Rumänien		Leu	
Schweden		skr	
Slowakei	€		
Slowenien	€		
Spanien	€		
Tschechien		Czk	
Ungarn		Ft	
Zypern	€		

Zudem geben die drei Kleinstaaten Monaco, San Marino und Vatikan, die mit Sonderverträgen an die Währungsunion gekoppelt sind, eigene Euromünzen aus.

Beim Währungsrechnen handelt es sich um eine Rechenart zur Umrechnung inländischer in ausländische Währungen und umgekehrt. Als zentrale Größe taucht dabei der

Begriff „Kurs" auf. In der EWU werden die Kurse in der sogenannten Mengennotierung angegeben. Diese drückt den Wert eines Euro in der jeweiligen Auslandswährung aus.

Merke

Die Kursangabe innerhalb der EWU erfolgt in Auslandswährung je Euro = Mengennotierung; damit gilt:

Kurs = *Verhältnis von* **einem Euro** *zur Auslandswährung*
(d. h. der Kurs gibt an, wie viele ausländische Geldeinheiten man für einen Euro erhält)
Beispiel: *1 € = ... sfr*

Wie die nachfolgende Kurstafel zeigt, weisen alle Sortenkurse einen niedrigeren Verkaufskurs und einen höheren Ankaufskurs auf. Dies ist darauf zurückzuführen, dass der Euro die Ausgangsgrundlage bildet, d. h. beim Kauf von z. B. US-$ erhält der Kunde lt. Tabelle für einen Euro 1,0822 US-$.Wechselt er nun die US-$ in Euro um, so bekommt er erst für 1,1950 US-$ einen Euro, d. h. die Bank erhält je Euro für ihren Verwaltungsaufwand 0,1128 US-$.

Beispiel

Sortenkurse für 1 Euro				
			Angaben in US-$	
Land	**Währung**	**Bezugsgröße**	**Ankauf**	**Verkauf**
USA	US-$	1 Euro	1,1950	1,0822

Lesebeispiel: Für einen Euro zahlen Sie: 1,1950 US-$ erhalten Sie: 1,0822 US-$

Um **1 Euro** zu erhalten, muss der Kunde so viele ausländische Geldeinheiten hingeben.

d. h. die Bank verkauft Euro (Briefkurs) und kauft ausl. Geldeinheiten

So viele ausländische Geldeinheiten erhält der Kunde für **1 Euro**.

d. h. die Bank kauft Euro an (Geldkurs) und verkauft ausl. Geldeinheiten

Tipp

1. *Die Bezeichnungen Ankaufskurse und Verkaufskurse gelten nur für Sortenkurse und werden immer vom Standpunkt der Bank aus betrachtet.*
2. *Aus Vereinfachungsgründen empfiehlt sich folgende Vorgehensweise. Man stelle sich stets die Frage: „Was macht die Bank mit ausländischen Geldeinheiten?"*
   a) ***kauft*** *die Bank ausl. Geldeinheiten* ***an*** → ***Ankauf****skurs*
   b) ***verkauft*** *die Bank ausl. Geldeinheiten* → ***Verkauf****skurs*

Beachte: *Diese Fragestellung lässt sich sowohl auf den Umtausch im Inland als auch im Ausland anwenden.*

Vereinfachter exemplarischer Auszug einer deutschen Kurstabelle für Sortenkurse

Land	Währungs-einheit	verwendete Abkürzungen		Sortenkurse ausl. Geldeinheiten für 1 Euro	
		alt	neu*	Ankauf	Verkauf
USA	US-Dollar	US-$	USD	1,1950	1,0822
Großbritannien	engl. Pfund	£	GBP	0,7770	0,7037
Kanada	Kan. Dollar	Kan-$	CAD	1,4936	1,3418
Schweiz	Franken	sfr	CHF	1,1386	1,0282
Dänemark	dän. Kronen	drk	DDK	7,8679	7,1193
Norwegen	nor. Kronen	nkr	NOK	9,1759	8,1299
Schweden	schwed. Kronen	skr	SEK	10,0697	9,1055
Japan	jap. Yen	Yen	JPY	142,1539	128,0722
Südafrika	Rand	Rand	ZAR	14,4129	12,0304
Australien	Dollar	A-$	AUD	1,5295	1,3699

** Nach ISO-Standard genormte dreibuchstabige Abkürzung*

Tipp

Die Bezeichnungen „Verkauf" und „Ankauf" entsprechen den Bezeichnungen „Geld" und „Brief" bei anderen Instituten. Für nachfolgende Aufgaben werden ausschließlich Sortenkurse zugrunde gelegt.

9.1 Umrechnungen im Währungsinland

Musteraufgabe

Für eine Urlaubsreise wechselt Familie Müller 700,00 € in Schweizer Franken um.

Wie viel sfr erhält Familie Müller, wenn die Bank mit folgenden Kursen rechnet?

Land	Währung	Ankauf	Verkauf
Schweiz	sfr	1,1386	1,0282

Musterlösung

1 € – 1,0282 sfr
700 € – x sfr

$$x = \frac{1{,}0282 \cdot 700}{1} = \underline{\underline{719{,}74 \text{ sfr}}}$$

Familie Müller erhält von ihrer Bank 719,74 sfr ausgezahlt.

Lösungsschritte

1. Überlegung: Ankaufskurs oder Verkaufskurs?
Da die Bank die fremden Währungen an die Familie Müller verkauft, muss der Verkaufskurs genommen werden.
Hier: 1,0282

2. Überlegung: Worauf bezieht sich der Kurs?
Da die Umwechslung im Währungsinland stattfindet, wird der Kurs in sfr für einen Euro angegeben.
Hier: 1,0282 sfr für 1 Euro

3. Aufstellen der Kursgleichungen und Lösung mittels Dreisatz (siehe Kapitel 2); für die Schweiz ergibt sich:

1 € – 1,0282 sfr
700 € – x sfr

$$x = \frac{1{,}0282 \cdot 700}{1} = \underline{\underline{719{,}74 \text{ sfr}}}$$

Übungsaufgaben

1. Herr Klein fährt im Winterurlaub in die Schweiz. Vor seiner Abreise tauscht er bei seiner Bank 450,00 € in Schweizer Franken um.
Wie viel sfr erhält Herr Klein, wenn seine Bank mit einem Kurs von 1,0282 rechnet?

2. Vor einer längeren Geschäftsreise wechselt der Reisende Herr Kleinert folgende Beträge bei seiner Hausbank um:
- *300,00 € in sfr (Kurs 1,0282)*
- *800,00 € in US-$ (Kurs 1,0822)*
- *650,00 € in £ (Kurs 0,7037)*

Wie viele sfr, US-$ und £ erhält Herr Kleinert ausgehändigt?

3. Ein Sanitärgeschäft in Heidelberg bezieht 15 Einhebelmischer aus der Schweiz.
Der Stückpreis beträgt 256 sfr.
Auf wie viel Euro lautet die Rechnung, wenn zu einem Kurs von 1,1386 abgerechnet wird?

4. Der Einkäufer eines größeren Industriebetriebes tauscht vor seiner Auslandreise 3 000,00 € in Auslandswährungen um: 1 300,00 € in Rand, 800,00 € in jap. Yen und den Rest in australische Dollar.
Wie viele Einheiten jeder Währung erhält er, wenn die Bank mit folgenden Kursen rechnet:

Land	Währung	Ankauf	Verkauf
Südafrika	Rand	9,471	5,400
Japan	Yen	135,400	125,800
Australien	A-$	2,050	1,725

5. Für eine Reise nach Schweden tauscht ein Kaufmann 4 500,00 € in schwedische Kronen um.
Wie viele Kronen zahlt seine Bank aus, wenn sie mit einem Kurs von von 10,160 rechnet?

6. Der Auszubildende Peter Klein bringt von seiner Reise nach England noch 18 £ zurück, die er sofort bei seiner Bank zum Kurs von 0,680 umtauscht.
Wie viel Euro erhält er dafür?

7. *Die Firma Schneider bezieht aus Südafrika 5 780 kg Orangen zu einem Preis von 3,2 Rand je kg.*
Welchen Eurobetrag muss die Firma Schneider bei einem Kurs von 5,350 für die gesamte Sendung bezahlen?

8. *Für eine Geschäftsreise in die USA hat ein Kaufmann 2 750,00 € zum Kurs von 1,2500 in US-Dollar umgewechselt. Er bringt von seiner Reise noch 70 $ zurück.*
Wie viel Euro verliert er, wenn er den Restbetrag zum Kurs von 1,2800 zurücktauscht?

9. *Eine Maschinenfabrik bezahlte für eine Sendung Dichtungsringe 6 527,00 €. Die Rechnung lautete auf 60 200,00 skr.*
Wie hoch ist der Kurs, zu dem die Deutsche Bank mit der Maschinenfabrik abgerechnet hat?

10. *Ein Stoffimporteur bezieht aus Australien 2 500 m Tuch zu einem Gesamtpreis von 101 000,00 A-$.*
Wie viel Euro kostet ein Meter, wenn der Importeur zusätzlich noch 250,00 A-$ Spesen und 1 500,00 € Zoll zahlen muss? (Kurs 1,800)

11. *Ein japanischer Hi-Fi-Hersteller bietet einem deutschen Großkunden CD-Player zu einem Preis von 24 000,00 Yen pro Stück frei Hamburg an.*
Wie viel Euro muss der Großkunde pro Gerät bei einem Kurs von 135,000 bezahlen?

12. *Ein Schweizer Tourist kauft in einem Lörracher Lederwarengeschäft eine Tennistasche, die mit 180,00 € ausgezeichnet ist. Da er keine Euro besitzt, möchte er die Tasche in Schweizer Franken bezahlen.*
Welchen Wechselkurs hat der Inhaber zugrunde gelegt, wenn er dem Schweizer 216,00 sfr berechnet?

13. *Eine CD kostet in Deutschland 11,45 € und in der Schweiz 14,30 sfr.*
Wo kauft man die CD am günstigsten und wie viel Euro würde man sparen? (Kurs 1,1850)

9.2 Umrechnungen im Währungsausland

Bei den Umrechnungen im Ausland hat sich mit der Einführung des Euro gegenüber der bisherigen Berechnung lediglich eine Änderung ergeben, die darin besteht, dass sich die Kurse im Ausland nunmehr auf **einen Euro** beziehen, wie nachfolgende Tabelle der für uns wichtigen Länder verdeutlicht:

Land	Bezugsgröße	Kursangabe in der jeweiligen Landeswährung
USA	1 Euro	1,1350
Großbritannien	1 Euro	0,6780
Schweiz	1 Euro	1,0700

Wie aus der Darstellung hervorgeht, besteht nun kein Unterschied mehr, ob im In- oder im Ausland getauscht wird, da sich die Kursangabe in beiden Fällen auf einen Euro bezieht. Es gilt lediglich zu überlegen, ob das ausländische Kreditinstitut den Euro an oder verkauft.

Musteraufgabe

Ein deutscher Urlauber tauscht an seinem Urlaubsort in der Schweiz 350,00 € zum Kurs 1,5327 in sfr um.

Wie viel sfr erhält der Tourist bei den nachfolgenden Kursen ausgezahlt?
Ankauf: 1,0580 Verkauf: 1,1850

Musterlösung

1,00 € – 1,0580 sfr (Kursgleichung)
350,00 € – x sfr

$$x = \frac{1{,}0580 \cdot 350}{1} = \underline{\underline{370{,}30 \text{ sfr}}}$$

Lösungsschritte

1. Überlegung: Wo wird getauscht?
Hier: in der Schweiz

2. Überlegung: Ankaufskurs oder Verkaufskurs?
Da die Schweizer Bank die ausländischen Währungseinheiten, hier den Euro ankauft, muss der Ankaufskurs genommen werden.
Hier: 1,0580

3. Überlegung: Worauf bezieht sich demnach der Kurs?
Hier: 1,0580 sfr für 1,00 €

4. Aufstellen der Kursgleichung und Lösung mittels Dreisatz (siehe Kapitel 2).
Hier: 1,00 € – 1,0580 sfr (Kursgleichung)
350,00 € – x sfr

$$x = \frac{1{,}0580 \cdot 350}{1} = \underline{\underline{370{,}30 \text{ sfr}}}$$

Übungsaufgaben

1. *Marco Schweighoffer, Auszubildender der Maschinenfabrik Dortmund AG, soll für seinen Chef, der dringend geschäftlich nach Genf muss, 4 000,00 € in sfr umtauschen. Da sich Marco gut im Währungsrechnen auskennt, will er seinem Chef die günstigste Möglichkeit aufzeigen.*
   a) *Berechnen Sie, ob es für Marcos Chef günstiger ist, in Dortmund oder in Genf zu tauschen.*
   Kursnotierung:
   Dortmunder Volksbank: 1,1550
   Sparkasse Genf: 1,1850
   b) *Wie viel sfr beträgt der Unterschiedsbetrag?*

2. *Ein Student unternimmt eine Studienreise in die USA. Vor dem Reiseantritt überlegt er, ob er 1 200,00 € in Deutschland zum Kurs 1,2500 oder in den USA zum Kurs 1,2800 umtauschen soll.*
   Wo soll der Student Ihrer Meinung nach tauschen?

3. *Während einer Geschäftsreise tauscht Herr Schmidt in Stockholm 380,00 € in 3 401,00 skr um.*
   Mit welchem Kurs rechnete die schwedische Bank?

4. *Ein Auslandsvertreter besucht seinen Geschäftspartner in Kanada.*
   Wie viel Euro hat er in Toronto umgetauscht, wenn ihm die Bank bei einem Kurs von 1,7500 genau 875,00 Kan-$ auszahlte?

5. *Kurz vor seiner Heimreise tauschte ein deutscher Urlauber in Dänemark 2 870,00 dkr in 350,00 € um.*
   Mit welchem Kurs rechnete die dänische Bank?

6. *Ein südafrikanisches Hotel bietet in der Hauptsaison Vollpension für 210 Rand pro Person und Tag an.*
   Wie viel Euro würde ein 14-tägiger Urlaub einer vierköpfigen Familie bei einem Kurs von 6,0308 kosten? (Ergebnis auf ganze Euro kfm. runden)

Vermischte Währungsaufgaben

1. *Fabrikant Berger besuchte eine Messe in Oslo. Zuvor hatte er in Köln 12 800,00 € in nkr umgetauscht. Die Bank zahlte ihm dafür 123 872,00 nkr aus.*
   a) Mit welchem Kurs rechnete die Bank?
   b) In Oslo hätte Berger 200,00 nkr mehr erhalten.
   Zu welchem Kurs notiert demnach der Euro in Oslo?

2. *Wir begleichen die Rechnung unseres Lieferanten aus Japan über 350 000,00 Yen durch Banküberweisung.*
   Mit wie viel Euro belastet die Bank unser Konto, wenn sie folgende Kurse zugrunde legt?

Währung	Ankauf	Verkauf
Yen	135,500	125,000

3. *Ein Schweizer Geschäftsmann besucht einen Lieferanten in Dänemark. Bei einem Zwischenaufenthalt in Hannover tauscht er 3 200,00 sfr in dkr um.*
   Wie viel dkr erhält er, wenn die Hannoversche Bank folgende Kurse zugrunde legt?

Währung	Ankauf	Verkauf
sfr	1,180	1,090
dkr	7,800	7,125

4. *Ein Freiburger Geschäftsmann fliegt ab Zürich zu einer Geschäftsbesprechung nach New York. Vor seinem Abflug wechselt er in der Flughafenbank 2 500,00 € in US-$ um.*

Währung	Ankauf	Verkauf
1 €	1,090	1,180
1 US-$	1,049	1,128

   Wie viel US-$ zahlt ihm die Schweizer Bank aus, wenn obenstehende Kurse gelten?

5. ***Für einen Besuch der zweitägigen internationalen Logistikmesse in London benötigt der Lagerleiter Herr Robin Jaus noch 500 englische Pfund.***
Ermitteln Sie anhand des abgebildeten Sorten-Verkaufsscheines, welchen Euro-Betrag (Kurswert in Euro) ihm seine Sparkasse berechnet.

Sorten-Verkauf

Wir überlassen Ihnen folgende Sorten:

Datum

Währung	Betrag	Kurs	Kurswert EUR
05 GBP	*******500,00	0,676000	******* EUR

Name und Anschrift:

+ Gebühr EUR

Reisepass (Ort u. Nr.):

zu zahlender Betrag EUR

Ausländische Münzen werden wegen ihrer nur beschränkt möglichen Wiederverwertung mit einem Abschlag vom Banknotenkurs angekauft. Wir empfehlen daher, ausländische Münzen im Gastland zu verbrauchen.

Irrtum vorbehalten!

Denken Sie bitte auch an eventuelle ausländische Ein- und Ausfuhrbestimmungen für Reisezahlungsmittel!

0503 27.10.07 VERKAUF 0075 BAR EINZAHLUNG

142 112.500 DSV 03/2002 Raum für Maschinendruck 1

6. ***Sie haben als Mitarbeiter der Metallwerke C. Jeck AG in Hamburg den unten abgebildeten Rechnungsauszug an die Möbelfabrik EKIA in Stockholm erstellt.***
Nun bittet Sie Ihr Chef, die Rechnung statt in Euro in Schwedischen Kronen auszuweisen. Laut Ihrer Internetrecherche beträgt der Kurs zurzeit 8,55 SKR für 1,00 €.

Rechnungsauszug:

Rechnung Nr. 03-021984

Artikel	Menge	Preis in €/Stück	Gesamtpreis in €
Magnetschnäpper „fest“	100	3,50	350,00
Scharniere	180	7,60	1 368,00
Möbelgriffe „Trapez matt“	80	17,60	1 408,00
Rechnungsbetrag			3 126,00

Lieferung: frei Haus

Zahlungsbedingungen: zahlbar innerhalb von 30 Tagen netto oder innerhalb von 10 Tagen mit 3 % Skonto

10 Der Kettensatz

Der Kettensatz ist eine Rechenmethode, die besonders dann vorteilhaft eingesetzt werden kann, wenn Dreisatzaufgaben mit ausländischen Währungen, Maßen und Gewichten gelöst werden sollen.

Einschränkend gilt allerdings, dass es sich nur um Dreisatzaufgaben mit geradem Verhältnis handeln darf.

Musteraufgabe

Eine Münchner Bekleidungsfabrik bezieht aus den USA 36 yds Mantelstoff zum Gesamtpreis von 742,50 $.

Berechnen Sie, wie viel Euro 1 m dieses Stoffes im Einkauf kostet. (11 m – 12 yds; Kurs 1,250)

Musterlösung

I. Bisherige Lösung mithilfe von Dreisätzen

1. 12 yds – 11 m
   36 yds – x m

$$x = \frac{11 \cdot 36}{12}$$

$$x = \underline{\underline{33 \text{ m}}}$$

2. 1,250 $ – 1 €
   742,500 $ – x €

$$x = \frac{742{,}500 \cdot 1}{1{,}250}$$

$$x = \underline{\underline{594{,}00 \text{ €}}}$$

3. 33 m – 594,00 €
   1 m – x €

$$x = \frac{594{,}00 \cdot 1}{33} = \underline{\underline{18{,}00 \text{ € je m}}}$$

II. Lösung mithilfe des Kettensatzes

1.	? €	–	1	**m**
2.	11 **m**	–	12	**yds**
	36 **yds**	–	742,50	**$**
3.	1,250 **$**	–	1	**€**

4. $$x = \frac{1 \cdot 12 \cdot 742{,}50 \cdot 1}{11 \cdot 36 \cdot 1{,}250}$$

$$x = \underline{\underline{18{,}00 \text{ €}}}$$

Lösungsschritte

1. Der Kettensatz beginnt immer mit dem Fragesatz, wobei die gefragte Größe am Anfang steht.
   Hier: ? € – 1 **m**
2. Jeder weitere Satz der Kette beginnt links immer mit der Benennung, mit der der vorhergehende Satz der rechten Seite endete.
   Hier: 11 **m** – 12 yds

Die vorhergehende Gleichung endete auf Meter (? € – 1 **m**). Folglich muss die folgende Gleichung mit Meter beginnen (11 **m** – 12 yds) usw.

3. Die Kette ist geschlossen, wenn die auf der linken Seite gesuchte Benennung auf der rechten Seite erscheint.
   Hier: ? € – 1 m
   . .
   . .
   . .
   1,250 $ – 1 €

4. Zur Lösung des Kettensatzes verfährt man folgendermaßen:
   – die gesamte rechte Seite kommt **auf** den Bruch (Zähler)
   – die gesamte linke Seite kommt **unter** den Bruch (Nenner)

   Hier: $x = \frac{1 \cdot 12 \cdot 742{,}50 \cdot 1}{11 \cdot 36 \cdot 1{,}250}$ (Zähler) (Nenner)

Beachte: In Zukunft kann auf die Zahl 1 im Zähler und Nenner verzichtet werden.

Übungsaufgaben

1. *Wie viel Euro kosten 42 m amerikanischer Stoff, wenn der Angebotspreis für 1 yd 9,6 $ beträgt? (11 m = 12 yds; Kurs 1,250)*

2. *Eine Sendung Schweizer Käse wiegt 25,8 kg und kostet 350,00 sfr.*
   Was kosten 100 g Käse in Deutschland bei einem Kurs von 1,1580?

3. *Berechnen Sie den Euro-Preis für 1 m amerikanischen Stoff, wenn 1 yd zu 18,50 $ angeboten wird. (11 m = 12 yds; Kurs 1,250)*

4. *Wie viel Euro kostet 1 m Stoff, den wir aus den USA beziehen, wenn uns der Exporteur für 72 yds insgesamt 550,00 $ berechnet? (11 m = 12 yds; Kurs 1,250)*

5. *Berechnen Sie, welches der beiden folgenden Angebote günstiger ist:*
   A 1: aus der Schweiz: 1 kg zu 12,80 sfr (Kurs 1,1580)
   A 2: aus England: 1 kg zu 4,50 £ (Kurs 0,680)

6. *Wie viel Euro kosten 500 g jamaikanischer Blue-Mountain-Kaffee, wenn wir diesen über einen Londoner Händler für 320,00 £ je cwt beziehen? (Kurs 0,680; 1 cwt = 45,358 kg)*

7. *Zu welchem Preis bieten wir eine Ledertasche in der Schweiz an, wenn diese in Deutschland 185,00 € kostet? (Kurs 1,1892)*

8. *Eine US-Aluminiumhütte bietet einem deutschen Importeur 240 tons Aluminium für 24,00 $ je cwt an.*
   Wie viel Euro kosten 100 kg Aluminium? (Kurs 1,250; 1 cwt = 45,358 kg)

9. *Ein US-amerikanischer Exporteur bietet einem deutschen Importeur eine Partie Baumwolle frei Kai Bremen zu 19,80 $ je cwt an.*
   Berechnen Sie den Angebotspreis für 100 kg in Euro. (Kurs 1,250; 1 cwt = 45,358 kg)

10. *Eine Schiffsladung Monitoba-Weizen von 1 260 t wird von Antwerpen nach Basel verschifft. Der Frachtsatz beträgt 41,00 sfr/t.*
Über wie viel Euro lautet die Fracht bei einem Kurs von 1,1580?

11. *Ein amerikanisches Frachtschiff bringt 195 Fässer zu je 2 qrs und einer Frachtrate von 5,00 $/100 kg nach Emden.*
Wie hoch sind die Frachtkosten für die gesamte Ladung bei einem Tageskurs von 1,250?
(4 qrs = 1 cwt = 45,358 kg)

12. *Ein deutscher Großhändler bezieht aus der Schweiz 95 kg Käse zu einem Gesamtpreis von 815,00 sfr.*
Berechnen Sie den Einstandspreis für 100 g Käse, wenn dem Großhändler überdies 35,00 sfr für Frachtkosten in Rechnung gestellt werden. (Kurs 1,1580)

13. *Ein deutscher Importeur bezieht aus Japan monatlich 3 200 Videokameras vom Typ S 8 zu einem Gesamtpreis von 1 000 000,00 $.*
Wie viel Euro kostet eine Kamera bei einem Kurs von 1,250?

14. *Das US-amerikanische Frachtschiff „Arctic Sea" transportiert u. a. 415 Fässer Kunstharz zu je 3,5 qrs von New Orleans nach Hamburg. Der Frachtsatz beträgt 7,50 US-$ je 100 kg.*
Mit welchen Transportkosten wird der Hamburger Importeur für die gesamte Sendung bei einem Tageskurs von 1,2353 belastet (4 qrs = 1 cwt = 45,358 kg)?

15. *Für 5 Ballen Stoff à 150 yds englischen Tweedstoffes werden uns von unserem Liverpooler Lieferanten 6 500,00 GBP berechnet.*
Ermitteln Sie den Einstandspeis in Euro je Meter, wenn wir darüber hinaus 2 % Transportversicherung sowie 245 GBP Fracht zahlen müssen. (11 m = 12 yds; Kurs 0,8).

II Lagercontrolling

11 Lagerkalkulation

Die **Lagerkalkulation** ist eine Rechnung zur Ermittlung der Kosten je m² bzw. je t (100 kg usw.). Dieser Kostensatz wird benötigt, um den Kunden eine verursachungsgerechte Lagermiete zu berechnen. LOP

Als Lagerkosten kommen u. a. in Betracht:

- **Verwaltungskosten**, z. B.: Löhne, Gehälter, Sozialleistungen, allg. Verwaltungskosten
- **Raumkosten**, z. B.: Miete, Abschreibungen, Instandhaltung, Energiekosten, Reinigung
- **Risikokosten**, z. B.: Versicherungsprämien, Mengenverluste durch Diebstahl u. a.
- **Kapitalkosten**, z. B.: Zinsen für das im Lager gebundene Kapital

$$\text{Lagerkosten je m}^2 = \frac{\text{gesamte Lagerkosten}}{\text{gesamte m}^2}$$

Neben den angegebenen reinen Lagerkosten (Lagerungskosten) werden in der Regel auch noch die Kosten der Ein- und Auslagerung sowie der Kommissionierung erfasst und dem Kunden in Rechnung gestellt.

Musteraufgabe

Der Lagerhausgesellschaft mbH, Mannheim, entstanden im 1. Quartal 20.. für ihr neu erbautes Lagerhaus mit einer Lagerfläche von 6 000 m² u. a. folgende Kosten:

▪ Personalkosten	65 000,00 €
▪ Abschreibungen	7 000,00 €
▪ Energiekosten	2 500,00 €
▪ Versicherungsprämie	3 500,00 €
▪ Reinigung	5 000,00 €

Mit welchen Lagerkosten belastet die Lagerhausgesellschaft einen Kunden pro Monat, wenn dieser 350 m² Lagerraum angemietet hat?

Musterlösung

$$\text{Kosten je m}^2 = \frac{83\,000{,}00\ €}{6000\ \text{m}^2} = \underline{\underline{13{,}83\ €/\text{m}^2\ \text{und Quartal}}}$$

13,83 €/m² · 350 m² = 4 840,50 €/Quartal

4 840,50 €/Quartal : 3 = <u>1 613,50 €/Monat</u>

Lösungsschritte

1. Ermittlung der Gesamtkosten.
2. Errechnung der Kosten pro m² (bzw. pro t).
3. Ermittlung der Kosten pro Berechnungszeitpunkt.

Übungsaufgaben

1. *Welche Lagerkosten muss die Maschinenfabrik Bauer der Lagerhausgesellschaft mbH für die Lagerung von 18,5 t Maschinenteile bezahlen, wenn die Lagerhausgesellschaft pro 50 kg 0,50 € Lagerkosten berechnet?*

2. *Mit welchen Lagerkosten je m² kalkuliert die Spedition Zehner, Mannheim, wenn dieser für ihr 5600 m² großes Lagergebäude im Mai folgende Lagerkosten entstanden sind:*

– *Miete*	*30 000,00 €*
– *Personal*	*12 000,00 €*
– *Abschreibungen*	*4 000,00 €*
– *sonstige Kosten*	*8 000,00 €*

3. *Der Schnellfracht GmbH, Heidelberg, entstanden im vergangenen Geschäftsjahr folgende Lagerkosten:*

– *Personal*	*340 000,00 €*
– *Abschreibungen*	*125 000,00 €*
– *Zinsen*	*57 000,00 €*
– *Energiekosten*	*113 000,00 €*
– *Versicherungsprämien*	*13 000,00 €*

a) Ermitteln Sie die monatlichen Lagerkosten.
b) Mit welchen Kosten je m² muss die Schnellfracht GmbH monatlich kalkulieren, wenn die Gesamtlagerfläche 11 285 m² beträgt?
c) Wie viel Euro muss ein Kunde bezahlen, der für den Monat Oktober 125 m² anmietete, wenn die Schnellfracht neben den Kosten je m² noch mit 0,50 € Gewinn je m² rechnet?

4. *Mit welchen Lagerkosten belastet die Lagereigenossenschaft Schriesheim die Stahlwarenfabrik König & Co. KG für eine Ladung Federblätter im Gewicht von 22,4 t, wenn die Lagerkosten pro 100 kg 1,25 € betragen und die Lagereigenossenschaft zusätzlich mit 7 % Gewinn kalkuliert?*

5. *Berechnen Sie den Preis für 1 kg Kupferdraht einschließlich Lagerkosten, wenn wir 18,4 t zum Einkaufspreis von 16 500,00 € bezogen und uns der Lieferer 8 % Rabatt und 2,5 % Skonto gewährte. Die Bezugskosten beliefen sich auf 935,00 € und als Lagerkosten werden 1,75 € je 100 kg berechnet.*

6. *Für das dreigeschossige Lagergebäude der Gebrüder Barth OHG mit den Grundmaßen 120 m · 36 m fielen für das 1. Quartal 20.. folgende Lagerkosten an:*

– *Personal*	*145 000,00 €*
– *Abschreibungen*	*68 000,00 €*
– *Energie*	*35 000,00 €*
– *sonstige Kosten*	*52 000,00 €*

a) Berechnen Sie die Lagerkosten pro m² und Monat.

b) Mit welchen Lagerkosten pro Monat belastet die Gebr. Barth OHG einen Kunden, der für ein Palettenlager eine Fläche von 24 m · 8 m anmietete, wenn die OHG mit 0,80 € Gewinn je m² kalkuliert? (Umsatzsteuer 19 %)

c) Wie viel Euro-Paletten fasst das Palettenlager von Aufgabe b), wenn max. 3 Paletten übereinander stapelbar sind?

7. *Die Schraubenfabrik Emil & Gertrud Neumann KG, Potsdam, möchte einen Teil ihrer Lagerhaltung an den Spediteur und Lagerhalter Dittmann & Konrad OHG, Berlin, auslagern. Im Lagervertrag wurden u. a. nachfolgende Punkte aufgeführt:*

Lagervertrag
zwischen

Lagerhalter	Mieter
Spediteur und Lagerhalter Dittmann & Konrad OHG Mannheimer Str. 68 10653 Berlin	Schraubenfabrik Emil & Gertrud Neumann KG Schillerstr. 8 12670 Potsdam

Vertragsbeginn: 01.01.20..

Abrechnungszeitraum: je Quartal

Kostenauflistung		
	– Einlagerung je Palette:	60,00 €
	– Lagerkosten je Palette/Monat:	15,00 €
	– Auslagerung je Karton:	7,50 €
	– Verwaltung je Monat:	400,00 €

Datum: Berlin, 28.11.20..

Ermitteln Sie den am Quartalsende an den Lagerhalter Dittmann & Konrad OHG zu zahlenden Bruttobetrag, wenn die Emil & Gertrud Neumann KG am 02.01.20.. 150 Paletten mit je 20 Kartons einlagerte und am 28.02.20.. 40 Kartons an verschiedene Kunden in Süddeutschland verkauft und versandt wurden.

8. *Die Spedition Ausanio KG lagerte für einen Kunden im abgelaufenen Quartal 243 000 kg Düngemittel aus.*
Berechnen Sie die Kommissionierkosten
a) je Palette,
b) je 100 kg,
c) je Monat,

wenn die Lagerverwaltung folgende Angaben zur Verfügung stellt:
- *Bruttogewicht je Palette 920 kg; Eigengewicht je Palette 20 kg*
- *Kommissionierzeit je Palette 12 Minuten*
- *Stundenlohn pro eingesetztem Arbeiter 12,50 €*
- *anzusetzende Lohnnebenkosten 80 %*

9. *Die Mannheimer Kaufmannsmühle GmbH füllt u. a. auch Hartweizenmehl in 5-kg-Pakete ab, von denen monatlich im Durchschnitt 540 t auf Euro-Paletten (Bruttogewicht 815 kg je Palette; Tara 15 kg je Palette) in das Verkaufslager gebracht und eingelagert werden.*

Des Weiteren gilt es zu beachten:

- *Für die Einlagerung in das Verkaufslager werden täglich 2 Staplerstunden benötigt.*
- *Die Kosten pro Staplerstunde belaufen sich auf 30,00 €.*
- *Die monatliche Arbeitszeit beträgt 22 Arbeitstage.*

a) Wie viele Pakete Mehl können auf einer Euro-Palette gestapelt werden?

b) Wie viele Euro-Paletten werden monatlich in das Verkaufslager gebracht?

c) Mit welchen Staplerkosten muss die Mannheimer Kaufmannsmühle
(i) monatlich,
(ii) pro Euro-Palette kalkulieren?

d) Wie viele Minuten benötigt man zur Einlagerung einer Palette? (auf ganze Zahl kfm. runden)

10. Im Geschäftsbereich „Gewerbliche Lagerhaltung" fielen bei der Spedition Barth & Neumann KG folgende Kosten an:

Lagerkosten

Kostenart	Betrag in EUR	Bezugszeitraum
Personal	28.000,00	Monat
Abschreibungen	80.000,00	Jahr
Zinsen	12.000,00	1/2 Jahr
Energie	3.000,00	1/4 Jahr
Versicherungsprämien	2.000,00	1/2 Jahr
Allg. Verwalungskosten	2.000,00	Monat

a) Wie hoch sind die gesamten Lagerkosten der Spedition Barth & Neumann KG pro Jahr?

b) Welche Lagerkosten pro Arbeitstag muss die Spedition ansetzen, wenn im abgelaufenen Jahr an 240 Tagen gearbeitet wurde?

c) Wie hoch sind die monatlichen Lagerkosten je m², wenn das zweigeschossige Lagerhaus eine Grundfläche von 120 m · 40 m aufweist und 16 2/3 % der Fläche für Verkehrswege freizuhalten sind?

d) Berechnen Sie die Kosten, die einem Kunden der Spedition für den abgelaufenen Monat in Rechnung zu stellen sind, wenn folgende Punkte zu beachten sind:

- *eingelagerte Menge im vergangenen Monat: 80 000 kg*
- *ausgelagerte Menge im vergangenen Monat: 96 000 kg*
- *Nettogewicht einer Palette 800 kg*
- *Ein- bzw. Auslagerungskosten je Palette 1,50 €*
- *Umschlagskosten je Palette 0,10 €*
- *angemietete Fläche 250 m²*
- *Gewinnzuschlag der Spedition Barth & Neumann KG 8 1/2 %*
- *Umsatzsteuer 19 %*

11. *Die Geschäftsleitung der Maschinenfabrik Tannebaum GmbH, Ludwigsburg, überlegt sich, ob es besser wäre, im Kleinteilbereich eine weitere Lagerhalle selbst zu bauen oder die Lagerhaltung stattdessen an einen gewerblichen Lagerhalter zu übertragen.*

Ein Kostenvergleich beider Möglichkeiten ergibt folgende Situation:

Eigenes Lager	Fremdlagerung
Beim Bau einer eigenen Lagerhalle entstehen insgesamt 50 000,00 € fixe Kosten pro Jahr. Darüber hinaus muss mit 0,35 € je kg Kleinteile gerechnet werden.	Ein gewerblicher Lagerhalter wäre bereit, die Lagerhaltung komplett für 0,75 € je kg Kleinteile zu übernehmen.

a) Ermitteln Sie die günstigere Alternative, wenn von einer jährlichen Umschlagsmenge von 384 000 kg ausgegangen werden kann.

b) Bei welcher jährlichen Umschlagsmenge ist die Eigen- und Fremdlagerung gleich teuer?

Prüfungsaufgaben

Tipp

Bei der nachfolgenden Aufgabe handelt es sich um vertiefende Aufgaben, die sowohl Inhalte aus dem Bereich kaufmännisches Rechnen als auch der Betriebswirtschaftslehre miteinander verknüpft und somit Prüfungscharakter für Baden-Württemberg besitzen könnte.

1. *Die Metallwarenfabrik Brigitte Weber GmbH beabsichtigt ein neuartiges Klappscharnier in ihr Sortiment aufzunehmen. Sie ist sich allerdings noch nicht sicher, ob sie diese Klappscharniere selbst herstellen oder von einem slowenischen Unternehmen beziehen möchte. Zur Entscheidungsfindung stehen folgende Daten zur Verfügung:*

Eigenfertigung: Bei einer Eigenfertigung belaufen sich die Kosten für das Metall eines Scharniers auf 2,00 € pro Stück, sowie für benötigte Kunststoffteile auf 0,50 € pro Scharnier. Die fixen Kosten betragen bei Eigenfertigung 600,00 € pro Monat.

Fremdbezug: Die slowenische Firma ist bereit, das Scharnier für 6,50 € pro Stück zu liefern.

a) Entscheiden Sie rechnerisch, ob es für die Metallwarenfabrik Brigitte Weber wirtschaftlich sinnvoll ist, das Scharnier selbst zu fertigen, wenn von einem Monatsabsatz von 200 Scharnieren auszugehen ist.

b) Bei welcher Menge sind die Eigenfertigung und der Fremdbezug gleich teuer?

2. *Die Spedition W. & F. Schmitt GmbH, Mannheim, überlegt aufgrund gestiegener Nachfrage nach Lagerraum, ob sie eine Lagerhalle selbst bauen oder stattdessen lieber anmieten soll. Bei einem neuen, zweigeschossigen Lageranbau von 62,5 m · 30 m rechnet der Geschäftsführer Werner Schmitt mit 90 000,00 € fixen Kosten pro Jahr. Ein Inserat in der lokalen Zeitung eröffnet ihm darüber hinaus folgende Möglichkeit:*

a) Errechnen Sie die monatlichen Kosten, die bei einer Fremdlagerung entstehen, wenn das komplette EG sowie 40 % der ersten Etage angemietet würden.

b) Ermitteln Sie die zu zahlende durchschnittliche Miete je m².

c) Mit welchen monatlichen Kosten pro m² müsste die W. & E. Schmitt GmbH bei einer Eigenlagerung rechnen?

d) Errechnen Sie die günstigste Einlagerungsalternative, wenn wir von einem benötigten Lagerraum von 3 700 m^2 ausgehen und eine weitere Anmietung ausschließlich bei Mietung der gesamten Fläche – zu den angegebenen Konditionen möglich wäre.

e) Zu welcher Alternative würden Sie der Spedition W. & E. Schmitt GmbH raten?

> Lagerräume auf 3 Etagen, ca. 4 500 m^2, Etage je ca. 1 500 m^2, auch einzeln oder mit Teilflächen zu vermieten.
>
> **Lagerräume**
> **MA-Neckarau, Nähe Autobahn**
>
> EG: 2,00 €/m^2, 1. + 2. OG: 1,25 €/m^2
>
> Vorteil: Warenannahme vorhanden.
> Evtl. Lagerverwaltungsarbeiten können übernommen werden.
>
> Telefon von 08:00–16:00 Uhr:
> 0621 811875 Frau Werneth

3. Die Firma Lena Steiner KG ist ein mittelständisches Großhandelsunternehmen in Mannheim. Bei der Wirtschaftlichkeitsbetrachtung des eigenen Lagerbereichs wird geprüft, ob in Zukunft eine Auslagerung verschiedener Artikel an einen selbstständigen Lagerhalter sinnvoll ist.
Ermitteln Sie anhand der folgenden Lagerdaten den durchschnittlichen Lagerbestand an Metallteilen, bis zu dem eine Fremdlagerung kostengünstiger wäre.

Eigenes Unternehmen:

– gesamte monatliche fixe Kosten	*8 000,00 €*
– variable Lagerkosten je Metallteil	*0,50 €*

Fremdes Unternehmen:

– kompletter Lagerpreis bei Fremdlagerung pro Monat und Stück	*1,30 €*

12 Lagerkennziffern

Mit den verschiedenen **Kennziffern** versucht der Kaufmann, die Wirtschaftlichkeit des Lagerbereichs zu überprüfen. Dabei vergleicht man die aktuellen Werte entweder mit denen von Vorperioden oder mit den branchenüblichen Werten. Die zur Berechnung der **Lagerkennziffern** notwendigen Größen, wie z. B. der Warenbestand, werden dabei von der Buchführung zur Verfügung gestellt. Somit kann man die Buchführung quasi als Quelle der Lagerkennziffern begreifen.

LOP

BWP

Im vorliegenden Abschnitt geht es jedoch weniger um eine betriebswirtschaftliche Analyse zur Verbesserung der Kennzahlen als vielmehr um die Berechnung dieser Größen.

12.1 Ermittlung des Bestellzeitpunktes

Die Ermittlung des Bestellzeitpunktes hat die Aufgabe, die erforderlichen Gütermengen termingerecht zur Verfügung zu stellen. Der Bestellzeitpunkt ist dabei abhängig von

- der Lieferzeit,
- dem Verbrauch (Verkauf).

Damit es zu keinen Fehlmengen kommt, plant der Kaufmann zusätzlich eine *eiserne Reserve* (Mindestbestand, eiserner Bestand) ein.

Mindestbestand = der Bestand, der ständig auf Lager sein muss, um die Verkaufsbereitschaft (Betriebsbereitschaft) zu sichern. Er darf bei normalem Betriebsablauf nicht unterschritten werden.

Meldebestand = der Bestand, bei dessen Erreichen die Einkaufsabteilung informiert werden muss, damit sie neu bestellt. Der Meldebestand muss stets so hoch sein, dass die neue Ware eintrifft, bevor der Mindestbestand in Anspruch genommen wird.

Höchstbestand = maximaler Bestand, der auf Lager liegen darf bzw. kann.

Meldebestand = täglicher Verbrauch · Lieferzeit + Mindestbestand

Musteraufgabe

Bei welcher Menge muss das Lager die Einkaufsabteilung über die Beschaffung neuer Waren informieren, wenn folgende Größen gegeben sind:

- Lieferzeit 3 Tage
- täglicher Verbrauch 100 Stück
- Mindestbestand 200 Stück

Musterlösung

1. **grafische Lösung**

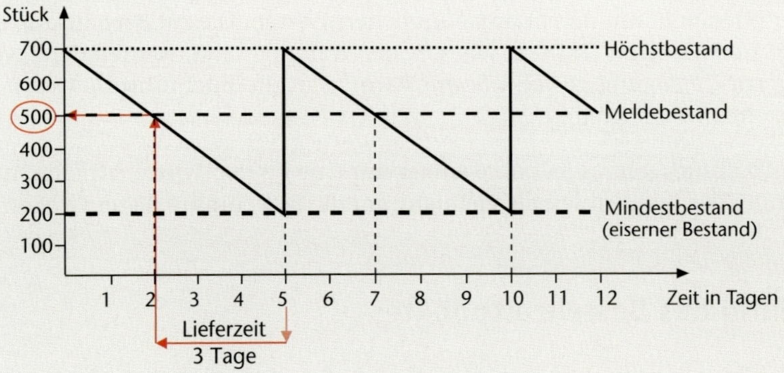

2. **mathematische Lösung**

Meldebestand = tägl. Verbrauch · Lieferzeit + Mindestbestand
Meldebestand = 100 Stück · 3 Tage + 200 Stück
Meldebestand = 500 Stück

Formelumstellungen

$$\text{täglicher Verbrauch} = \frac{\text{Meldebestand} - \text{Mindestbestand}}{\text{Lieferzeit}}$$

$$\text{Lieferzeit} = \frac{\text{Meldebestand} - \text{Mindestbestand}}{\text{tägl. Verbrauch}}$$

$$\text{Mindestbestand} = \text{Meldebestand} - (\text{täglicher Verbrauch} \cdot \text{Lieferzeit})$$

Musteraufgabe

Ermitteln Sie die zugrunde liegende Lieferzeit, wenn folgende Größen gegeben sind:

- Meldebestand 200 Stück
- Mindestbestand 80 Stück
- täglicher Verbrauch 15 Stück

Musterlösung

$$\text{Lieferzeit} = \frac{\text{Meldebestand} - \text{Mindestbestand}}{\text{täglicher Verbrauch}}$$

$$\text{Lieferzeit} = \frac{200\ \text{Stück} - 80\ \text{Stück}}{15\ \text{Stück}}$$

$$\text{Lieferzeit} = \frac{120\ \text{Stück}}{15\ \text{Stück}}$$

$$\text{Lieferzeit} = \underline{\underline{8\ \text{Tage}}}$$

12.2 Der durchschnittliche Lagerbestand

Der durchschnittliche Lagerbestand (Ø-LB) gibt diejenige Menge bzw. den Wert an Waren (Vorräten) an, die durchschnittlich am Lager sind. Man kann den Ø-LB somit als Mittelwert bezeichnen. Zur Errechnung verwendet man je nach dem zugrunde liegenden Betrachtungszeitraum unterschiedliche Formeln.

1. Jahresformeln

$$\text{Ø-LB} = \frac{\text{Jahres-AB} + \text{Jahres-EB}}{2}$$

$$\text{Ø-LB} = \frac{\text{Jahres-AB} + 4\ \text{Quartals-EB}}{5}$$

$$\text{Ø-LB} = \frac{\text{Jahres-AB} + 12\ \text{Monats-EB}}{13}$$

2. Quartalsformeln

$$\text{Ø-LB} = \frac{\text{Quartals-AB} + \text{Quartals-EB}}{2}$$

$$\text{Ø-LB} = \frac{\text{Quartals-AB} + 3\ \text{Monats-EB}}{4}$$

Aufgabe:

Erstellen Sie die verschiedenen Formeln zur Ermittlung des Ø-LB, wenn als Betrachtungsraum 1/2 bzw. 3/4 Jahr zu berücksichtigen sind.

Besonderheiten:

1. Wird der gesamte Jahresbedarf zu Beginn des Jahres beschafft, so berechnet sich der Ø-Lagerbestand häufig wie folgt:

$$\text{Ø-LB} = \frac{\text{Materialverbrauch (Wareneinsatz)}}{2} + \text{Mindestbestand}$$

2. Wird ein täglich konstanter Verbrauch bei gleichbleibenden Bestellungen unterstellt, wird häufig folgende vereinfachte Formel angewandt:

$$\text{Ø-LB} = \frac{\text{Bestellmenge}}{2} + \text{Mindestbestand}$$

Musteraufgabe

Ermitteln Sie aus der Lagerbestandsdatei der Firma Müller & Co. den durchschnittlichen Lagerbestand für Brausegarnituren auf der Basis von:

a) Jahres-AB und Jahres-EB
b) Monatsbeständen

LAGERBESTÄNDE
ARTIKEL: Brausegarnituren

Datum:	Bestand:	Datum:	Bestand:
AB	36	31.07.	62
31.01.	59	31.08.	56
28.02.	42	30.09.	30
31.03.	56	31.10.	47
30.04.	39	30.11.	34
31.05.	47	31.12.	42
30.06.	35		

Musterlösung

a) $Ø\text{-LB} = \frac{\text{Jahres-AB} + \text{Jahres-EB}}{2}$

$Ø\text{-LB} = \frac{36 + 42}{2} = \frac{78}{2} = \underline{\underline{39}}$

b) $Ø\text{-LB} = \frac{\text{Jahres-AB} + 12 \text{ Monats-EB}}{13}$

$Ø\text{-LB} = \frac{36 + 59 + 42 + \ldots + 47 + 34 + 42}{13}$

$Ø\text{-LB} = \frac{585}{13} = \underline{\underline{45}}$

Merke

Das Ergebnis wird umso genauer, je mehr Bestände in der Rechnung berücksichtigt werden.

12.3 Die Umschlagshäufigkeit

Die Umschlagshäufigkeit (UH) gibt darüber Auskunft, wie oft sich der durchschnittliche Lagerbestand während des Betrachtungszeitraumes umgeschlagen hat. Je größer die Umschlagshäufigkeit ist, desto geringer sind die Lagerrisiken, der Kapitaleinsatz und die Lagerkosten und umso größer ist die Rentabilität. Aus diesem Grunde gebührt dieser Messziffer besondere Beachtung.

$$\text{Umschlagshäufigkeit} = \frac{\text{Wareneinsatz}}{\text{durchschnittlicher Lagerbestand}}$$

Zur Berechnung der Umschlagshäufigkeit benötigt man somit neben dem durchschnittlichen Lagerbestand den „Wareneinsatz", d. h. den Wert der verkauften Waren zu Einstandspreisen.

Ist der Wareneinsatz nicht angegeben, errechnet er sich wie folgt:

	Anfangsbestand
+	Zugänge
–	Endbestand
=	Wareneinsatz

Die Umschlagshäufigkeit kann sowohl auf mengen- als auch auf wertmäßiger Basis ermittelt werden.

Musteraufgabe

Im vorangegangenen Beispiel betrug der durchschnittliche Lagerbestand 45 Stück. Wie hoch ist die Umschlagshäufigkeit, wenn die Zugänge während des Betrachtungszeitraumes 411 Stück betrugen?

Musterlösung

1. Ermittlung des Wareneinsatzes

	AB	36 Stück
+	Zugänge	411 Stück
–	EB	42 Stück
=	Wareneinsatz	405 Stück

2. Berechnung der Umschlagshäufigkeit

$$UH = \frac{\text{Wareneinsatz}}{\text{durchschnittlicher Lagerbestand}} = \frac{405}{45} = \underline{\underline{9}}$$

12.4 Die durchschnittliche Lagerdauer

Die durchschnittliche Lagerdauer (Ø-LD) gibt an, wie lange der Kaufmann die Ware während des Betrachtungszeitraumes im Durchschnitt vom Eingang bis zum Verkauf am Lager hatte.

$$\text{Ø-Lagerdauer} = \frac{\text{Betrachtungszeitraum in Tagen}}{\text{Umschlagshäufigkeit}}$$

Je nach dem Betrachtungszeitraum ergeben sich folgende Formeln zur Errechnung der Ø-Lagerdauer:

Betrachtungszeitraum	Formel
1 Jahr	$\text{Ø-LD} = \frac{360}{UH}$
1/2 Jahr	$\text{Ø-LD} = \frac{180}{UH}$
1 Quartal	$\text{Ø-LD} = \frac{90}{UH}$
3 Quartale	$\text{Ø-LD} = \frac{270}{UH}$

Beachte: Je größer die Umschlagshäufigkeit, desto geringer ist die Lagerdauer und umso geringer sind die Lagerkosten.

Musteraufgabe

Ermitteln Sie die Ø-Lagerdauer für die Brausegarnituren der Firma Müller & Co., wenn als Betrachtungszeitraum ein Jahr veranschlagt wird.

Musterlösung

$$\text{Ø-Lagerdauer} = \frac{360}{UH} = \frac{360}{9} = \underline{\underline{\text{40 Tage}}}$$

12.5 Der Lagerzinssatz

Der Lagerzinssatz gibt denjenigen Prozentsatz an, mit dem unsere Ware zusätzlich zu belasten ist, um den Zinsverlust, der durch die Bindung des Kapitals in unseren Waren entsteht, auszugleichen.

$$\text{Lagerzinssatz} = \frac{\text{Jahreszinsfuß} \cdot \text{Ø-Lagerdauer}}{360}$$

Musteraufgabe

Die Ø-Lagerdauer für Brausegarnituren beträgt wie bereits errechnet 40 Tage; der bankübliche Zinssatz ist 9%.

Wie hoch ist in vorliegendem Fall der Ø-Lagerzinssatz?

Musterlösung

$$\text{Ø-Lagerzinssatz} = \frac{\text{Jahreszinsfuß} \cdot \text{Ø-Lagerdauer}}{360}$$

$$\text{Ø-Lagerzinssatz} = \frac{9 \cdot 40}{360}$$

$$\text{Ø-Lagerzinssatz} = \underline{\underline{1\,\%}}$$

Beachte: Je geringer die Ø-Lagerdauer, desto geringer ist der Lagerzinssatz.

12.6 Die Lagerzinsen

Die Lagerzinsen geben die Zinsen für das im Lager gebundene Kapital an. Als Berechnungsgrundlagen benötigt man dabei sowohl den wertmäßigen Ø-Lagerbestand als auch die Ø-Lagerdauer.

Die Lagerzinsen lassen sich nun in Anlehnung an die allgemeine Zinsformel (K · i · p-Formel) unter Beachtung folgender Zusammenhänge

Definition

K (Kapital) = Ø-Lagerbestand
i (Zeit) = Ø-Lagerdauer

wie folgt ermitteln:

$$\text{Lagerzinsen} = \frac{\text{Ø-Lagerbestand} \cdot \text{Ø-Lagerdauer} \cdot p}{100 \cdot 360}$$

oder

$$\text{Lagerzinsen} = \frac{\text{Ø-Lagerbestand}}{100} \cdot \text{Lagerzinssatz}$$

Musteraufgabe

Berechnen Sie die Lagerzinsen der Artikelgruppe 006, für die ein Ø-Lagerbestand von 120 000,00 € und eine Ø-Lagerdauer von 36 Tagen ermittelt wurde. Der banküblich Zinssatz beträgt 10 %.

Musterlösung

$$\text{Lagerzinsen} = \frac{\text{Ø-Lagerbestand} \cdot \text{Ø-Lagerdauer} \cdot p}{100 \cdot 360}$$

$$\text{Lagerzinsen} = \frac{120\,000 \cdot 36 \cdot 10}{100 \cdot 360}$$

$$\text{Lagerzinsen} = \underline{\underline{1\,200{,}00\ €}}$$

12.7 Die durchschnittliche Lagerreichweite (Bestandsreichweite)

Die Lagerreichweite gibt an, wie viele Betrachtungsperioden (u. U. Tage, Wochen, Monate usw.) der durchschnittliche Lagerbestand zur Befriedigung der Abgänge reicht.

$$\text{Lagerreichweite in Perioden} = \frac{\text{Ø-LB}}{\text{Bedarf pro Zeiteinheit}}$$

Musteraufgabe

Im Lager der Firma Müller & Co. befinden sich, wie bereits berechnet, im Durchschnitt 45 Brausegarnituren.

Wie viele Tage reicht der durchschnittliche Lagerbestand, wenn aufgrund der Absatzplanung ein Bedarf von 5 Stück pro Tag unterstellt wird?

Musterlösung

$$\text{Lagerreichweite in Tagen} = \frac{\text{Ø-LB}}{\text{Bedarf pro Zeiteinheit}}$$

$$\text{Lagerreichweite in Tagen} = \frac{45}{5}$$

$$\text{Lagerreichweite in Tagen} = \underline{\underline{9\ \text{Tage}}}$$

12.8 Weitere Lagerkennziffern

12.8.1 Lagerkostensatz

Der Lagerkostensatz zeigt den prozentualen Anteil der Lagerkosten am durchschnittlichen Lagerbestand an.

$$\text{Lagerkostensatz} = \frac{\text{Lagerkosten} \cdot 100}{\text{Ø-LB}}$$

12.8.2 Durchschnittliche Lagerplatzkosten

Die durchschnittlichen Lagerplatzkosten geben den Preis pro Lagerplatz an. Dieser Preis darf langfristig nicht unterschritten werden, da sonst die Kosten größer als die Erträge sind = langfristige Preisuntergrenze pro Lagerplatz.

$$\text{Ø-Lagerplatzkosten} = \frac{\text{Gesamtkosten des Lagers}}{\text{Anzahl der Lagerplätze}}$$

Übungsaufgaben

1. *Mario Früh war im Zuge seiner Ausbildung beim Warenhaus Ringkauf unter anderem auch für die Bestandsüberwachung der verschiedenen Produkte zuständig.*

   a) Zunächst wurde er zur Überprüfung seiner Kenntnisse von seinem Vorgesetzten aufgefordert, die fehlenden Werte in nachfolgender Tabelle zu ermitteln.

Aufgaben	a)	b)	c)
täglicher Verbrauch	600 Stück	300 Stück	?
Lieferzeit	8 Tage	12 Tage	15 Tage
Mindestbestand	5 000 Stück	?	3 000 Stück
Meldebestand	?	6 400 Stück	6 000 Stück

   b) Des Weiteren soll er den Meldebestand des Waschmittels „Sauber" errechnen. Hierfür lagen ihm folgende Informationen vor:
   - *Das Warenhaus verkauft täglich durchschnittlich 50 Pakete.*
   - *Der eiserne Bestand wird aus Erfahrungsgründen auf 150 Pakete festgesetzt.*
   - *Die Lieferzeit beträgt 8 Tage.*

   c) Schließlich soll er die Bestellmenge für das Waschmittel „Sauber" ermitteln, wenn die Lagerkapazität 1 200 Pakete beträgt.

2. *Für Artikel Nr. 1765 „Holzschrauben" liegen uns aus der Lagerbuchführung und der Inventur folgende Daten vor:*

Jahresanfangsbestand	*750,00 €*
Summe der 12 Monatsendbestände	*14 200,00 €*
Zugänge während des Jahres	*7 150,00 €*
Jahresendbestand	*1 000,00 €*

   Ermitteln Sie aufgrund dieser Daten:
   a) Ø-Lagerbestand bei Anwendung der Monatsformel,
   b) Umschlagshäufigkeit,
   c) Ø-Lagerdauer.

3. *Angenommen, in Ihrem Betrieb ergeben sich folgende Zahlen für den Bereich „Duschkabinen":*

Jahresanfangsbestand	*260 000,00 €*
Zugänge	*650 000,00 €*
Jahresendbestand	*75 000,00 €*

Berechnen Sie folgende Kennziffern:
a) Umschlagshäufigkeit (auf ganze Zahl runden),
b) Ø-Lagerdauer,
c) Lagerzinssatz (banküblicher Zinssatz 10 %).

4. *Aufgrund eines Branchenvergleiches müsste sich für die Fotogroßhandlung Maurer im Sortimentsbereich „Filme" eine durchschnittliche Lagerdauer von 30 Tagen ergeben. Herr Maurer beauftragt daraufhin seinen Assistenten, aus den eigenen Betriebszahlen (Ø-Lagerbestand = 99 000,00 €, Wareneinsatz = 1 980 000,00 €) folgende Lagerkennziffern zu ermitteln:*
a) Umschlagshäufigkeit,
b) Ø-Lagerdauer,
c) Lagerzinssatz (Zinsfuß = 10 %),
d) Zinsbelastung durch das im Lager „Filme" gebundene Kapital.

5. *Bei der Firma Heinz Schulze wird der Lagerbestand überprüft. Hierfür stellt die Lagerverwaltung für das 1. Quartal folgende Unterlagen zur Verfügung:*

Endbestand 31.12.2006	*12 730,00 €*
Endbestand 31.01.2007	*14 220,00 €*
Endbestand 28.02.2007	*15 350,00 €*
Endbestand 31.03.2007	*13 700,00 €*

Der Materialeinsatz betrug im betrachteten Zeitraum 50 000,00 €.

a) Ermitteln Sie die Ø-Lagerdauer. (UH auf 1 Stelle nach dem Komma runden)
b) Ermitteln Sie den Lagerzinssatz, wenn der bankübliche Zinsfuß 8 % beträgt.
c) Errechnen Sie den neuen Meldebestand, wenn die Lagerfachkarte für Artikel Nr. 1254 „Wandhalterungen" folgende Größen aufweist:

– tägl. Verbrauch	*15 Stück*
– Lieferzeit	*3 Tage*
– interne Bearbeitungszeit	*2 Tage*
– Mindestbestand	*20 Stück*

6. *Die Lagerkartei einer Ware weist folgende Zahlen auf:*

Anfangsbestand	*10 000 Stück*	=	*20 000,00 €*
Zugänge	*100 000 Stück*	=	*200 000,00 €*
Wareneinsatz (Abgänge)	*90 000 Stück*	=	*180 000,00 €*

a) Wie hoch ist der Endbestand in Stück.
b) Ermitteln Sie den Ø-Lagerbestand in Euro und Stück,
c) Errechnen Sie die Umschlagshäufigkeit.
d) Wie viel Euro betragen die Lagerzinsen, wenn der bankübliche Zinssatz 8 1/2 % beträgt?

7. *Die Einkaufsabteilung der Metallwerke Bauer KG erhält vom Lager folgende Meldung: „Am 3. Mai 20.. war der Lagerbestand an Kupferdraht 1,5 mm, Art. Nr. 50/08, aufgebraucht, sodass die Fertigung der dringend benötigten Wicklungen gestoppt werden musste."*
Die Einkaufsabteilung überprüft daraufhin die Möglichkeit, eine solche Störung des Fertigungsablaufes in Zukunft zu vermeiden. Als Unterlage dient dabei die folgende Lagerfachkarte:

Lager: 2		Lagerfachkarte			Karte Nr. 14	
Artikel:		Kupferdraht			Mindestbestand:	120 m
Art. Nr.:		50/08			Meldebestand:	360 m
Einheit:		lfd. Meter			Tagesverbrauch:	12 m
Datum	Text	Beleg		Zugang	Abgang	Bestand
02.01.	Bestand					780
05.01.	Entnahme	ME	7		160	620
18.01.	Entnahme	ME	9		260	360
07.02.	Lieferschein	L	159	500		860
08.02.	Entnahme	ME	19		280	580
04.04.	Entnahme	ME	43		220	360
28.04.	Entnahme	ME	59		360	–

a) Ermitteln Sie aus dem Kopf der Lagerfachkarte die zugrunde gelegte Lieferzeit.
b) Errechnen Sie für den Zeitraum 01.01.–31.03. die Ø-Lagerdauer.
(UH auf 1 Stelle nach dem Komma runden.)

8. *Die Geschäftsführung der Motorenwerke Weinheim GmbH lässt den Lagerumschlag des Handelswarenlagers für das 4. Quartal überprüfen. Dem Sachbearbeiter Müller stehen folgende Daten zur Verfügung:*

Endbestände der Warengruppe 7:

30.09.	*13 000,00 €*
31.10.	*12 500,00 €*
30.11.	*13 300,00 €*
31.12.	*11 200,00 €*
Einkäufe im 4. Quartal	*85 700,00 €*

a) Berechnen Sie den durchschnittlichen Lagerbestand.
b) Ermitteln Sie die Umschlagshäufigkeit des Warenlagers.
c) Wie lang ist die durchschnittliche Lagerdauer?
d) Wie hoch ist der Lagerzinssatz, wenn der bankübliche Zinsfuß 9 1/4 % beträgt?
e) Ermitteln Sie den Meldebestand der Warengruppe „Querstecker“, wenn die Motorenwerke mit einem Mindestbestand von 20 Stück rechnen, täglich 5 Stück verkauft werden und die Lieferzeit in der Regel 12 Tage beträgt.

9. *Ketteler & Co. KG, ein mittelständischer Hersteller von Gartenmöbeln, verzeichnete im vergangenen Jahr stetig steigende Umsätze. Die Gewinnentwicklung verlief jedoch äußerst unbefriedigend. Bei der Ursachenforschung wurde auch der Beschaffungsbereich durchleuchtet.*

Daten des vergangenen Jahres:

Lagerbestände – Balkonmöbel

	AB 28 000,00 €		
Januar	*EB 24 000,00 €*	*Juli*	*EB 19 300,00 €*
Februar	*EB 29 400,00 €*	*August*	*EB 43 700,00 €*
März	*EB 38 100,00 €*	*September*	*EB 28 000,00 €*
April	*EB 40 200,00 €*	*Oktober*	*EB 5 900,00 €*
Mai	*EB 13 800,00 €*	*November*	*EB 42 900,00 €*
Juni	*EB 20 900,00 €*	*Dezember*	*EB 29 800,00 €*

- *der Wareneinsatz betrug 100 800,00 €.*
- *im letzten Jahr wurde an 235 Tagen gearbeitet.*

a) Ermitteln Sie den durchschnittlichen Lagerbestand.
b) Errechnen Sie die Umschlagshäufigkeit.
c) Berechnen Sie die durchschnittliche Lagerdauer.
d) Ermitteln Sie den durchschnittlichen Tagesverbrauch.

10. Die Maschinenfabrik Wolfgang Unger, Bruchsal, ist ein mittelständisches Unternehmen, das Elektromotoren herstellt.
Von Fremdbezugsteil 319 sind am Ende des 40. Arbeitstages (erster Arbeitstag im März) noch 1 320 Stück am Lager. Der durchschnittliche Bedarf beträgt pro Arbeitstag 90 Stück.
Weitere Angaben:
a) Mindestbestand 240 Stück
b) Lieferzeit 8 Werktage ab Bestellung
c) optimale Bestellmenge 1260 Stück
Planen Sie mithilfe des nachfolgenden Kalenders die Bestelltermine für den Monat März 20..

März 20..

KT = Kalendertag **AT** = Arbeitstag (Werktag)

KT	1	2	3	4	5	6	7	8	9	10
AT	40	41	42	43	44	★	★	45	46	47
KT	11	12	13	14	15	16	17	18	19	20
AT	48	49	★	★	50	51	52	53	54	★
KT	21	22	23	24	25	26	27	28	29	30
AT	★	55	56	57	58	59	★	★	60	61
KT	31									
AT	62									

★ = Samstage bzw. Sonntage

a) Ermitteln Sie den Meldebestand.
b) Berechnen Sie den 1. Bestelltermin.
c) Errechnen Sie, wie lange eine Lieferung hält.
d) Berechnen Sie nun den 2. Bestelltermin im März.

11. Die Filiale eines Großhändlers schlägt ihren durchschnittlichen Lagerbestand im Jahr achtmal um. Sie kalkuliert mit einem Lagerzinssatz von 1,2 %, der genau 5 000,00 € Lagerzinsen entspricht.
a) Berechnen Sie die durchschnittliche Lagerdauer.
b) Welchen aktuellen banküblichen Zinssatz hat die Filiale ihren Berechnungen zugrunde gelegt?
c) Welchen durchschnittlichen Lagerbestand weist die Filiale auf?

12. Beim Großhändler Karl Wolf, Mannheim, weist die Lagerfachkarte für den Artikel 2108 „Keilriemenscheiben" für das vergangene Geschäftsjahr folgende Zahlen aus:

Anfangsbestand:	*40 000 Stück*
Zugänge:	*370 000 Stück*
Endbestand:	*50 000 Stück*

a) Berechnen Sie die durchschnittliche Lagerdauer für den Artikel „Keilriemenscheiben".
b) Der bankübliche Zinssatz für kurzfristige Kredite beträgt zz. 12 %, der Bareinkaufspreis je Keilriemenscheibe 12,00 €.
   1. Errechnen Sie den Lagerzinssatz.
   2. Wie viel Euro beträgt der jährliche Zinsaufwand für das durchschnittlich in Keilriemenscheiben gebundene Kapital?

13. *Die Metallwerke AG, Dortmund, legte den eisernen Bestand (Mindestbestand) für einen Rohstoff auf 400 Tonnen fest. Im Durchschnitt gehen von diesem Rohstoff pro Arbeitswoche (= 5 Arbeitstage) 175 Tonnen in die Produktion ein.*
Wie viel Tonnen beträgt der Meldebestand, wenn für die Lieferzeit des Rohstoffs 6 Tage veranschlagt werden und unsere Einkaufsabteilung für die Bearbeitung der Bestellung 3 Tage benötigt?

BWP

14. *Die vorliegende Aufgabe ist als Bindeglied zwischen der* ***Buchhaltung*** *und dem kaufmännischen Rechnen zu verstehen, zeigt sie doch, dass die Buchführung als Quelle der Lagerkennziffern begriffen werden muss.*

Die Eröffnungs- und Schlussbilanz des Großhandelsbetriebes Kajmer & Co. weist für 20.. folgende Werte auf:

Aktiva	Eröffnungsbilanz 20..		Passiva
Gebäude	500 000,00	Eigenkapital	832 500,00
Fuhrpark	200 000,00	Darlehen	450 000,00
Waren	850 000,00	Verbindlichkeiten	350 000,00
Forderungen	20 000,00		
Bank	50 000,00		
Kasse	12 500,00		
	1 632 500,00		1 632 500,00

Aktiva	Schlussbilanz 20..		Passiva
Gebäude	500 000,00	Eigenkapital	?
Fuhrpark	150 000,00	Darlehen	430 000,00
Waren	600 000,00	Verbindlichkeiten	300 000,00
Forderungen	15 000,00		
Bank	45 000,00		
Kasse	9 500,00		
	1 319 500,00		1 319 500,00

Die quartalsmäßig durchgeführten Zwischeninventuren der Warenbestände lieferten folgende Werte:
- *31.03.20..* *675 000,00 €*
- *30.06.20..* *725 000,00 €*
- *30.09.20..* *650 000,00 €*

Der Wareneinsatz (zu Einstandspreisen) betrug während des Betrachtungszeitraumes 3 150 000,00 €.

Errechnen Sie aus den vorliegenden Angaben:
a) den durchschnittlichen Lagerbestand,
b) die Umschlagshäufigkeit,
c) die durchschnittliche Lagerdauer,
d) den Lagerzinssatz bei einem Jahreszinsfuß von 9 %.

15. *Sie sind Mitarbeiter/-in der Automobilzubehörgroßhandlung Bauer & Co. und erhalten auf Ihrem Bildschirm bezüglich der Artikel-Nr. 30-154-07 den nachfolgend abgebildeten Ausdruck.*

Ihr Chef möchte von Ihnen zum Artikel „Kolben", Artikel-Nr. 30-154-07, folgende Informationen:

a) Wie viel Stück werden täglich verbraucht (verkauft)?
b) Wie viel Stück betragen die Abgänge im 4. Quartal?

Des Weiteren sollen Sie folgende Lagerkennziffern ermitteln:

c) den durchschnittlichen Lagerbestand bei quartalsmäßiger Inventur,
d) den Wareneinsatz,
e) die Lagerdauer (UH auf ganze Zahl kfm. runden),
f) den Lagerzinssatz, wenn der bankübliche Zinsfuß 9 % beträgt,
g) die Lagerzinsen, wenn von einem Einstandspreis von 40,00 € pro Stück ausgegangen werden kann.

Lagerfachkarte

Lager 3 — Lagerort 04

Artikel:	Kolben	Mindestbestand:	154 Stück
Art.Nr.:	30-154-07	Meldebestand:	440 Stück
Einheit:	Stück	Lieferzeit:	13 Tage

Datum	Text	Zugänge/Stück während des Quartals	Abgänge/Stück während des Quartals	Bestand in Stück
01.01.20..	Bestand			600
31.03.20..		1050	1280	
30.06.20..		1000	900	
30.09.20..		1050	1300	
31.12.20..		1000	?	
01.01.20..	Bestand			260

16. *Als Mitarbeiter/-in der Heizungsbau GmbH, Nürnberg, sind Sie damit betraut, die Bestände der verwendeten Rohstoffe zu überprüfen und Neubestellungen zu veranlassen. Den Blechen, einem für das Unternehmen wichtigen Rohstoff, gilt dabei Ihr besonderes Interesse.*

Bestandsführungskarte

Lager 2 — Lagerort 06

Artikel:	Stahlblech	Sicherheitsreserve:	5 Tage
Art.Nr.:	1.107.113	durchschn. tägl. Verbrauch:	150 m²
Einheit:	m²	Höchstbestand:	6000 m²
		Lieferzeit:	8 Tage

Datum	Zugang	Abgang	Bestand	Lieferant
11.05.20..	?			Berger & Co., Münster

Beantworten Sie nun aufgrund des vorliegenden Bildschirmausdrucks folgende Fragen:

a) Wie viele m² beträgt der eiserne Bestand (Mindestbestand) an Blechen?
b) Bei welcher Menge soll eine neue Bestellung ausgelöst werden?

c) Wie viele m^2 Bleche können normalerweise bestellt werden?
d) Die letzte Lieferung an Blechen erfolgte am Mittwoch, dem 11. Mai 20.. durch den Lieferanten Berger & Co., Münster.
An welchem Kalendertag muss die nächste Lieferung bestellt werden, wenn die Heizungsbau GmbH an fünf Tagen in der Woche arbeitet?
e) Ermitteln Sie, wie viele Arbeitstage die Zeitspanne zwischen zwei Bestellterminen beträgt.

17. Die Türenfabrik Schult-Linkholt GmbH, Mannheim, hat sich auf die Herstellung von Wohnungstüren spezialisiert. Um die Produktion sicherzustellen muss ständig eine bestimmte Menge an Scharnieren und Verbindungselementen vorrätig sein.
Für das Scharnier Nr. 0175 gelten folgende Lagerdaten:

Höchstbestand:	115 Stück
Mindestbestand:	dreifacher Tagesbedarf
Bestellmenge:	100 Stück
Tagesbedarf:	5 Stück

a) Berechnen Sie den Meldebestand, wenn die Lieferzeit bei telefonischer Bestellung drei Tage dauert.
b) Nach wie vielen Tagen muss bei unveränderten Bedingungen spätestens erneut bestellt werden?

Im vergangenen Jahr ergaben sich für das Scharnier 0175 folgende Lagerdaten:

Bestand am 01.01.20..	40 Stück
Bestand am 31.12.20..	70 Stück
Zugänge während des Jahres	1 680 Stück
Einstandspreis je Stück	1,25 €

c) Berechnen Sie den durchschnittlichen Lagerbestand in Stück und Euro.
d) Ermitteln Sie die durchschnittliche Lagerdauer für Teil Nr. 0175.
e) Berechnen Sie die durchschnittliche Lagerreichweite.

18. Sie sind zurzeit beim Baumarkt Sven Ohlsen GmbH in Kiel beschäftigt. Bei einem Rundgang durch das Lager stellen Sie fest, dass eines ihrer Produkte völlig eingestaubt ist. Aus diesem Grund schauen Sie sich die Lagerbestandskarte für diesen Artikel im System genauer an.

Baumarkt Sven Ohlsen GmbH

Lagerkarte

Artikel:	Rohrmanschette	Mindestlagerbestand:	5 Stück
Artikelnummer:	0108	Lieferzeit:	8 Tage
Lagerort:	C 11 06	Einstandspreis/Stück:	87,50 €
		Meldebestand:	10 Stück

Datum	Zugang in Stück	Abgang in Stück	Bestand in Stück	Entnommen von:
01.01.			25	
27.05		15	10	Münster
06.06.	40		50	
23.11.		7	43	Münster
02.12.		13	30	Zimmermann
31.12.			30	

1. *Ermitteln Sie die durchschnittliche Lagerdauer, wenn beim Baumarkt Sven Ohlsen Halbjahresinventur durchgeführt wird.*
2. *Stellen Sie den Lagerbestand des Artikels „Rohrmanschette" in folgendem Diagramm, in dem die Monatsendbestände zu erfassen sind, grafisch dar.*

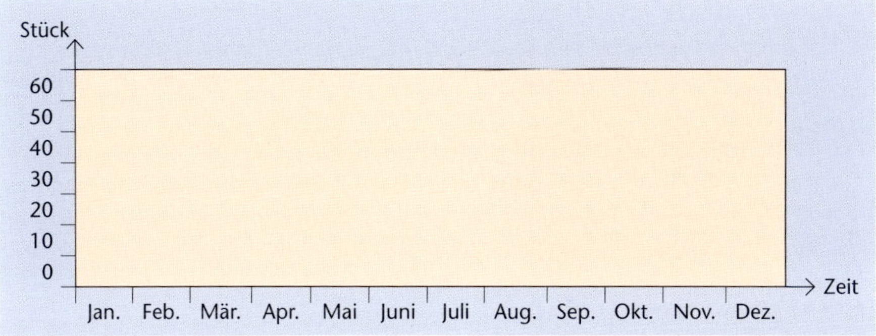

3. *Begründen Sie in einer kurzen Stellungnahme, welches Bestellverfahren für den Artikel „Rohrmanschette" besser geeignet wäre.*

Prüfungsaufgaben

Tipp

Bei den nachfolgenden beiden Aufgaben handelt es sich um Aufgaben, die sowohl Inhalte der Gesamtwirtschaft als auch Rechen- und Buchführungsinhalte miteinander verknüpfen und somit Prüfungscharakter besitzen.

1. *Die Mannheimer Maschinenfabrik Andreas Eberle GmbH braucht für Fertigprodukte, die auf Euro-Paletten gepackt werden, zusätzlichen Lagerraum. Die Spedition Leuck OHG bietet Lagermöglichkeiten zum Preis von 0,20 € je m³ und Tag an.*
Die Errichtung eines eigenen Lagers mit maximal 250 m² Fläche und 4,00 m Höhe würde nach eigenen Berechnungen monatliche Kosten für Abschreibung, Personal, Strom etc. von rund 7 000,00 € verursachen. Die durchschnittliche Lagermenge wird mit 980 m³ angenommen; jeder Monat wird mit 30 Tagen gerechnet.
a) *Ermitteln Sie, wie viel Euro für einen m³ im Monat an die Spedition zu zahlen sind.*
b) *Wie hoch sind demnach die an die Spedition zu überweisenden durchschnittlichen Kosten pro Monat?*
c) *Bei wie viel m³ verursachen das Eigenlager und das Fremdlager die gleichen Kosten?*
d) *Begründen Sie, für welche Lagermöglichkeit sich die Maschinenfabrik Andreas Eberle GmbH entscheiden wird.*
e) *Ab dem 01.03.20.. verlangt die Spedition Leuck OHG 0,05 € je m³ und Tag mehr. Beurteilen Sie, ob sich dies auf die unter d) getroffene Entscheidung auswirkt.*

Die Lagerbuchhaltung der Maschinenfabrik Andreas Eberle GmbH liefert für das Einbauteil 0115 für die ersten 9 Monate folgende Zahlen:

Bestand am 31.12. des vergangenen Jahres	*856 Stück*
Bestand am 31.03. dieses Jahres	*2 411 Stück*
Bestand am 30.06. dieses Jahres	*793 Stück*
Bestand am 30.09. dieses Jahres	*3 828 Stück*

Der Verbrauch betrug lt. Materialentnahmescheinen in den ersten neun Monaten 6 902 Stück.

f) Berechnen Sie den durchschnittlichen Lagerbestand.
g) Berechnen Sie die Umschlagshäufigkeit. (1 Stelle nach dem Komma)
h) Wie viel Tage beträgt die durchschnittliche Lagerdauer?

Die hohen Lagerkosten im Teilebereich der Maschinenfabrik Andreas Eberle GmbH wurden beanstandet. Nun sollen Sie überprüfen, ob bzw. wie sich diese Kosten senken lassen.

i) Schlagen Sie eine Maßnahme zur Verkürzung der durchschnittlichen Lagerdauer vor.
j) Wie würden sich die vorgeschlagenen Maßnahmen auf das Lagerrisiko auswirken?

Eine Verkürzung der Lagerdauer würde auch zu einer Senkung der Lagerzinsen führen.

k) Welche Lagerkennziffern werden für die Ermittlung der Lagerzinsen benötigt?
l) Welche der für die Berechnung erforderliche Größe kann die Lagerbuchhaltung nicht liefern?

2. *Bei der Stahlhandelsgesellschaft A. & K. Wolf GmbH, Dortmund, ist man zurzeit dabei, die Lagerhaltung zu überprüfen und wenn möglich zu verbessern. Hierbei gilt das Augenmerk vor allem dem zum Jahresbeginn neu geschaffenen Bereich „Weißbleche". Als verantwortungsbewusster Mitarbeiter/-in erhalten Sie von Ihrem Vorgesetzten am Jahresende den Auftrag, den neu geschaffenen Bereich zu überprüfen. Hierzu liegt Ihnen nachfolgender Auszug (siehe Anlage, S. 135) aus der Lagerdatei vor.*

a) Errechnen Sie den Endbestand an Weißblech in kg.
b) Ermitteln Sie den durchschnittlichen Lagerbestand in kg unter Verwendung der Quartalsformel.
c) Darüber hinaus errechnen Sie folgende Lagerdaten:
   - *den Wareneinsatz in kg,*
   - *die Umschlagshäufigkeit,*
   - *die durchschnittliche Lagerdauer.*

Tipp

Tage werden bei der Lagerdauer grundsätzlich aufgerundet.

d) Im Branchendurchschnitt betrug die durchschnittliche Lagerdauer 8 Tage. Erläutern Sie zwei Faktoren, die die Abweichung gegenüber dem Branchendurchschnitt verursacht haben könnten.
e) Beschreiben Sie, wie sich die erhöhte Lagerdauer auf die Wirtschaftlichkeit der Lagerhaltung auswirkt. (2 Angaben)
f) Errechnen Sie den durchschnittlichen Einkaufspreis pro Einheit. (Siehe Anlage)
g) Ermitteln Sie den Wert des Teilelagers Weißbleche am 31.12.2008, wenn eine Bewertung des Weißbleches zu dem unter f) ermittelten Durchschnittswert erfolgt.

Sollten Sie zu keinem Durchschnittswert und Endbestand gelangt sein, nehmen Sie einen Durchschnittswert von 4,50 € je kg sowie einen Endbestand von 1200 kg an.

h) Welchen Betrag hätte Ihr Unternehmen sparen können, wenn die gesamte Jahresmenge auf einmal und zwar am 03. Januar auf Ziel eingekauft worden wäre?
i) Geben Sie zwei Gründe an, die dagegen sprechen, die gesamte Jahresmenge auf einmal einzukaufen?

j) Verbuchen Sie unter Angabe der Kontennummern:
1. Den Wareneinkauf der 8 000 kg Weißbleche am 3. Januar unter Berücksichtigung der geltenden Umsatzsteuer.
2. Die Bezahlung der Rechnung am 3. Februar durch Banküberweisung.

Anlage

Auszug aus der Lagerdatei					
Artikelnummer	Bezeichnung	Einkaufscode	Teileart: Rohstoff		
221000	Weißblech	kg	Nebenlager B 12		
Lieferer:	Stahlwerke L. Matt AG				
Zahlungsbedingungen:	8 Tage 2,5 % Skonto; 30 Tage rein netto				
Bestellverfahren:	Bestellrhythmusverfahren				
Liefertermine:	am 3. Tag eines jeden Quartals				
Jahr: 2008	Zugänge in kg	EK pro kg in €	Abgänge in kg	Bestand in kg	Wert in €
AB				0	0,00
05.01.08	8000	4,22			
03.02.08			6400		
05.04.08	8000	4,17			
08.06.08			8800		
05.07.08	8000	4,47			
07.09.08			8400		
05.10.08	8000	4,34			
06.12.08			7200		
EB				?	?

3. Die MEDD GmbH, Mannheim, ist ein führender Hersteller von Filteranlagen aller Art. Durch die Marktausweitung in den nordeuropäischen Raum ist auch eine Umstrukturierung des bisherigen Lagerwesens erforderlich, wenngleich die 5-Tage-Woche bei Einschichtbetrieb beibehalten werden soll. Der Abteilungsleiter Einkauf Herr Alfred Barth beauftragt Sie, das Lagerwesen zu überprüfen und wenn möglich zu optimieren.

a) Erläutern Sie drei Aufgaben der Lagerhaltung.

b) Am Artikel 221000 Gummidichtungen, Ø 20 cm – siehe nachfolgend aufgeführte DV-Auszüge – sollen beispielhaft die Lagerkennziffern überprüft werden.
1. Ermitteln Sie den Höchstbestand an Gummidichtungen anhand der Artikelkarte.
2. Welcher durchschnittliche Tagesverbrauch wird bei Artikel Nr. 221000 unterstellt?
3. Ermitteln Sie den durchschnittlichen Lagerbestand, wenn der Jahresanfangsbestand 1080 Stück und der Jahresendbestand 1200 Stück betrug und bei einer Zwischeninventur am 30. Juni 720 Stück gezählt wurden.

4. *Durch welche Maßnahmen könnte der durchschnittliche Lagerbestand gesenkt werden?*
5. *Errechnen Sie die durchschnittliche Lagerdauer, wenn die MEDD GmbH von einer Umschlagshäufigkeit von 20 ausgeht.*
6. *Wie hoch war der Wareneinsatz des vergangenen Jahres?*
7. *Beim Vergleich mit den Zahlen des Vorjahres stellten Sie fest, dass die durchschnittliche Lagerdauer um 10 % gesenkt wurde. Wie lange wurde die Ware im letzten Jahr durchschnittlich gelagert?*

Anlage 1

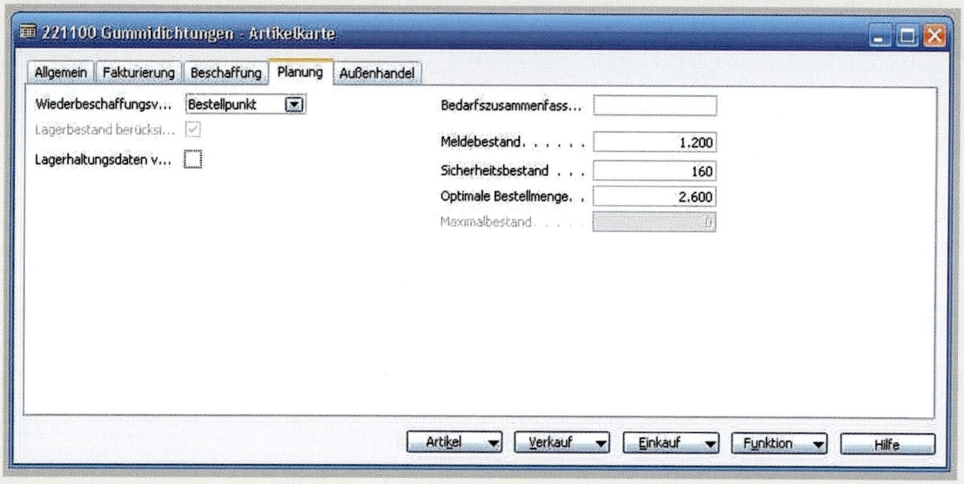

Anlage 2

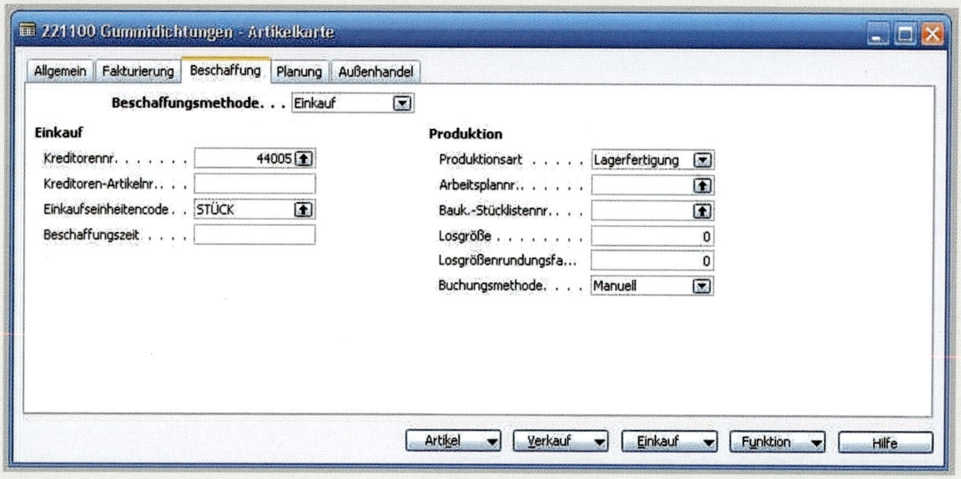

4. ***Sie sind im Zentrallager der Da Rocha KG im Bereich Kleinteile beschäftigt und sollen Ihrem Vorgesetzten für die nächste gemeinsame Sitzung verschiedene Informationen bezüglich des Artikels 0170 Zündkerzen zusammenstellen. Zu deren Generierung steht Ihnen folgende Lagerkarte als Unterlage zur Verfügung.***

Da Rocha KG

Lagerkarte

Artikel:	Zündkerzen	Meldebestand:	50 Stück
Artikelnummer:	0170	Mindestbestand:	30 Stück
Lagerort:	A 15 04	Einstandspreis/Stück:	15,00 €

Datum	Eingang	Ausgang	Bestand	Datum	Eingang	Ausgang	Bestand
01.01.			50	23.07.		25	
12.01	25			29.07.	100		
19.02.		20		08.10.		30	
23.02.		19		22.10.		40	
02.03.	50			06.11.	60		
22.04.		26		15.12		45	
01.06.	15			31.12.			

a) Welches Bestellverfahren findet bei Artikelnummer 0170 Anwendung?
b) Geben Sie ein mögliches weiteres Bestellverfahren an.
c) Ermitteln Sie den Endbestand am 31.12.
d) Mit welchem Wert geht der Lagerbestand an Zündkerzen am 31.12. in die Bilanz ein?
e) Berechnen Sie den prozentualen Anteil der Ausgänge im Monat Februar am Gesamtausgang.
f) Errechnen Sie die durchschnittliche Stückzahl der Zugänge im abgelaufenen Jahr.
g) Ermitteln Sie die durchschnittliche Lagerdauer des Artikels Zündkerze.

III Frachtrechnen

13 Entgeltberechnung im Versandbereich

LOP

Eine der wesentlichsten Tätigkeiten einer Fachkraft im Bereich Lagerwirtschaft/Logistik besteht in der **Verpackung von Gütern** und der optimalen Auswahl der Versandart. Dies setzt einerseits die genaue Kenntnis der wichtigsten Versandarten und Verkehrsträger voraus, andererseits die optimale Auswahl der gültigen Tarife.
Übersicht über die zu behandelnden Entgeltberechnungen im Versandbereich:

Entgeltberechnung bei

Briefen und Kleinstsendungen (←31,5 kg)	Kleingüter (←3 000 kg)	Wagenladungsverkehr	Güterkraftverkehr
– Briefe – Kleinstsendungen – IC-Kuriergut	– Fracht – Express – Express Plus	– Eisen und Stahl – Kohle und Koks – Allg. Güter	– Kostentabellen – KALIF/KIS – Sammelgutverkehr

Tipp

Alle zur Lösung der nachfolgenden Aufgaben benötigten Gebührenhefte und Tabellen inkl. der Entfernungs- und Mauttabellen befinden sich am Ende des Buches.

13.1 Entgeltberechnung im Bereich von Briefen und Kleinstsendungen

Hierbei handelt es sich neben der Beförderung von Briefen um den Versand von Päckchen, Paketen und IC-Kuriergut bis zu einem Höchstgewicht von 31,5 kg.

13.1.1 Briefversendungen

Obwohl der nationale Briefmarkt zum 1. Januar 2008 vollständig geöffnet wurde und somit völlige Konkurrenz unter diversen Briefanbietern herrscht, erscheint es angesichts der Tatsache, dass noch immer ca. 90 % des Umsatzes im Briefsektor auf die Deutsche Post AG entfällt, gerechtfertigt, weiterhin verstärkt deren Angebot darzustellen.

Exkurs:
Im März 2009 stellte die Deutsche Post AG ihre neue, auf zwei Säulen basierende, Unternehmensstruktur vor. Während sich die Deutsche Post für Briefsendungen zuständig zeigt, steht DHL für den Logistikbereich. Der neue Name **Deutsche Post DHL Group** unterstreicht diese Zwei-Säulen-Strategie wie nachfolgende Darstellung verdeutlicht.

„Für das vorliegende Lehrbuch wird die von Deutsche Post DHL Group herausgegebene Broschüre „Leistungen und Preise" vom 01.07.2015 exemplarisch angewandt. Da die Preislisten einem stetigen Wandel unterliegen, finden Sie die jeweils aktuellsten Preise unter https://www.deutschepost.de/preise."

Generell lassen sich die Briefsendungen bei Deutsche Post DHL Group in folgende Bereiche einteilen:

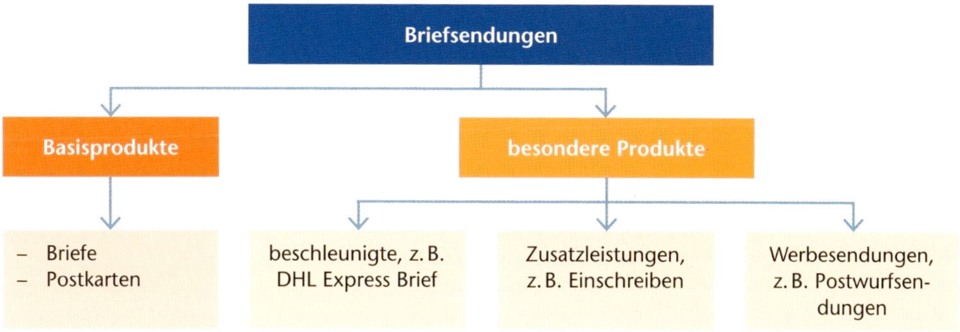

Tipp

Die zurzeit gültigen Preise von Deutsche Post DHL Group können den im Anhang befindlichen Auszügen entnommen werden. Es wird jedoch empfohlen, die jeweils neuesten Preislisten zu verwenden.

13.1.1.1 Basisprodukte

Deutsche Post DHL Group unterscheidet folgende Basisprodukte:

- Standardbriefe
- Kompaktbriefe
- Großbriefe
- Maxibriefe
- Postkarten

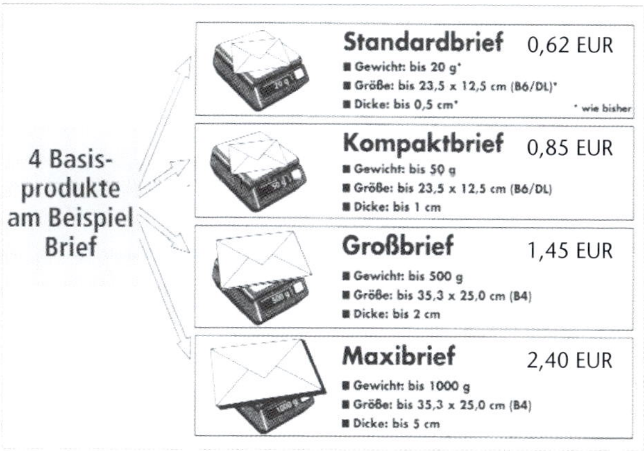

Musteraufgabe

Der Auszubildende Peter Weber soll drei Briefe mit folgenden Gewichten frankieren:
Brief 1 = 18 g
Brief 2 = 115 g
Brief 3 = 280 g; Höhe 3 cm
Ermitteln Sie die gesamten Portokosten anhand oben stehender Tabelle.

Musterlösung

Brief 1	=	Standardbrief	18 g	=	0,62 €
Brief 2	=	Großbrief	115 g	=	1,45 €
Brief 3	=	Maxibrief	280 g/3 cm Höhe	=	2,40 €
insgesamt					4,47 €

Die gesamten Kosten betragen 4,47 €.

Lösungsschritte

1. Ermittlung der richtigen Briefart anhand des Gewichtes und/oder der Maße.
2. Ablesen des entsprechenden Preises aus der Preisliste von Deutsche Post DHL Group.

13.1.1.2 Besondere Produkte

Wie bereits eingangs dargestellt lassen sich die besonderen Briefsendungen und ihre Ausprägungen wie folgt unterteilen:

Besondere Produkte

→ beschleunigte, z. B.
- DHL Express Brief

→ Zusatzleistungen
- Einschreiben
- Eigenhändig
- Rückschein
- Einschreiben Einwurf
- Nachnahme

→ Werbesendungen, z. B.
- Postwurfsendungen

Brief – Einzelversand 23

ZUSATZLEISTUNGEN[1]

Zusatzleistungen werden zusätzlich zum Beförderungsentgelt der jeweiligen Sendung berechnet. Weitere Informationen finden Sie in den Broschüren „Einschreiben" und „Nachnahme", die für Sie zum Download unter www.deutschepost.de/einschreiben bzw. www.deutschepost.de/nachnahme bereitstehen. Unter www.efiliale.de können Sie auch versandfertige Einschreibenmarken einzeln, im 10er-Set oder 50er-Set sowie Nachnahmemarken beziehen (Versandkosten →Seite 101).
Label in größeren Mengen für EINSCHREIBEN können Sie über das Internet (www.deutschepost.de/zlmaterialien) oder über den Geschäftskundenservice Brief National (→Seite 4) bestellen.
INTERNATIONAL: Ausführliche Informationen zu den Zusatzleistungen International finden Sie unter www.deutschepost.de/brief-international.

Sendungsstatus

Informationen zum Sendungsstatus können Sie wie folgt abfragen:
Internet: www.deutschepost.de/briefstatus
National: Privatkundenservice Brief, Telefon: 0228 4333113
Team EINSCHREIBEN, WERT NATIONAL und NACHNAHME NATIONAL, montags bis freitags von 8 bis 18 Uhr (außer an bundeseinheitlichen Feiertagen)
International: Geschäftskundenservice Brief International, Telefon: siehe Seite 4

Einschreiben	D	Internat.
	+ 2,15 €	+ 2,15 €

Der Empfänger oder ein anderer Empfangsberechtigter quittiert den Erhalt eines Briefes, einer POSTKARTE, BLINDENSENDUNG oder BLINDENSENDUNG SCHWER. Beim Versand ins Ausland ist es zudem möglich, PRESSE INTERNATIONAL* und BUCH INTERNATIONAL* Sendungen mit einem EINSCHREIBEN zu kombinieren.
In Briefen einschließlich EINSCHREIBEN dürfen – außer Briefmarken und Warengutscheinen, jeweils bis zu einem tatsächlichen Wert von 25,00 €**, sowie einzelnen Fahrkarten und einzelnen Eintrittskarten – keine Gegenstände der Valoren Klasse II versendet werden (→Seiten 25, 26). Diese dürfen nur in Briefen mit der Zusatzleistung WERT NATIONAL/WERT INTERNATIONAL versendet werden.
NATIONAL: Haftung für Verlust und Beschädigung max. 25,00 €.
INTERNATIONAL: Der Versand eines EINSCHREIBEN ist in jedes Land möglich. Haftung für Verlust und Beschädigung max. 30 SZR[2] (zzt. ca. 34,00 €).

[1] Alle Preise sind Endpreise und nach UStG umsatzsteuerfrei.
[2] SZR: Sonderziehungsrechte des Internationalen Währungsfonds;
1 SZR = 1,1327 € (offizieller Umrechnungskurs für 2015 gemäß Weltpostvertrag).
* Nur kombinierbar mit der Beförderungsleistung PRIORITY.
** Bei internationalen EINSCHREIBEN bis 30 SZR.

Musteraufgabe 1

Die Auszubildende Anja Volz soll nachfolgende Sendungen frankieren:
a) 1 Brief 16 g; Einschreiben Einwurf
b) 1 Brief 75 g; Einschreiben mit Rückschein
c) 1 Brief 185 g; Einschreiben, eigenhändig

Ermitteln Sie den gesamten Preis.

Musterlösung 1

a) Standardbrief;	16 g =	Grundpreis	0,62 €	
		+ Einschreiben Einwurf	1,80 €	2,42 €
b) Großbrief;	75 g =	Grundpreis	1,45 €	
		+ Einschreiben	2,15 €	
		+ Rückschein	1,80 €	5,40 €
c) Großbrief;	185 g =	Grundpreis	1,45 €	
		+ Einschreiben	2,15 €	
		+ Eigenhändig	1,80 €	5,40 €
insgesamt				13,22 €

Der gesamte Preis beträgt 13,22 €.

Lösungsschritte 1

1. Ermittlung der jeweiligen Briefart anhand des Gewichtes und/oder der Maße.
2. Ermittlung des entsprechenden Zusatzentgelts.
3. Addition der ermittelten Preise zum Gesamtpreis.

Musteraufgabe 2

Ein Einkaufszentrum lässt in seinem Umfeld an alle 9 000 Haushalte Prospekte mit einem Gewicht von 46 g verteilen.
Wie hoch ist das dafür zu entrichtende Entgelt, wenn Tarifzone A zugrunde gelegt wird?

Musterlösung 2

Bei der Postwurfsendung muss man zunächst zwischen den Tarifzonen A, B und C unterscheiden. Danach werden die Preise in Abhängigkeit vom Gewicht für je 1 000 Stück angegeben. Außerdem ist die Umsatzsteuer von 19 % zu berücksichtigen.
Postwurfsendung Zone A; 46 g = 1 000er Preis = 127,00 €

Preis = 9 · 127,00 € + 19 % USt
= 1 143,00 € + 19 % USt
= 1 143,00 € + 217,17 €
= 1 360,17 €

Der zu entrichtende Gesamtpreis beträgt 1 360,17 €.

Hinweis: Informationen und Preislisten mit dem Stand vom Juli 2015 finden Sie ab der S. 210. Die jeweils aktuellen Preislisten finden Sie unter www.deutschepost.de/de/p/postwurfsendung/postwurfsendung neue preise.html

Postwurfsendung – Preise und Konditionen

Bei einer Postwurfsendung können Sendungen an alle Haushalte, Haushalte mit Tagespost oder an Briefabholer versendet werden. Die Preise richten sich nach der Art des Versandes. Bei Postwurfsendungen an alle Haushalte und an alle Haushalte mit Tagespost wird zwischen drei Tarifzonen unterschieden:

Tarifzone A: Ballungszentren, Ballungsräume und Großstädte
Tarifzone B: Zwischenbereiche
Tarifzone C: Landbereiche

Preise Postwurfsendungen an alle Haushalte pro 1 000 Stück in Euro

Gewicht	Tarifzone A	Tarifzone B	Tarifzone C
bis zu 20 g	90,00	104,00	118,00
bis zu 30 g	109,00	123,00	134,00
bis zu 40 g	119,00	131,00	144,00
bis zu 50 g	127,00	140,00	152,00
bis zu 60 g	141,00	151,00	163,00
...			

Auszug aus
https://www.deutschepost.de/de/p/postwurfsendung/postwurfsendung_neue_preise.html,
abgerufen am 03.11.2015

Lösungsschritte 2

1. Ermittlung des richtigen Preises je 1 000 Stück anhand des Gewichts und der entsprechenden Tarifzone. Hier: 127,00 € für Tarifzone A/46 g
2. Berechnung des Nettopreises.
   Hier: 9 · 127,00 € = 1 143,00 €
3. Errechnung des Gesamtpreises. Hier: 1 143,00 € + 217,17 € USt = 1 360,17 €

Übungsaufgaben

1. Wie hoch ist das Porto für einen Brief von 85 g, der von Mannheim nach München versandt wird?

2. Michaela muss einen dringend benötigten Brief von 120 g nach Köln senden. Ihr Chef beauftragt sie, ihn als DHL Express Brief zustellen zu lassen.
Wie hoch sind die Postkosten, wenn der Brief am folgenden Tag vor 10:00 Uhr zugestellt werden soll?

3. Während seiner Ausbildung musste Dieter Burger u. a. auch in der Postabteilung arbeiten. Dort tauchten folgende Probleme auf:
a) Ein Schriftstück im Gewicht von 85 g sollte per Einschreiben versandt werden. Außerdem wollte unsere Unternehmung eine Bestätigung über die ordnungsgemäße Zustellung des Briefes.
b) Ein weiterer Brief im Gewicht von 40 g sollte dem Empfänger bis spätestens 12:00 Uhr des nächsten Tages als DHL Express Brief zugestellt werden.
c) Darüber hinaus waren folgende Auslandsbriefe zu versenden:
- *Brief 1 35 g in die USA*
- *Brief 2 18 g nach Frankreich*
- *Brief 3 55 g in die Schweiz*

Errechnen Sie das jeweils zu zahlende Porto.

4. Die Elektrogroßhandlung Müller & Co. möchte an alle Haushalte ihres Bezirkes Werbeprospekte durch Deutsche Post DHL Group verteilen lassen. Gedacht ist dabei an 6 000 Stück im Gewicht von je 8 g.
Mit welchem Preis von Deutsche Post DHL Group muss die Elektrogroßhandlung kalkulieren, wenn sie Tarif C zugrunde legt?

5. Andrea muss einem Kunden ein dringend benötigtes Ersatzteil im Gewicht von 720 g zusenden.
a) Wie hoch sind die Portokosten, wenn Andrea das Ersatzteil mit einem eingeschriebenen Brief (Einschreiben) zustellen lässt?
b) Wie hoch wären die Portokosten, wenn das Ersatzteil per Nachnahme versandt würde (Warenwert 615,00 €)?

6. Die Sanitärgroßhandlung Karcher & Co. möchte eine Preisliste als Postwurfsendung verteilen lassen.
a) Wie hoch ist das gesamte Porto, wenn die Preisliste an 45 000 Haushalte verteilt werden soll und die Liste ein Gewicht von 13 g hat? (Tarif B)
b) Eine Privatfirma übernimmt die Verteilung für 0,04 € das Stück. Wie viel Euro könnten somit insgesamt eingespart werden?

7. *Schlagen Sie in den folgenden Beispielen die zweckmäßigste Versendungsart vor und berechnen Sie die Preise:*

Beschreibung	Anzahl	Gewicht
– Briefe:	a) 8 b) 78	je 28 g je 70 g
– Prospekt an alle umliegenden Haushalte	3000 (Tarif C)	je 8 g

8. *Mit welchem Porto muss eine Büchersendung im Gewicht von 800 g freigemacht werden?*

9. *Wie hoch ist die Portoersparnis, wenn die zentrale Poststelle eines Unternehmens die folgenden 5 Schriftstücke an den gleichen Empfänger statt getrennt in einem Umschlag (Größe 35,3 · 25,0 cm, Dicke 4,5 cm) zusendet?*
   - *ein Brief, Gewicht 55 g,*
   - *ein Brief, Gewicht 17 g,*
   - *ein Brief, Gewicht 530 g,*
   - *ein Brief, Gewicht 35 g,*
   - *ein Brief, Gewicht 175 g, Dicke 1,5 cm*

10. *Während Ihrer Ausbildung zur Fachkraft werden Sie auch in der Postabteilung eingesetzt. Hierbei werden Ihnen verschiedene Briefe zum Versand vorgelegt, für die Sie die Preise ermitteln müssen.*

    a) *Ein Brief mit den Maßen 35 cm · 25 cm · 4 cm und dem Gewicht von 250 g soll mit folgenden Zusatzleistungen durch Deutsche Post DHL Group versandt werden:*

    b) *Ein weiterer Geschäftsbrief im Gewicht von 125 g soll von Mannheim nach Hamburg befördert werden, wobei folgende Versendungsform gewählt wurde:*

13.1.2 Kleinstsendungen

13.1.2.1 Paketversand mit Deutsche Post DHL Group

Die Paketversendung mit Deutsche Post DHL Group erfolgt durch die DHL[1], die innerhalb ihres Inland-Frachtdienstes u. a. folgende, für uns wichtige Versandarten unterscheidet:

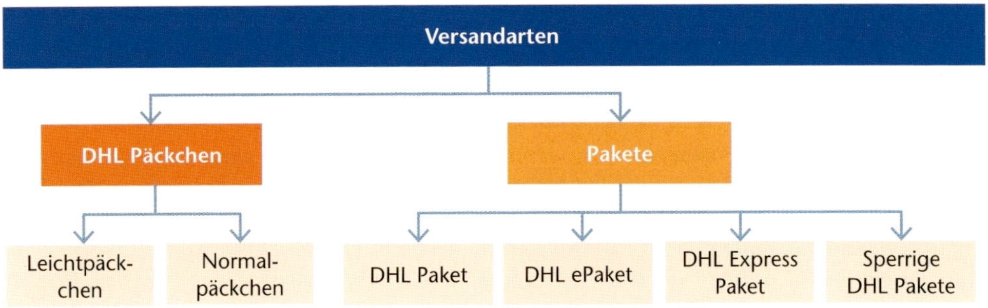

a) Beförderung von Päckchen

Bei DHL Päckchen unterscheidet man zwischen

Päckchenart / Kriterien	Leichtpäckchen		Normalpäckchen	
▪ Maße:	Mindestmaße	15 x 11 x 1 cm	Mindestmaße	15 x 11 x 1 cm
	Höchstmaße	30 x 30 x 15 cm	Höchstmaße	30 x 30 x 15 cm
▪ Gewicht:	maximal	1 kg	maximal	2 kg
▪ Preis:	– Inland – EU – Welt	3,95 € 8,90 € 15,90 €	– Inland – EU – Welt	4,40 € 8,90 € 15,90 €

b) Beförderung von Paketen

Bei der Ermittlung des Paketpreises gilt es, folgende Kriterien zu beachten:

- Paketart
- Gewicht
- Vertriebskanal (Filiale, Online Frankierung, etc.)
- Maße
- zusätzliche Services
- Zielland

Entsprechend lassen sich folgende Paketarten unterscheiden:

Paketart / Kriterien	DHL Pakete/DHL ePakete[2]	DHL Express Pakete National[2]	sperrige Pakete (Sperrgut)
maximale Maße in cm	120 · 60 · 60	120 · 60 · 60	bis 200 cm Länge und 360 cm Gurtmaß
maximales Gewicht in kg	31,5	31,5	31,5
Besonderheiten z. B. Zustellung; Zuschlag	Zustellung i. d. R. am nächsten Werktag, Online-Beauftragung, Abholung der Pakete	Zustellung am nächsten Werktag; verschiedene Zustelloptionen	Zuschlag + 22,50 €, Sendungsverfolgung und Haftung bis 500 €

---

1 *Der Name DHL setzt sich aus den Anfangsbuchstaben der drei Gründer Dalsey, Hillblom und Lynn zusammen.*

2 *Beim ePaket und DHL Express Paket ist es möglich vielfältige Extras wie z. B. Rückschein, eigenhändig, Nachnahme, Übergröße usw. gegen entsprechendes Entgelt hinzu zu wählen. Darüber hinaus können die beiden Paketarten beim Versender abgeholt und dem Empfänger frei Haus zugestellt werden.*

Musteraufgabe

Peter Weber muss einem Kunden in München ein DHL Paket im Gewicht von 14,5 kg zusenden. Welchen Paketpreis muss Peter entrichten?

Musterlösung

14,5 kg = 14,99 €.

Lösungsschritte

1. Auswahl der richtigen Beförderungsart.
2. Ablesen des entsprechenden Preises in der Preisliste von Deutsche Post DHL Group.

DHL – Paket und Päckchen 65

DHL PAKET[1]

DHL Paket*

DHL PAKETE sind verpackte und adressierte Güter bis 31,5 kg. Eine Frankierung mit Briefmarken ist nicht zulässig. Im Falle von Verlust oder Beschädigung besteht beim nationalen Versand eine Haftung bis 500 € und beim internationalen Versand eine TRANSPORTVERSICHERUNG bis 500 €.**

DHL Paket	D	EU Zone 1***	Welt Zone 2***	Welt Zone 3***	Welt Zone 4***
bis 5 kg	6,99 €	16,99 €	29,99 €	35,99 €	42,99 €
über 5 kg bis 10 kg	8,49 €	21,99 €	34,99 €	47,99 €	59,99 €
über 10 kg bis 20 kg	14,99 €[2]	31,99 €[2]	49,99 €	68,99 €	92,99 €
über 20 kg bis 31,5 kg	14,99 €[2]	41,99 €[2]	54,99 €	93,99 €	124,99 €

Quaderform	Mindestmaße:	15 cm x 11 cm x 1 cm (L x B x H)
	Höchstmaße[3]:	120 cm x 60 cm x 60 cm (L x B x H)
	Höchstgewicht:	31,5 kg
Rollenform	Mindestmaße:	Länge 15 cm, Durchmesser 5 cm
	Höchstmaße:	Länge 120 cm, Durchmesser 15 cm
	Höchstgewicht:	5 kg

Für den Versand von Rollen ist zusätzlich eine ROLLENMARKE erforderlich (➔Seite 68). Sendungen, welche die obigen Höchstmaße überschreiten, weder quader- noch rollenförmig sind oder keine stabile Kartonverpackung haben, gelten als SPERRGUT (➔Seite 68).
Pakete können, abweichend von Ziffer 4 Abs. 2 der AGB PAKET/EXPRESS NATIONAL, auch durch den vom Zusteller dokumentierten Einwurf in eine für den Empfänger bestimmte und ausreichend aufnahmefähige Vorrichtung für den Empfang von Sendungen zugestellt werden.

1 Alle Preise sind Endpreise und nach UStG umsatzsteuerfrei, soweit zu den einzelnen Preisangaben nichts Abweichendes angegeben ist.
2 Endpreis inkl. gesetzlicher Umsatzsteuer.
3 Bereits bei Überschreitung eines dieser Höchstmaße gilt die Sendung als SPERRGUT (z. B. 70 cm x **65 cm** x 30 cm). Für DHL PAKETE bis 10 kg innerhalb Deutschlands und in die EU beträgt das max. Gurtmaß (= Länge + 2 x Breite + 2 x Höhe) 300 cm. Bei einem Gurtmaß über 300 cm (bis 360 cm) sind diese Pakete mit der DHL PAKETMARKE bis 31,5 kg (Deutschland) bzw. bis 20 kg (EU) freizumachen.
* Ein Produkt der Deutsche Post AG. Es gelten die AGB PAKET/EXPRESS NATIONAL bzw. die AGB PAKET INTERNATIONAL in der jeweils aktuellen Fassung.
** Im Übrigen regeln die TRANSPORTVERSICHERUNG Abschnitt 7 der AGB PAKET INTERNATIONAL sowie die Broschüre „Transportversicherung". Eine höhere Versicherung für DHL PAKETE International bietet der Service HÖHERVERSICHERUNG INTERNATIONAL (➔Seite 70)
*** **Zone 1**: Europäische Union – Belgien, Bulgarien, Dänemark (außer Färöer, Grönland), Estland, Finnland (außer Ålandinseln), Frankreich (außer überseeische Gebiete und Departements), Griechenland (außer Berg Athos), Großbritannien (außer Kanalinseln), Irland, Italien (außer Livigno und Campione d'Italia), Kroatien, Lettland, Litauen, Luxemburg, Malta, Monaco, Niederlande (außer außereuropäische Gebiete), Österreich, Polen, Portugal, Rumänien, Schweden, Slowakei, Slowenien, Spanien (außer Kanarische Inseln, Ceuta und Melilla), Tschechische Republik, Ungarn, Zypern (Republik, außer Nordteil); **Zone 2**: Rest Europa; **Zone 3**: Nordamerika, Nordafrika, Naher Osten, Teile Asiens; **Zone 4**: Lateinamerika, Asien, Mittel- u. Südafrika, Australien, Ozeanien.
Die detaillierte Zuordnung aller Länder zu ihrer Entgeltzone finden Sie ab ➔Seite 76. Versandmodalitäten wie Haftung, Höchstgewichte, Services, Laufzeiten etc. sind länderspezifisch und können bei Ihrer Filiale der Deutschen Post erfragt oder im Internet unter www.dhl.de/international abgerufen werden.

Übungsaufgaben

1. *Der Auszubildende Peter Krause muss in der Versandabteilung seines Ausbildungsunternehmens folgende Pakete durch Deutsche Post DHL Group versenden:*

Nr.	Anzahl	Gewicht je Paket in kg
1	1	10,2
2	2	1,7
3	2	16,8
4	1	37,5
5	3	8,7

a) Welches Paket wird von Deutsche Post DHL Group nicht über den Standard-Paketversand befördert?

b) Für welche Pakete gäbe es auch eine kostengünstigere Alternative?

c) Ermitteln Sie die Paketpreise je Paket und insgesamt.

2. *Wie hoch sind die Portokosten für ein Päckchen im Gewicht von 1,8 kg, das Peter einem Kunden in Hamburg zusenden soll?*

3. *Ein Paket im Gewicht von 13,5 kg mit den Maßen 120 cm · 70 cm · 50 cm soll nach Hamburg versandt werden.
Wie hoch ist der Paketpreis im vorliegenden Fall?*

4. *Sebastian Lehmann, Auszubildender der Maschinenfabrik Haller & Co. in 68199 Mannheim, Nibelungenring 9, soll der Motorenfabrik Saarland AG in 66215 Saarbrücken, Talgasse 20, eine Sendung Zahnräder im Gesamtgewicht von 18,7 kg zusenden. Ermitteln Sie den zu zahlenden Paketpreis, wenn die Sendung (90 cm · 40 cm · 40 cm) als DHL Express Paket vor 10:00 Uhr am folgenden Tag zugestellt werden soll. Auszug aus den Preistabellen für DHL Express Pakete:*

DHL – Express 79

DHL EXPRESSEASY NATIONAL[1]

Mit DHL EXPRESSEASY erfolgt die Zustellung Ihrer Sendung innerhalb Deutschlands bereits am nächsten Tag (montags–freitags)* – **ganz Eiliges stellen wir sogar vor 9.00, vor 10.00 oder vor 12.00 Uhr zu.****
Eine Haftung bis 500 € für Verlust oder Beschädigung von Sendungen sowie der klimaneutrale Versand mit GoGreen sind inklusive.

DHL ExpressEasy National	
bis 500 g	10,90 €
über 500 g bis 1.000 g	11,90 €
über 1.000 g bis 2.000 g	13,90 €
über 2 kg bis 5 kg	19,90 €
über 5 kg bis 10 kg	24,90 €
über 10 kg bis 20 kg	29,90 €
über 20 kg bis 31,5 kg	44,90 €
Zustelloptionen	
vor 9.00 Uhr	+ 24,90 €
vor 10.00 Uhr	+ 12,90 €
vor 12.00 Uhr	+ 4,90 €

Mindestmaße: 10 cm x 7 cm (L x B)
Höchstmaße: 120 cm x 60 cm x 60 cm (L x B x H)

Rollenversand (zuschlagfrei): Höchstgewicht 5 kg
Mindestmaße: 10 cm x 5 cm (L x Ø)
Höchstmaße: 120 cm x 15 cm (L x Ø)

DHL EXPRESSEASY NATIONAL ist ein Produkt der Deutsche Post AG.

TIPP Sie suchen eine Filiale der Deutschen Post in Ihrer Nähe, die Ihre DHL Express Sendung annimmt? Unter www.postfinder.de finden Sie bequem und schnell die nächstgelegene Filiale.

HINWEIS Informationen zu den zulässigen Wertgegenständen für nationale DHL Express Sendungen finden Sie auf den →Seiten 74 f.

[1] Alle Preise sind Endpreise und inkl. gesetzlicher Umsatzsteuer.
* Zustellung gegen Aufpreis auch samstags und an Sonn- und Feiertagen möglich. Bitte beachten Sie die Versandschlusszeiten der jeweiligen Filiale der Deutschen Post.
** Die Wahl von Zustelloptionen ist bei Zustellung auf eine deutsche Insel nicht möglich.

5. *Eine Lieferung Ersatzteile soll nach Nürnberg versandt werden (siehe Preisliste im Anhang). Wie hoch ist der Paketpreis, wenn das Paket ein Gewicht von 27,9 kg aufweist und am Schalter abgegeben wird?*

6. *Peter Bauer versendet im Auftrag seiner Unternehmung ein Paket (80 cm · 50 cm · 40 cm; Gewicht 14,8 kg) an einen Kunden in Passau. Wie hoch ist der zu zahlende Paketpreis, wenn es sich um ein DHL Express Paket handelt, das vor 12:00 Uhr am nächsten Werktag zugestellt werden soll?*

7. *Michaela Wagner muss ein Päckchen im Gewicht von 1,7 kg nach Italien versenden. Mit welchem Entgelt muss sie am Postschalter rechnen?*

8. *Peter Müller muss folgende Sendungen versandfrei machen:*
   a) DHL-Paket 18,5 kg
   b) Einschreibebrief mit Rückschein nach Stuttgart/680 g
   c) 5 Briefe à 25 g an verschiedene Empfänger in Italien
   d) Zustellung eines Express Briefes von 280 g bis zum nächsten Tag 09:00 Uhr.
   Ermitteln Sie die jeweiligen Preise.

9. *Wie hoch sind die Preise für nachfolgende Sendungen?*

Anzahl	Bemerkungen	Gewicht je Sendung
a) 4	DHL-Pakete	12,4 kg
b) 1	DHL-Paket mit Paketmarke[1]	25,8 kg
c) 8	Päckchen	1,2 kg
d) 2	DHL-Pakete, sperrig	16,8 kg

10. *Firma Kunz & Sohn, Elektrogroßhandlung, Hannover, verschickt nachfolgende Sendungen. Ermitteln Sie die günstigsten Preise für folgende Postsendungen:*
    a) 25 Angebotsbriefe von je 35 g an verschiedene Kunden; Briefformat 11 cm · 22 cm
    b) 1 Päckchen von 1800 g nach Hamburg; Format 40 cm · 18 cm · 10 cm
    c) 5 DHL Pakete mit Paketmarke zu je 28 kg
    d) 75 Kataloge an verschiedene Kunden im Großraum Hamburg, Postleitbereich 2... Jeder Katalog wiegt 300 g und misst 28 cm · 20 cm · 3,5 cm.

11. *Verschiedene Proben im Gewicht von 17,8 kg sollen in einem Paket schnellstens von der BASF Ludwigshafen nach Argentinien versandt werden.*
    Welcher Betrag ist an Deutsche Post DHL Group zu entrichten, wenn die Sendung per Luftpost (Premium Service) zugestellt werden soll?

12. *Ein Paket im Gewicht von 15,8 kg soll einem Kunden in Berlin mit dem Service „Express vor 10:00 Uhr" am nächsten Tag zugesandt werden.*
    Welches Entgelt ist hierfür zu entrichten?

13. *Das Autohaus Dieter Mott GmbH, Chrysler Vertragshändler in Tauberbischofsheim, schickt falsch gelieferte Zylinderdichtungsringe im Gewicht von 1,7 kg zurück in die USA. Mit welchem Preis ist zu rechnen, wenn das Päckchen als DHL Päckchen befördert werden soll?*

[1] *Beim Erwerb Ihrer Paketmarke im Internet oder über eine DHL Packstation sparen Sie 1,00 € im Vergleich zum Filialpreis.*

14. Ermitteln Sie den von der Sanitärgroßhandlung Marco Schweighoffer OHG an Deutsche Post DHL Group zu zahlenden Preis für nachfolgendes, über die DHL Online Frankierung freigemachtes Paket, welches 18,3 kg wiegt.

13.1.2.2 Paketversand mit anderen Paketdiensten

Bei Kleinstsendungen bis 31,5 kg, teils bis 70 kg, herrscht mittlerweile eine rege Konkurrenz, d. h. neben Deutsche Post DHL Group bieten noch viele weitere Unternehmen ihre Dienstleistungen an, wie nachfolgende – nicht vollständige – Darstellung verdeutlicht:

Kurier-, Express- und Paketdienste (KEP) in Deutschland

- **GLS** = Global Logistic Service
- **UPS** = United Parcel Service
- **DPD** = Dynamic Parcel Distribution
- **FedEx** = Federal Express
- **TNT**[1] = Thomas Nationwide Transport

Aus der Fülle der Anbieter soll in vorliegendem Buch exemplarisch die Beförderung durch UPS und DPD (Depot 167) dargestellt werden.

[1] *Das Unternehmen TNT wurde 1946 in Sydney von Ken Thomas gegründet.*

Auszüge aus den Preislisten der DPD und von UPS

UPS	
Tarife innerhalb Deutschlands – Zone 1 Beförderung der übergebenen Pakete frei Haus Empfänger	
Gewicht pro Paket in kg	Euro*
bis 4 kg	5,35
bis 7 kg	6,45
bis 10 kg	7,50
bis 14 kg	10,10
bis 20 kg	12,20
bis 22 kg	14,40
bis 24 kg	15,40
bis 28 kg	17,60
bis 30 kg	18,70
⋮	
bis 70 kg	38,25
Zuschläge pro Paket:	
– Inselzustellung	6,50
– Abholzuschlag (Einmalzuschlag)	6,95

DPD	
Abholung und Beförderung der übergebenen Pakete frei Haus Empfänger	
Gewicht pro Paket in kg	Euro*
0,1 kg– 2,0 kg	5,50
2,1 kg– 5,0 kg	6,50
5,1 kg–10,0 kg	8,70
10,1 kg–15,0 kg	10,50
15,1 kg–20,0 kg	12,00
21,1 kg–25,0 kg	14,00
25,1 kg–31,5 kg	16,00
Zuschläge pro Paket für:	
– Inselzustellung	12,50
Beachte: Preise pro Paket bei mind. 20 Paketen je Monat, national zuzüglich gesetzlicher Mehrwertsteuer	

Musteraufgabe

Die Peter Zöphel AG, Mannheim, beliefert Kunden mit Zubehörteilen bis 40 kg grundsätzlich durch UPS.
Berechnen Sie die an UPS zu zahlende Gebühr für eine Sendung über 28,9 kg an einen Kunden in Binz/Rügen, wenn die Sendung beim Versender durch UPS abgeholt wird.

Musterlösung

	Grundtarif	18,70 €
+	Zuschlag für Inselzustellung	6,50 €
+	Abholzuschlag	6,95 €
	Nettopreis	32,15 €
+	USt 19 %	6,11 €
	Bruttopreis	38,26 €

Lösungsschritte

1. Auswahl der entsprechenden Preisliste.
   Hier: Preisliste Normalpakete innerdeutscher Versand
2. Ablesen des entsprechenden Preises.
   Hier: 28,9 kg = 18,70 €
3. Berücksichtigung von Besonderheiten.
   Hier: – Inselzustellung = Zuschlag pro Paket von 6,50 €
   – Abholzuschlag = Einmalzuschlag von 6,95 €
4. Hinzurechnung der Umsatzsteuer, centgenau.

* *Preise zzgl. der gesetzlichen Mehrwertsteuer*

Übungsaufgaben

1. ***Die Sanitärgroßhandlung Zimmermann & Co., München, versendet an das Spenglereifachgeschäft Emil Neumann in Mannheim verschiedene Teile im Gesamtgewicht von 29,8 kg.***
   Ermitteln Sie den günstigsten Preis, wenn die Sanitärgroßhandlung eine Versendung durch DPD, UPS und Deutsche Post DHL Group in Betracht zieht.

2. ***Denise Esen, Versandleiterin einer mittelständischen Maschinenfabrik, überlegt, ob sie ein nicht so dringend benötigtes Ersatzteil im Gewicht von 15,8 kg an einen Kunden auf der Insel Helgoland günstiger durch UPS oder Deutsche Post DHL Group als DHL Paket zustellen lässt.***
   Errechnen Sie den günstigeren Preis.

3. ***Im Warenausgangslager der Maschinenfabrik Zahn GmbH, Dresden, stehen unten angegebene Sendungen, die allesamt durch DPD zugestellt werden sollen.***
   Ermitteln Sie den an DPD zu zahlenden Gesamtbetrag.

Name	Empfangsort	Gewicht	Zusatzleistung
Autoteilezubehör Schweighoffer KG	Mannheim	26,3 kg	keine
Sächsisches Walzwerk	Riesa	19,9 kg	keine
Getreidemühle Schneider GmbH	Düsseldorf	22,8 kg	keine

4. ***Drei Kugellager im Gewicht von insgesamt 6,9 kg sollen an die Autolackiererei Peter Müller in Aachen durch UPS zugestellt werden.***
   Ermitteln Sie die an UPS zu zahlende Gesamtfracht, wenn die Ware beim Versender abzuholen ist.

Prüfungsaufgaben

Tipp

Bei der nachfolgenden Aufgabe handelt es sich um eine Aufgabe, die sowohl Inhalte der Gesamtwirtschaft als auch Rechen- und Buchführungsinhalte miteinander verknüpft und somit Prüfungscharakter besitzt.

Der im Wiesbadener Raum ansässige Felgenhersteller Karl Wolf OHG verkauft und versendet seine sportlichen 4,5 kg schweren Alufelgen mit folgenden Bedingungen in ganz Europa:

Zahlungsbedingungen: ***Zahlung innerhalb von 30 Tage rein netto, innerhalb von 10 Tagen unter Abzug von 3 % Skonto.***

Rabatte: ***Für Mengenrabatte gelten folgende Sätze:***

Menge in Stück	Rabatte in %
bis 4	0
5 – 20	5
21 – 40	10
41 – 100	15

Lieferbedingungen: ***Ab Werk***

a) ***Mit welchen Kosten wird das Autohaus Christiane Gutperle KG im 110 km entfernten Mannheim belastet, wenn es 8 Sportfelgen zum Stückpreis von 135,00 € netto bestellt und als Versandform ein Speditionstransport vereinbart wurde?***

Versandkosten/Shipping cost

- nationale Transporte
  Wenn nicht ausdrücklich eine Selbstabholung ausgewiesen ist, versenden wir innerhalb Deutschlands als versichertes DHL Paket zu folgenden Preisen:

Gewicht	Preis in Euro
Bis 5 kg	7,00
5–10	10,50
11–20	14,00
20–31,5	18,00

Als Alternative zur Selbstabholung bieten wir einen Speditionstransport zu günstigen Konditionen an:

einfache Entfernung von Wiesbaden Mitte		
Kilometer	Preis	
bis 25 km	pauschal 25,00 €	
25 bis 200 km	0,55 € pro einfachen km	mind. 25,00 €
über 200 km	Verhandlungssache	

- für versicherte internationale Transporte fallen folgende Preise in Euro an:

Gewicht in kg bis	**Zone 1** France, Austria, UK, Belgium, Netherlands, Denmark, Luxembourg	**Zone 2** Switzerland, Italy, Spain, Sweden, Portugal, Greece, Ireland, Finland, Czechia, Poland	**Zone 3** Norway, Russia, Turkey, Bulgaria, Slovenia
1	21	22	37
5	27	30	46
10	36	41	59
15	44	52	71
20	50	60	81

b) ***Ermitteln Sie den Überweisungsbetrag, wenn das Autohaus Gutperle grundsätzlich die Skontierungsmöglichkeit ausnutzt.***

c) ***Verbuchen Sie als Mitarbeiter/-in der Firma Gutperle sowohl die Eingangsrechnung als auch die Banküberweisung der Rechnung am 30. Tag.***

d) ***Welchen Betrag stellt der Felgenhersteller Karl Wolf OHG einem Schweizer Autohaus in Genf für 4 Sportfelgen in Rechnung, wenn zu berücksichtigen ist, dass Rechnungen in das Ausland von der Umsatzsteuer befreit sind, der Nettopreis ebenfalls 135,00 € beträgt und die Firma Karl Wolf OHG mit der Versandabwicklung betraut wurde?***

e) Wie viel Schweizer Franken werden dem Autohaus in Genf von seiner Bank belastet, wenn die Rechnung nach 30 Tagen bezahlt wird und die Schweizer Bank mit folgenden Kursen rechnet:

	Ankauf	Verkauf
1,00 €	1,0580	1,1250

13.1.2.3 IC-Kuriergut

Als weitere Beförderungsmöglichkeit im Bereich der Kleinstgüter bietet sich für die Bundesrepublik Deutschland sowie einige ausgewählte Hauptstädte Europas wie z. B. Paris der von time:matters GmbH organisierte IC-Kurierdienst an. Dabei handelt es sich um eine Kooperation mit dem Unternehmensbereich Personenverkehr der Deutschen Bahn AG, einem Service für sehr eilige Warensendungen bis zu einem Gewicht von 20 kg, die entweder mit Intercity-Zügen (IC) oder dem InterCityExpress (ICE) transportiert werden. Die Sendung wird entweder direkt am „IC-Kurierdienst" gekennzeichneten Zugabteil mit ausgefüllter IC-Kurierdienstkarte oder am IC-Kurierdienstschalter des Personenbahnhofs (spätestens 30 Minuten vor Abfahrt) aufgeliefert. Bei der Beförderung mit dem ICE kann das Kuriergut nur am Gepäckschalter aufgegeben werden.

Fracht

Deutschlandweite Beförderungsleistung (Stand Januar 2015*)			Internationale Beförderungsleistung **
Gewicht in kg	**Basispreise Schiene Bahnhof - Bahnhof**	**Direkte Abholung und Zu-stellung innerhalb von 25 km zzgl. anfallender Mehrkosten**	**Basispreise Schiene Bahnhof - Bahnhof**
bis 10 kg	99,00 €	je 43,00 €	125,00 €
bis 15 kg	113,00 €		132,00 €
bis 20 kg	127,00 €		139,00 €

* Bei den angegebenen Preisen handelt es sich um Nettopreise
** International werden derzeit Paris, Wien, Amsterdam und Basel bedient

Gewicht

- max. 20 kg

Maße

- Länge – max. 1 m
- Umfang einschließlich Länge – max. 2 m

Sondervereinbarungen – etwa für Kurzstrecken – sind möglich.

Übungsaufgaben

1. Ein Titanzahnrad im Gewicht von 17 kg mit den Maßen 30 cm · 20 cm · 20 cm soll schnellstmöglich nach Dresden versandt werden.
Wie hoch ist die Fracht, wenn die Sendung als IC-Kuriergut im Bahnhof-Bahnhof-Verkehr befördert werden soll?

2. *Eine Sendung Ersatzteile im Gewicht von 18,9 kg wird in 68199 Mannheim am IC-Schalter 30 Minuten vor Abfahrt aufgegeben. Die Zustellung der Ware in 56077 Koblenz erfolgt direkt beim Kunden.*
Welchen Preis hat der Versender in Mannheim zu zahlen?

3. *Dringend benötigte Ladescheine im Gewicht von 2,8 kg sollen schnellstens von Duisburg nach Karlsruhe transportiert werden.*
Ermitteln Sie die dem Versender berechnete Fracht, wenn Haus-Haus-Verkehr vereinbart war.

4. *Als IC-Kuriergut soll ein Ersatzteil im Gewicht von 13,4 kg von Mannheim nach Hamburg im Haus-Haus-Verkehr befördert werden.*
Ermitteln Sie die dafür zu zahlende Fracht.

5. *Mit welcher Wertmarke (Bruttofracht) muss nachfolgende Sendung versehen werden?*

ic:kurier — **Annahmeschein*** für den Anlieferer — **time:matters** A company of Lufthansa Cargo

Serviceline: 0700 – timematters / 0700 – 84 63 62 88 (0,12 Euro/Minute Hauptzeit (9–18 Uhr), 0,06 Euro/Minute Nebenzeit (18–9 Uhr))

Absender	
Name:	Muster GmbH
Abt./AP:	Marketing; Hr. Berger
Straße:	Absenderstr. 9
PLZ+Ort:	12345 Musterstadt
Telefon:	0172-1234567
Empfänger	
Name:	Frank Meister
Abt./AP:	Verkauf
Straße:	Hauptstr. 16
PLZ+Ort:	98765 Testdorf
Telefon:	0213-9876543
Gewicht: (bitte ankreuzen)	≤10 kg / ≤15 kg / X ≤20 kg
Inhalt:	
Kd.-Ref.:	

Ich erkenne die umseitig abgedruckten ATB ausdrücklich an.
Datum: 25.11.07 — Uhrzeit: 9:10 — Unterschrift des Anlieferers

Zuginformationen (ohne Gewähr)

Versandbahnhof	Datum	Abfahrt	in Zug Nr.
Mannheim	25.11	9:16	ICE 596
Umladebahnhof	**Ankunft**	**Abfahrt**	**in Zug Nr.**
Bestimmungsbahnhof	**Datum**	**Ankunft**	**in Zug Nr.**
Berlin	25.11	14:08	ICE 596

Auftragstyp: **Bahnhof – Bahnhof**

Transport nur mit Wertmarke (Bitte am Fahrkartenautomaten kaufen)

Bei Anlieferung festgestellte Mängel: — Annahmestempel mit Datum oder Zangenabdruck

Auftragsnummer: LK 2000389 — Uhrzeit — Unterschrift des ic:kurier Mitarbeiters

* Bitte in Druckschrift ausfüllen — Version 2004-09-01 — Bestellnummer: V60910*

6. *Wichtige Versanddokumente im Gewicht von 1980 g sollen noch heute schnellstmöglich von Mannheim nach Paris als IC-Kuriergut versandt werden.*
Ermitteln Sie die zu zahlende Bruttofracht, wenn die Dokumente bei unserer Exportabteilung abgeholt werden sollen und der Empfänger in Paris diese am Gare de l`Est in Empfang nimmt.

13.2 Entgeltberechnung im Bereich der Kleingüter

13.2.1 Entgeltberechnung für Güter mit Normalgröße

Unter dem Bereich der Kleingüter fasst die Praxis i.d.R. sämtliche Güter bis zu einem Gewicht von 3000 kg zusammen. Obwohl auch in diesem Marktsegment eine große Konkurrenz herrscht und die einzelnen Anbieter ihren Frachtberechnungen eigene Haustarife zugrunde legen können, bleibt festzustellen, dass fast sämtliche Tarife entfernungs- und gewichtsorientiert aufgebaut sind. Deshalb kann die Abrechnung sämtlicher Kleingutsendungen anhand beiliegender Tabellen exemplarisch gezeigt werden.

Entsprechend der garantierten Laufzeit (Zustellzeit) unterscheidet man zwischen:
- Express Plus Gut
- Express Gut
- Frachtgut

Allgemeine Kriterien	Express Plus	Express	Fracht
Maximale Laufzeit (Mo.–Fr.)	Bis 10:30 Uhr am nächsten Werktag	Bis 14:00 Uhr am nächsten Werktag	24–48 Stunden
Geld-zurück-Garantie	Ja	Ja	Nein
Flächendeckender Haus-zu-Haus-Service	Ja, außer zu den deutschen Inseln und in die PLZ-Gebiete 17 + 18	Ja, außer zu den deutschen Inseln und in das PLZ-Gebiet 17	Ja
Maximale Abmessungen	Länge 200 cm, Breite 150 cm Höhe 220 cm	Länge 200 cm, Breite 150 cm Höhe 220 cm	Länge 200 cm, Breite 150 cm Höhe 220 cm
Gewichtsbegrenzung pro Sendung	Nein	Nein	Nein
Gewichtsbegrenzung pro Packstück	1 200 kg	1 200 kg	1 200 kg
Ausgeschlossene Güter	Bestimmte gefährliche Güter, lebende Tiere	Bestimmte gefährliche Güter, lebende Tiere	Bestimmte gefährliche Güter, lebende Tiere
Frankaturen	Frei Haus Unfrei	Frei Haus Unfrei	Frei Haus Unfrei
Warenwertnach-nahmen	Sind zugelassen	Sind zugelassen	Sind zugelassen
Mindestabrech-nungsgewicht	150 kg bei Euro-Flachpaletten 250 kg bei Euro-Gitterboxpaletten	150 kg bei Euro-Flachpaletten 250 kg bei Euro-Gitterboxpaletten	150 kg bei Euro-Flachpaletten 250 kg bei Euro-Gitterbox-paletten
Mindesabrechnungs-gewicht bei sperrigen Gütern	150 kg/m³	150 kg/m³	150 kg/m³

Express Plus Gut

Wie man der Übersicht entnehmen kann handelt es sich dabei um solche Sendungen, die schnell, i. d. R. bis spätestens 10:30 Uhr des nächsten Werktages, beim Empfänger ausgeliefert sein sollen.

Express Gut

Die als Express Gut versandten Waren werden bis 14:00 Uhr am nächsten Werktag zugestellt.

Fracht

Hierbei wird eine Zustellung innerhalb von maximal 48 Stunden gewährleistet.

Musteraufgabe

Die Firma Dennis Spiegel GmbH, Freiburg, liefert an die Maschinenfabrik Leuck AG in Heidelberg 50 elektronische Steuerungselemente im Gewicht von je 25 kg frei Haus. Für die Versendung der Ware benutzt man zwei Euro-Gibo-Paletten im Eigengewicht von je 20 kg.

a) Da die Teile dringend im 178 km entfernten Heidelberg benötigt werden, entschließt man sich, diese bis zum nächsten Tag um 10:30 Uhr zustellen zu lassen.
Ermitteln Sie die anfallende Bruttofracht.

b) Wie hoch wäre die zu entrichtende Bruttofracht, wenn die Sendung erst gegen 13:00 Uhr am nächsten Werktag zugestellt werden sollte?

c) Ermitteln Sie die Ersparnis, wenn die Auslieferung der Sendung erst am übernächsten Werktag erfolgen könnte.

Musterlösung

Nettogewicht	50 Stück	· 25 kg	= 1250 kg
+ Tara	2 Paletten	· 20 kg	= 40 kg
Bruttogewicht			1290 kg

a) Preistabelle Express Plus

Nettofracht 1290 kg/178 km	320,00 €
+ 19 % USt	60,80 €
Bruttofracht	380,80 €

b) Preistabelle Express

Nettofracht 1290 kg/178 km	277,20 €
+ 19 % USt	52,67 €
Bruttofracht	329,87 €

c) Preistabelle Fracht

Nettofracht 1290 kg/178 km	252,00 €
+ 19 % USt	47,88 €
Bruttofracht	299,88 €

Ersparnis	– gegenüber Express Plus	= 80,92 €
	– gegenüber Express	= 29,99 €

Lösungsschritte

1. Ermittlung des Bruttogewichts der Sendung.

2.1 Auswahl der richtigen Frachttabelle.
Hier: bei Aufgabe a) Zustellung vor 10:30 Uhr am nächsten Tag
= Express Plus Tabelle
b) Zustellung vor 14:00 Uhr, aber nach 10:30 Uhr am nächsten Tag
= Express Tabelle
c) Zustellung innerhalb von max. 48 Std.
= Fracht Tabelle

2.2 Ermittlung der Nettofracht aus der entsprechenden Tabelle.
Hier: Schnittpunkt 1290 kg/178 km

2.3 Hinzurechnung der Umsatzsteuer, centgenau.

3. Berechnung der Ersparnis

Vermischte Aufgaben zur Entgeldberechnung im Versandbereich

1. *Berechnen Sie zu nachstehender Aufgabe die jeweiligen Frachtgebühren einschließlich USt:*

	Entfernung in km	Gewicht in kg
a)	410	712
b)	600	1 580
c)	375	98
d)	815	125
e)	535	918
f)	75	2035
g)	111	98

2. *Zwischen zwei Städten wird eine Sendung im Gesamtgewicht von 489,7 kg als Frachtgut über eine Entfernung von 285 km versandt.*
Wie hoch ist die Fracht einschließlich Umsatzsteuer?

3. *Peter Müller muss an einen Kunden im 490 km entfernten Aachen schnellstmöglich einen dringend benötigten Motor im Gesamtgewicht von 77 kg versenden.*
Wie hoch sind die Frachtkosten für Herrn Müller?

4. *Wie hoch ist die Fracht für ein Paket Kleineisenteile im Gewicht von 53 kg, das schnellstens – vor 10:30 Uhr am nächsten Werktag – nach 38448 Wolfsburg über 217 km versandt werden soll?*

5. *Eine Frachtgutsendung im Gesamtgewicht von 117 kg wird in einer Gitterboxpalette über eine Entfernung von 285 km versandt.*
Auf wie viel Euro lautet die Frachtabrechnung einschließlich Umsatzsteuer?

6. *Vier Kisten Maschinenteile sollen als Expressgut nach 81329 Tutzing versandt werden. Das Gesamtgewicht der Sendung, einschließlich der Palette, beträgt 87,6 kg.*
Wie hoch sind die Expressgutgebühren, wenn die Ware über 935 km transportiert wird?

7. *Ein Frachtstück im Gewicht von 875 kg soll an einen Kunden in 10785 Berlin über 718 km zugestellt werden.*
Wie viel Euro beträgt die zu zahlende Expressgutfracht?

8. *Wir erwarten noch heute ein dringend benötigtes Einbauteil aus Hamburg im Gewicht von 9,8 kg.*
Welche Versandart bietet sich unserem Lieferanten, wenn Haus-Haus-Beförderung vereinbart wurde, und mit welchen Kosten werden wir belastet?

9. *Eine Unternehmung versendet verschiedene Kisten im Gesamtgewicht von 933 kg als Frachtgut, Entfernung 625 km.*
Errechnen Sie die Frachtkosten einschließlich Umsatzsteuer.

10. *Mit einer Spedition wird eine Frachtgutsendung im Gewicht von 579 kg über 437 km versandt. Wegen Sonderbehandlung der Frachtgutsendung wird ein Margenaufschlag[1] von 5 % vereinbart.
Wie viel Euro einschließlich USt sind an den Spediteur zu zahlen?*

11. *Ein Paket im Gewicht von 33,8 kg soll per Expressgut über 290 km nach 26731 Emden versandt werden.
Wie hoch ist der zu zahlende Preis?*

12. *Eine Sendung im Gewicht von 43 kg soll als Expressgut über 617 km nach 54142 Trier versandt werden.
Wie viel Euro betragen die zu zahlenden Expressgutgebühren, wenn die Zustellung am nächsten Tag vor 10:30 Uhr erfolgen soll?*

13. *Eine Frachtgutsendung im Gewicht von 1 000 kg wird über eine Entfernung von 285 km befördert.
Wie hoch ist der zu zahlende Frachtbetrag einschließlich USt, wenn ein Margenabschlag von 6 % vereinbart wurde?*

14. *Ein Karton mit Ersatzteilen soll als Frachtgut über eine Entfernung von 213 km befördert werden.
Auf wie viel Euro lautet die Frachtabrechnung einschließlich USt, wenn das Bruttogewicht der Sendung 1 120 kg beträgt?*

15. *1 897 kg einer Sendung werden als Frachtgut über eine Entfernung von 477 km versandt.
Wie hoch sind die Frachtgebühren, wenn wegen Sonderbehandlung ein Margenaufschlag von 3 % vereinbart wurde?*

16. *Eine Expressgutsendung im Gewicht von 138,70 kg soll über 705 km in den Freihafen von 20097 Hamburg zwecks Ausfuhr in die USA befördert werden. In der Expressgutkarte ist u. a. eingetragen: „Umsatzsteuerfreie Beförderung gemäß § 4 in Verbindung mit § 1 UStG".
Wie hoch ist die Expressgutfracht?*

17. *Eine Sendung im Gesamtgewicht von 123 kg wird als Frachtgut über eine Entfernung von 77 km auf einer Euro-Flachpalette versandt.
Ermitteln Sie die Fracht einschließlich USt.*

18. *Verschiedene Frachtgüter im Gesamtgewicht von 1 785 kg sind über eine Entfernung von 317 km zu transportieren.
Wie viel Euro müssen einschließlich USt gezahlt werden?*

19. *Eine Frachtgutsendung im Gesamtgewicht von 2 409 kg soll von Mannheim nach Köln (196 km) versandt werden.
Wie hoch sind die Frachtkosten einschließlich USt?*

20. *Als Frachtgut sollen 2 867 kg einer Ware über 319 km befördert werden.
Wie hoch ist der zu zahlende Frachtbetrag einschließlich USt, wenn ein Margenabschlag von 4 % vereinbart wurde?*

21. *Verschiedene Maschinenteile im Gesamtgewicht von 1 354 kg sind als Stückgut über eine Entfernung von 675 km zu transportieren. Wegen Sonderbehandlung der Sendung wurde ein Margenaufschlag von 3 % vereinbart.
Wie hoch ist der Frachtberechnungsbetrag einschließlich USt?*

[1] *Bei Sendungen bis 3 000 kg wird der Margenbetrag auf volle 10 Cents kaufmännisch gerundet.*

22. *Ein dringend benötigtes Ersatzteil im Gewicht von 17,6 kg soll im Haus-Haus-Verkehr über 417 km nach 80939 München versandt werden.*
    a) *Welche Beförderungsmöglichkeiten bieten sich hierfür an?*
    b) *Ermitteln Sie den jeweils zu zahlenden Betrag, wenn das Ersatzteil als IC-Kuriergut, DHL Express Paket vor 09:00 Uhr oder als Express Plus Gut zugestellt würde.*

23. *Unser Lieferer in 90461 Nürnberg erwartet ein benötigtes, falsch ausgeliefertes Ersatzteil im Gewicht von 23,8 kg zurück.*
    a) *Welche Versandmöglichkeiten könnten wir außer dem Expressgut wählen?*
    b) *Ermitteln Sie die Expressgutgebühr, wenn die Entfernung 235 km beträgt und die Zustellung im Laufe des nächsten Werktages erfolgen soll.*

24. *Petra soll im Auftrag ihres Unternehmens ein Zahnrad im Gewicht von 8,7 kg an die Deutsche Werft in 20539 Hamburg (Entfernung 595 km) versenden.*

    In der Auftragserteilung bestand die Deutsche Werft auf der Lieferung am nächsten Tag.
    a) *Welche Versendungsmöglichkeiten können in Betracht gezogen werden, wenn Haus-Haus-Beförderung vereinbart wurde?*
    b) *Stellen Sie die Kosten dreier Beförderungsmöglichkeiten einander gegenüber und wählen Sie die kostengünstigste Alternative aus.*
    c) *Welche Versandart würden Sie wählen, wenn die Lieferung noch im Laufe des Tages in Hamburg eintreffen soll?*

Prüfungsaufgaben

Tipp

Bei der nachfolgenden Aufgabe handelt es sich um eine Aufgabe, die sowohl Inhalte aus dem Bereich Buchführung als auch Inhalte aus dem Bereich kaufmännisches Rechnen und allgemeine Betriebswirtschaftslehre miteinander verknüpft und somit Prüfungscharakter besitzt.

Der Baumarkt Richard Morast KG, Mannheim, bezieht von der Bayerischen Marmorit Werke AG in München 25 Marmorwaschbecken im Gewicht von je 28 kg frei Haus (siehe Anlage).

a) *Ermitteln Sie die zu zahlende Nettofracht, wenn die Marmorwaschbecken in drei Gitterbox-Paletten (Eigengewicht je Gitterbox-Palette 35 kg) als Frachtgut vor 14:00 Uhr am nächsten Tag zugestellt werden sollen und der Bayerischen Marmorit Werke AG eine Frachtermäßigung von 20 % eingeräumt wird.*

b) *Vervollständigen Sie die in der Anlage aufgeführte Rechnung, welche die Bayerischen Marmorit Werke AG der Baumarkt Richard Morast KG zusendet.*

c) *Ein Schweizer Hersteller würde die 25 Marmorwaschbecken in der gleichen Qualität zu einem Gesamtpreis von 8 160,00 sfr ebenfalls frei Haus liefern. Entscheiden Sie sich für eines der beiden Angebote, wenn die Hausbank der Baumarkt Richard Morast KG mit einem Kurs von 1,6000 rechnet.*

d) *Durch welche Vereinbarungen ließe sich der von der Richard Morast KG zu zahlende Betrag verringern. (3 Nennungen)*

e) *Verbuchen Sie als Mitarbeiter der Richard Morast KG die Rechnung der Bayerischen Marmorit Werke AG.*

f) *Verbuchen Sie die Bezahlung der Rechnung am 28.04.20.. durch Banküberweisung.*

g) *Wie müsste die Bayerischen Marmorit Werke AG*
1. die Ausgangsrechnung und
2. den Zahlungseingang verbuchen?

Bayerische Marmorit Werke AG

Bayerische Marmorit Werke AG München

Bayerische Marmorit Werke AGAG, Xavergasse 17, 8136 München

Baumarkt
Richard Morast KG
Hochuferstr. 3
68167 Mannheim

Rechnungsdatum: 28.03.20..
Kunden-Nr.: 2107
Rechnungs-Nr. 3214/75
Ust-ID-Nr. 469873

Rechnung

Sehr geehrte Damen und Herren,

gemäß Ihrer Bestellung vom 20.03.20.. über 25 Marmorwaschbecken berechnen wir Ihnen:

Menge	Artikel	Stückpreis in €	Gesamtpreis in €
25	Marmorwaschbecken	150,00	?
	+ Verpackung		30,00
	+ Frachtkosten		?
	+ Transportversicherung		22,00
	Rechnungsbetrag netto		?
	+ Umsatzsteuer 19 %		?
	Rechnungsbetrag brutto		?
Zahlung innerhalb von 30 Tagen ohne Abzug			

Mit freundlichen Grüßen

Bayerische Marmorit Werke AG

i.V. Erika Barth

Bankverbindung: Dresdner Bank München, BLZ 1001 912, Konto-Nr.: 1901105

13.2.2 Entgeltberechnung für sperrige Güter

Güter werden dann als **sperrig** bezeichnet, wenn 1 m^3 weniger als 150 kg wiegt. Aus diesem Grunde werden der Frachtberechnung 1,5 kg je angefangene 10 dm^3 des Rauminhaltes zugrunde gelegt.

Beachte:

1. Bei der Berechnung des Volumens werden die Maße kaufmännisch auf volle dm gerundet.
2. Bei der Umrechnung von dm^3 in kg gilt:

   10 dm^3 = 1,5 kg

3. Mindestabrechnungsgewicht bei sperrigen Gütern = 150 kg/m^3.

Musteraufgabe

Ein Frachtstück im Gewicht von 286 kg und mit den Maßen 312 cm · 138 cm · 85 cm soll über eine Entfernung von 516 km befördert werden.

Wie hoch ist der Frachtberechnungsbetrag einschließlich USt?

Musterlösung

31 dm · 14 dm · 9 dm = 3 906 dm^3

3 906 dm^3 (Frachtbriefangabe des Absenders) : 10 = 390,6 · 1,5 kg = 585,90 kg Frachtberechnungsgewicht

	Nettofracht 586 kg/516 km	213,90 €
+	USt 19 %	40,64 €
=	Frachtberechnungsbetrag	254,54 €

Lösungsschritte

1. Umwandlung der angegebenen cm in dm (kfm. runden).

   Hier: 312 cm = 31 dm
   138 cm = 14 dm
   85 cm = 9 dm

2. Errechnung des Volumens in dm^3.
3. Umwandlung des Volumens in kg, wobei gilt: 10 dm^3 = 1,5 kg

   10 dm^3 = 1,5 kg
   3 906 dm^3 = x kg
   x = 585,9 kg

4. Ablesen der Fracht aus der Frachtentafel bei 551–600 kg/501–600 km = 213,90 €.
5. Hinzurechnung der Umsatzsteuer, centgenau.

Übungsaufgaben

1. Über eine Entfernung von 397 km soll ein sperriges Frachtstück im Gewicht von 237 kg und mit den Maßen 344 cm · 107 cm · 84 cm befördert werden. Der Rauminhalt wurde vom Absender im Frachtbrief eingetragen.
   Wie viel Euro sind einschließlich USt zu zahlen?

2. Eine sperrige Stückgutsendung im Gesamtgewicht von 517 kg soll über eine Entfernung von 817 km transportiert werden.
   Wie viel Euro sind zu überweisen, wenn das Frachtstück folgende Maße hat: 383 cm · 129 cm · 100 cm?

3. Eine Spedition hat mehrere sperrige Stückgüter günstig, d. h. Raum sparend, zusammengestellt und das Gesamtvolumen von 6 785 dm^3 bei einem Bruttogewicht von 586 kg im Frachtbrief eingetragen.
   Wie viel Euro muss die Spedition für den Transport über 217 km einschließlich USt überweisen?

4. Eine Stückgutsendung, die aus folgenden sperrigen Frachtstücken besteht, soll über eine Entfernung von 487 km befördert werden.
   Frachtstück 1 = 18,3 dm · 8,5 dm · 5,4 dm/67 kg
   Frachtstück 2 = 39,7 dm · 11,6 dm · 8,0 dm/256 kg
   Frachtstück 3 = 17,9 dm · 9,9 dm · 6,5 dm/82 kg
   Der Absender stellt die Einzelstücke günstig zu einer Sendung zusammen und trägt das von ihm errechnete Volumen in den Frachtbrief ein.
   Berechnen Sie die Fracht einschließlich USt.

5. Über eine Entfernung von 623 km wird ein sperriges Frachtstück im Gewicht von 259 kg mit den Maßen 375 cm · 119 cm · 65 cm befördert.
   Wie hoch ist der Frachtberechnungsbetrag einschließlich USt, wenn die dringende Sendung am nächsten Werktag vor 10:30 Uhr zugestellt werden soll?

6. Ein sperriges Frachtstück im Gewicht von 489 kg und den Maßen 3 985 mm · 1 895 mm · 987 mm wird über eine Entfernung von 578 km befördert. Der Absender hat den Rauminhalt in dm^3 im Frachtbrief eingetragen und eine Frachtermäßigung von 6 % ausgehandelt.
   Wie hoch sind die gesamten Beförderungskosten einschließlich USt?

Merke

Zusammenfassende Rundungsregeln bei Kleingütern

Stückgewicht	Rundungen		
	Gewicht	Fracht	Marge
< 3 000 kg	lt. Tabelle einordnen	aus Tabelle ablesen	auf volle 10 ct kfm. runden (bei Express Plus auf volle Euro kfm. runden)
sperrig	a) auf volle dm^3 kfm. runden b) Umwandlung von dm^3 in kg	siehe oben	siehe oben

13.3 Abrechnung im Wagenladungsverkehr – Entgeltberechnung bei der Deutschen Bahn AG

Wie bei jedem Verkehrsträger wird auch im Bereich der Deutschen Bahn AG bzw. ihrem für den Gütertransport zuständigen Tochterunternehmen, der DB Schenker Rail AG (kurz: DB Schenker) die Fracht für sämtliche Güter frei vereinbart.

Lediglich für die Bereiche Eisen und Stahl sowie Kohle oder den Fall, dass keine Vereinbarung zwischen dem Versender und der DB Schenker getroffen wurde, wendet man als Orientierungsmaßstab die nachfolgend dargestellten Abrechnungsverfahren und Tabellen an, die in vorliegendem Lehrbuch exemplarisch Verwendung finden.

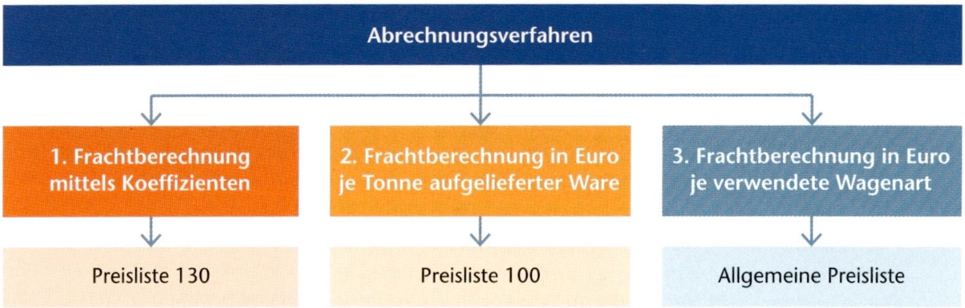

Tipp

1. *Bei allen in den Branchen-Preislisten angegebenen Beträgen handelt es sich um Höchstpreise, die durch Margenabschläge z.T. erheblich reduziert werden.*
2. *Für alle drei Abrechnungsverfahren gelten im Bereich der Frachtermittlung folgende Rundungsregeln:*
   - *das Gewicht der Ladung wird kaufmännisch auf volle Tonnen gerundet,*
   - *die errechnete Fracht wird kaufmännisch auf volle Euro gerundet,*
   - *ein berechneter Margenauf- und -abschlag wird ebenfalls kaufmännisch auf volle Euro gerundet.*

13.3.1 Frachtberechnung mittels Koeffizienten

Geltungsbereiche: z. B. Eisen und Stahl; siehe hierzu Preisliste 130.

Ausschlaggebend für die zu berechnende **Nettofracht** sind:

1. Die Grundfracht – sie ist abhängig von der Entfernung.
   Als Grundfracht (Preisbasis) wird das Gewicht eines 25-t-Achsenwagens lt. Frachtentafel 130 gewählt.
2. Der maßgebliche Koeffizient – er hängt ab von
   - dem Gewicht der Ladung,
     - Das Gewicht der Ladung umfasst alles, was zur Beförderung aufgeliefert wird (wirkliches Gewicht).
     - Das wirkliche Gewicht wird kaufmännisch auf volle Tonnen gerundet.
   - der verwendeten Waggonart.

Musteraufgabe

17 138 kg Bandstahl werden durch die DB Schenker im Achsenwagen über eine Entfernung von 528 km transportiert.
Wie hoch ist die zu entrichtende Bruttofracht, wenn ein Margenabschlag von 5 % vereinbart wurde?

Musterlösung

1. 17 138 kg = 17 000 kg = 17 t
2. Grundfracht für 528 km (520–540 km) lt. Frachtentafel — 958,16 €
3. maßgeblicher Koeffizient für 17 t im Achsenwagen lt. Koeffiziententabelle — 0,795
4. Frachtermittlung:

Fracht	=	Grundfracht	·	Koeffizienten
Fracht	=	958,16	·	0,795
Fracht	=	761,74		(kfm. Rundung auf volle Euro)
Fracht	=	762,00 €		

Abrechnung:

Fracht 17 t/528 km/Achsenwagen	762,00 €
– 5 % Marge (auf volle Euro kfm. runden) (38,10 €)	38,00 €
	724,00 €
+ 19 % USt	137,56 €
Bruttofracht	861,56 €

Lösungsschritte

1. Kfm. Rundung des Frachtgewichtes auf volle Tonnen.
   Hier: 17 138 kg = 17 t
2. Ablesen der Grundfracht lt. Preistafel 130 für Eisen und Stahl.
   Hier: 540 km = 958,16 €
3. Ermittlung des entsprechenden Koeffizienten aus der Koeffiziententabelle im Schnittpunkt: Gewichtsstufe (Spalte 1)/Wagenart (ab Spalte 2).
   Hier: 17 t/Wagen mit zwei Achsen = 0,795
4. Frachtermittlung durch Multiplikation der Grundfracht mit dem entsprechenden Koeffizienten und kfm. Rundung auf volle Euro.
   Hier: 958,16 · 0,795 = 761,74 = 762,00 €
5. Berücksichtigung einer evtl. Marge, die ebenfalls kfm. auf volle Euro zu runden ist.
6. Hinzurechnung der Umsatzsteuer, centgenau.

Merke

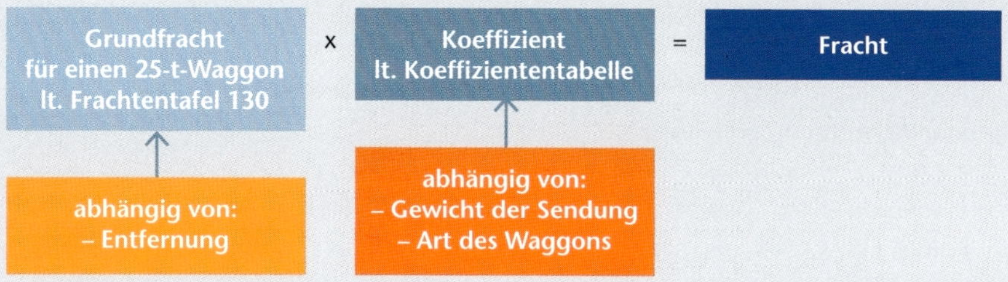

Übungsaufgaben

1. ***Ein Drehgestellwaggon mit Stahlröhren soll über eine Entfernung von 379 km befördert werden. Das Gewicht der Ladung beträgt 23456 kg.***
   Ermitteln Sie die Frachtkosten für die Sendung einschließlich Umsatzsteuer.

2. ***Die DB Schenker soll 6879 kg Stahlmasse über eine Entfernung von 615 km im Achsenwagen transportieren.***
   Wie hoch ist der Frachtberechnungsbetrag einschließlich Umsatzsteuer?

3. ***Im abgebildeten Achsenwagen sollen 24787 kg Metall-Röhren von Dortmund nach München transportiert werden (560 km).***
   Wie hoch ist die Bruttofracht, wenn ein Margenabschlag von 7 % vereinbart wurde?

   Kbs – offener Waggon mit niedrigen Bordwänden und Rungen:

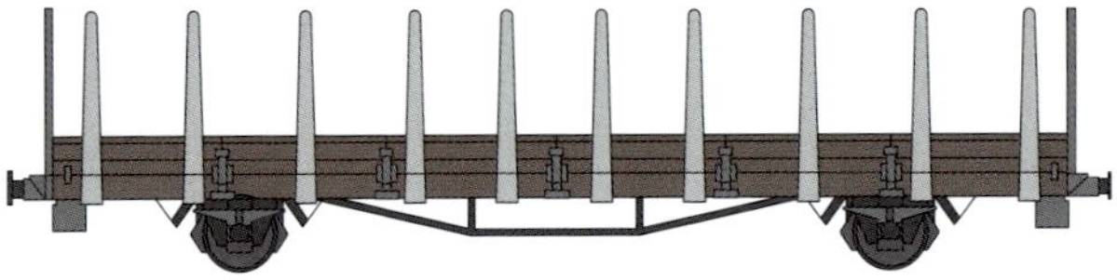

Länge der Ladefläche 12,50 m, Breite der Ladefläche 2,77 m, Ladekapazität 27,5 t

13.3.2 Frachtberechnung in Euro je Tonne aufgelieferter Ware

Geltungsbereich z. B.: Kohle, Koks; siehe hierzu Preisliste 100.

Ausschlaggebend für die zu berechnende **Nettofracht** ist:

1. die Entfernung in km
2. die Warengruppe: Steinkohle/Braunkohle oder Koks
3. die Versandart:
   - in Einzelwagen/Wagengruppe bis drei Wagen
   - geschlossene Züge
4. das Gewicht der Sendung

Musteraufgabe

23,8 t Steinkohle sollen von Dortmund nach Karlsruhe über 390 km durch die DB Schenker transportiert werden.
Errechnen Sie die Bruttofracht, wenn ein Margenabschlag von 30 % vereinbart wurde.

Musterlösung

1. 23,8 t = 24 t
2. Feststellung der Warenart
3. Frachtsatz in Euro je Tonne/390 km/Einzelwagen = 27,96 €
4. Frachtermittlung = Frachtsatz · Tonnen:
5. Fracht = 27,96 € · 24 t
   Fracht = 671,04 €/Wagen (kfm. Rundung auf volle Euro)
   Fracht = 671,00 €

Abrechnung:

	Fracht 24 t/Steinkohle/390 km/Einzelwagen	671,00 €
–	30 % Marge (auf volle Euro kfm. runden) (201,30 €)	201,00 €
		470,00 €
+	19 % USt	89,30 €
Bruttofracht		559,30 €

Lösungsschritte

1. Kfm. Rundung des Frachtgewichtes auf volle Tonnen.
   Hier: 23,8 t = 24 t
2. Feststellung der Warenart.
   Hier: Steinkohle
3. Ablesen des Frachtsatzes pro Tonne Steinkohle im Einzelwagen lt. Preisliste 100.
   Hier: 27,96 €/t
4. Frachtermittlung durch Multiplikation des Frachtsatzes mit der angegebenen Tonnenzahl.
   Hier: 27,96 € · 24 t = 671,04 €
5. Kfm. Rundung der Fracht auf volle Euro.
   Hier: 671,04 € = 671,00 €
6. Berücksichtigung einer evtl. Marge, die ebenfalls kfm. auf volle Euro zu runden ist.
   Hier: 201,03 € = 201,00 €
7. Hinzurechnung der Umsatzsteuer, centgenau.

Übungsaufgaben

1. *27,2 t Steinkohle sollen mit der Bahn über eine Strecke von 615 km transportiert werden. Welche Frachtkosten einschließlich Umsatzsteuer sind bei Verwendung eines Achsenwagens an die DB Schenker zu zahlen?*
2. *28,5 t Koks sollen durch die DB Schenker über eine Entfernung von 473 km befördert werden. Wie hoch sind die Frachtkosten für einen Drehgestellwagen einschließlich Umsatzsteuer, wenn mit der Bahn ein Margenabschlag von 3 % vereinbart wurde?*
3. *Drei 24-t-Waggons Steinkohle sollen von Bochum nach Stuttgart über 432 km transportiert werden.*
   Errechnen Sie die Bruttofracht, wenn ein Margenabschlag von 35 % vereinbart wurde.

13.3.3 Frachtberechnung in Euro je verwendete Wagenart

Geltungsbereich: für alle Güter, für die keine Vereinbarung getroffen wurde, siehe hierzu die allg. Preisliste.

Ausschlaggebend für die zu berechnende **Nettofracht** ist:

1. die Entfernung in km
2. der Wagentyp
   – Wagen mit zwei Achsen = Preistafel 1
   – Wagen mit mehr als zwei Achsen = Preistafel 2
3. die Gewichtsstufe in Tonnen

Musteraufgabe

Ein Achsenwagen (Wagen mit zwei Achsen) Altpapier im Gewicht von 18 250 kg wird von Münster nach Nürnberg über 468 km durch die DB Schenker transportiert.

Ermitteln Sie die Bruttofracht bei einem Margenabschlag von 30 %, wenn die Abrechnung nach der allg. Preisliste der DB Schenker erfolgt.

Musterlösung

1. 18 250 kg = 18,25 t = 18 t
2. Frachtsatz für den verwendeten Wagen mit zwei Achsen
   lt. allg. Preisliste/Preistafel 1 = 18 t/468 km = 1 644,00 €

Abrechnung:

Fracht 18 t/468 km/Wagen mit zwei Achsen	1 644,00 €
– 30 % Marge = 493,20 € (auf volle Euro kfm. runden)	493,00 €
	1 151,00 €
+ 19 % USt	218,69 €
Bruttofracht	1 369,69 €

Lösungsschritte

1. Kfm. Rundung des Frachtgewichtes auf volle Tonnen.
   Hier: 18,25 t = 18 t
2. Ablesen des Frachtsatzes je verwendete Wagenart lt. allg. Preisliste.
   Hier: Tafel 1 = Wagen mit zwei Achsen/18 t/468 km = 1 644,00 €
3. Berücksichtigung einer evtl. Marge, die ebenfalls kfm. auf volle Euro zu runden ist.
   Hier: 493,20 € = 493,00 €
4. Hinzurechnung der Umsatzsteuer, centgenau.

Übungsaufgaben

1. *Zum Transport einer Sendung Altpapier im Gewicht von 44,5 t wurde abgebildeter Waggon von der Bahn gestellt.*
   Berechnen Sie die dafür zu zahlende Bruttofracht, wenn das Altpapier über eine Entfernung von 725 km zu transportieren ist.
   Großraumgüterwaggon:

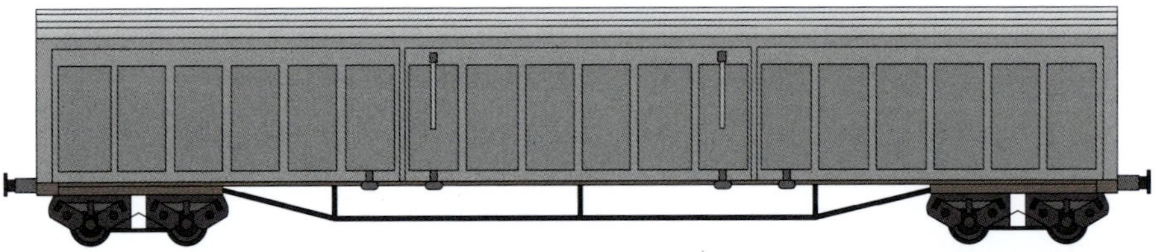

Länge des Laderaumes 19,85 m Breite des Laderaumes 2,6 m Ladekapazität 52,2 t

2. *Eine Wagenladung Lebensmittelkonserven im Gesamtgewicht von 19651 kg soll über eine Entfernung von 213 km von der DB Schenker in einem Achsenwagen befördert werden.*
Ermitteln Sie die Bruttofracht, wenn die Abrechnung nach der allg. Preisliste erfolgt.

Vermischte Aufgaben zu sämtlichen Frachtberechnungsmethoden

1. *Ein Waggon Eisenbleche im Gewicht von 22436 kg soll von Mannheim nach Bochum (375 km) auf der Schiene transportiert werden.*
Wie viel Euro an Frachtkosten einschließlich Umsatzsteuer sind an die DB Schenker zu zahlen, wenn ein Drehgestellwagen von 25 m benötigt wird?

2. *37250 kg Blankstahl sollen über eine Entfernung von 870 km durch die DB Schenker in einem Drehgestellwagen befördert werden.*
Wie hoch sind die Frachtkosten einschließlich USt?

3. *Zwei Waggons Stahlmasse sollen über eine Entfernung von 573 km durch die DB Schenker befördert werden. Das Gewicht beträgt je Waggon 28500 kg.*
Welche Beförderungskosten einschließlich USt sind an die DB Schenker zu zahlen, wenn ein Margenabschlag von 2 % vereinbart wurde und 2 Gelenkwagen benötigt werden?

4. *13450 kg Altpapier sollen von Heidelberg nach Aschaffenburg (Entfernung 362 km) von der DB Schenker in einem Achsenwagen befördert werden.*
Wie viel Euro hat der Kunde einschließlich USt an die DB Schenker zu zahlen?

5. *Stahlröhren im Gesamtgewicht von 26986 kg sollen mit der Bahn über eine Entfernung von 97 km transportiert werden.*
Ermitteln Sie die Frachtkosten einschließlich USt, wenn nachfolgender Drehgestell-Flachwagen der Gattung S verwendet wird.

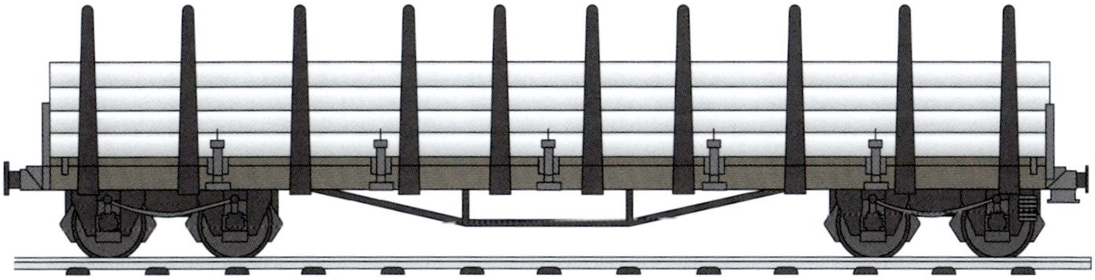

6. *58 Tonnen Koks sollen mit zwei Gelenkwaggons von Köln nach Passau über 635 km durch die DB Schenker befördert werden. Zwischen Versender und Bahn wurde ein Margenabschlag von 40 % vereinbart.*
Ermitteln Sie die zu zahlende Bruttofracht.

7. *38775 kg Steinkohle werden von Dortmund nach Freiburg über eine Strecke von 625 km transportiert.*
Wie hoch ist die Bruttofracht, wenn die DB Schenker eine Margenermäßigung von 30 % gewährt?

8. *Verschiedene Lebensmittel im Gesamtgewicht von 30 370 kg sollen von München nach Hamburg über eine Strecke von 762 km befördert werden.*
   a) *Berechnen Sie, ob es günstiger ist, bei der DB Schenker einen Achsenwagen oder einen Gelenkwagen zu bestellen.*
   b) *Ermitteln Sie die an die DB Schenker zu zahlende Bruttofracht, wenn eine Margenermäßigung von 12 % vereinbart wurde und die Ware mit der günstigsten Waggonart versandt werden soll.*

9. *Eine Sendung Metallgehäuse soll von Nürnberg nach Köln über eine Entfernung von 370 km im Drehgestellwaggon (Innenmaße: 19,85 m · 2,6 m · 2,80 m) durch die DB Schenker transportiert werden.*
   a) *Berechnen Sie, wie viele Metallgehäuse in dem angeführten Drehgestellwaggon versandt werden können, wenn jedes Gehäuse in einem würfelförmigen Karton von 60 cm Kantenlänge verpackt ist.*
   b) *Ermitteln Sie das Gesamtgewicht der Sendung, wenn jedes Metallgehäuse inkl. Verpackung 38,5 kg wiegt.*
   c) *Berechnen Sie die an die DB Schenker zu zahlende Bruttofracht, wenn ein Margenabschlag von 30 % vereinbart wurde.*

13.4 Entgeltberechnung im Bereich des Güterkraftverkehrs

Wie bei den übrigen Verkehrsträgern steht der Unternehmer heute mehr denn je vor der Herausforderung, in eigener Verantwortung markt- und kostengerechte Preise zu bilden, um sich für den in den kommenden Jahren zu erwartenden starken Preisdruck auf den internationalen Güterverkehrsmärkten zu rüsten.

Vor diesem Hintergrund favorisierte der Bundesverband Güterkraftverkehr Logistik und Entsorgung – kurz BGL – die Preisempfehlung mittels KALIF und KIS. Dabei handelt es sich um ein System, das die Unternehmen zur genauen Kalkulation ihrer Selbstkosten anleiten soll.

Die unter dem Kürzel „KURT" (**K**ostenorientierte **U**nverbindliche **R**ichtpreis **T**abelle) vom ehemaligen Bundesverband Wirtschaftsverkehr und Entsorgung (BWE) herausgegebenen Richtpreise wurden zwischenzeitlich vom Bundeskartellamt als kartellrechtlich problematisch eingestuft und dürfen von Verbandsseite nicht mehr als Empfehlung ausgesprochen werden. Dennoch verwendet auch heute noch ein Großteil der Praxis das ehemalige Zahlenwerk unter dem Namen **Kostentabellen I–III** als Orientierungsgröße, wohl wissend, dass die solchermaßen ermittelten Preise nicht immer kostendeckend sind. Eine solch starke Verbreitung lässt es gerechtfertigt erscheinen, diese Methode darzustellen, da die einzelnen Unternehmen diese Tabellen auch weiterhin verwenden dürfen.

Neben diesen beiden Frachtberechnungsmethoden werden häufig noch Berechnungen nach Haustarifen, Einzelkalkulationen oder sonstigen Preisgestaltungen, wie z. B. die Angabe von Preisuntergrenzen pro km*, durchgeführt.

---

* *Laut einem Bericht in der DVZ vom 19.05.09 wird die Preisuntergrenze für französische Transportunternehmen mit 1,20 € pro Kilometer angegeben.*

Bei all den angeführten Preisermittlungen gilt es jedoch festzuhalten, dass sich die zugrunde liegenden Komponenten der Frachtberechnung nicht geändert haben. Als solche gelten nach wie vor:

1. Ladungsgewicht/Nutzlastgewicht
2. Entfernung
3. Einsatzzeit/Nutzungszeit
4. Rücklademöglichkeit
5. Leerfahrt-Kilometer

Bevor die beiden angesprochenen Berechnungsmethoden exemplarisch dargestellt werden, gilt es zunächst die seit dem 01.01.2005 eingeführte Lkw-Maut zu behandeln, zumal es sich dabei um eine weitere Kosteneinflussgröße handelt, die bei sämtlichen Verfahren zu berücksichtigen ist und noch nicht in die entsprechenden Frachttabellen eingearbeitet wurde.

13.4.1 Ermittlung der Lkw-Maut

Seit dem 01.01.2005 werden für Lkw auf den deutschen Bundesautobahnen Mautgebühren fällig, die zunächst vom Transportführer zu bezahlen sind und zur korrekten Preisermittlung danach in die zu zahlende Fracht einkalkuliert und i. d. R. dem Kunden berechnet werden. Ob die Maut in der Abrechnung als eigene Position ausgewiesen oder gar eine eigene Rechnung über die Maut ausgestellt wird, ist lt. Auskunft beim BGL vom Einzelfall abhängig.

Mautpflichtig ist nach ABMG (Autobahnmautgesetz für schwere Nutzfahrzeuge) die Benutzung deutscher Bundesautobahnen sowie einiger ausgewiesener Bundesstraßen mit Lkw und Fahrzeugkombinationen mit einem zulässigen Gesamtgewicht von mindestens **7,5 Tonnen**, wobei es völlig gleichgültig ist, ob der Lkw leer oder beladen unterwegs ist. Die zu zahlende Maut berechnet sich dabei nach unterschiedlichen Verfahren, wovon nachfolgend eine sehr einfache Methode dargestellt werden soll. Diese orientiert sich sowohl an dem zugrunde liegenden Mautsatz als auch an den gefahrenen mautpflichtigen Kilometern.

Mautsatz

Der Mautsatz ist lt. § 4 ABMG abhängig von:

- der Anzahl der Achsen des Lkw oder der Fahrzeugkombination,
- den Schadstoffemissionsklassen,
- Ort und Zeit
  (die Bundesregierung kann die Höhe der Maut pro Kilometer auch nach bestimmten Abschnitten von Bundesautobahnen und nach der Benutzungszeit bestimmen; § 3 Abs. 3 ABMG) und beträgt zz. für schwere Lkw von mehr als 12 t durchschnittlich **16,3 Euro-Cent*** pro mautpflichtigem km. Dieser Satz wird auch den nachfolgenden Aufgaben zugrunde gelegt.

* *Der tatsächliche Mautsatz richtet sich seit dem 01.01.09 verstärkt an den Schadstoffklassen aus und beträgt für über drei Jahre alte Lkw knapp 0,20 € je km.*

Mautpflichtige Kilometer

Die mautpflichtigen auf Bundesautobahnen gefahrenen Kilometer lassen sich anhand einer Tabelle leicht errechnen. Dabei werden in der Tabelle sowohl die gefahrenen als auch die mautpflichtigen Kilometer für den Transport angegeben, wobei unterstellt wird, dass zwischen beiden Orten die maximalen Autobahnkilometer gefahren werden. Benötigt werden hierzu lediglich die ersten drei Zahlen der Postleitzahlen des Ausgangsortes sowie des Empfangsortes.

Auszug aus einer Maut-Tabelle (vgl. S. 217):

Ausgangsort	PLZ 010..*	nach:
Empfangsort PLZ	**gefahrene km**	**mautpflichtige km**
780..	602	588
790..	684	664
850..	388	369
960..	285	269

Ausgangsort	PLZ 011..	nach:
080..	117	104
180..	401	311
200..	491	478
330..	469	427
490..	499	484
520..	645	622

Errechnen lässt sich die zu zahlende Maut nun wie folgt:

Merke

Mautbetrag = mautpflichtige km · Mautsatz

Musteraufgabe

Ein Lkw transportiert zwischen 01067 Dresden und 79098 Freiburg Motoren im Gewicht von 22,8 t.

Ermitteln Sie

a) die mautpflichtigen km sowie

b) die sich dadurch ergebende Maut.

* *Beachte: Bei den PLZ interessieren lediglich die ersten drei Zahlen.*

Musterlösung

a) Ausgangsort = 01067 Dresden = PLZ 010..
Empfangsort = 79098 Freiburg = PLZ 790..
Zwischen beiden Städten ergibt sich eine Entfernung von 684 km, wovon 664 km mautpflichtig sind.

b) Zur Berechnung der zu zahlenden Maut benötigt man jetzt nur noch den entsprechenden km-Satz, der wie angegeben durchschnittlich 16,3 Cent beträgt.
An Maut ergibt sich somit:
Maut = 664 km · 0,163 €/km
Maut = 108,23 €

Lösungsschritte

1. Ablesen der mautpflichtigen km aus der entsprechenden Tabelle.
2. Festlegung des zutreffenden Kilometersatzes,
hier: 16,3 Euro-Cent.
3. Berechnung der zu zahlenden Maut durch Multiplikation der mautpflichtigen km mit dem zutreffenden Mautsatz,
hier: 664 km · 0,163 €/km.

Tipp

Zur Weiterberechnung der Maut durch die Auftraggeber haben sich in der Praxis bisher drei unterschiedliche Verfahren herausgebildet:

1. *Die Auftraggeber erhalten neben der Frachtrechnung eine gesonderte Rechnung, in der die Maut ohne Umsatzsteuer in Rechnung gestellt wird.*
2. *Die Maut wird in die Kalkulation der Fracht aufgenommen, dort als eigenständige Position aufgeführt, ist jedoch in der Abrechnung an den Auftraggeber i. d. R. nicht erkennbar.*
3. *Die Maut wird mit dem Kilometersatz verrechnet.*

Exemplarisch sollen bei den nachfolgenden Aufgaben alle drei Verfahren dargestellt werden.

Übungsaufgaben

1. ***Ermitteln Sie***
a) die mautpflichtigen km bei Fahrten zwischen den unten angegebenen Versand und Empfangsorten,
b) die zu entrichtenden Mautgebühren.

Ausgangsort und	Empfangsort	mautpflichtige km	Maut in €
01067 Dresden	85049 Ingolstadt	?	?
	78098 Triberg	?	?
	96047 Bamberg	?	?
01187 Dresden	18055 Rostock	?	?
	33098 Paderborn	?	?
	20095 Hamburg	?	?
	52062 Aachen	?	?

2. ***Eine Ladung Lebensmittelkonserven im Gewicht von 18 000 kg wird mit einem Sattelfahrzeug von 01187 Dresden nach 49074 Osnabrück befördert.***
   Ermitteln Sie die zu zahlende Lkw-Maut, bei einem Mautsatz von 0,163 € pro km.

3. ***19,7 t Papier sollen von 01067 Dresden nach 85072 Eichstätt transportiert werden. Errechnen Sie die Mautgebühren, wenn von einem durchschnittlichen Mautsatz von 0,163 € pro km ausgegangen werden kann.***

13.4.2 Frachtberechnung mithilfe der Kostentabellen

Wie dem Vorwort zum „KURT 98" des ehemaligen Bundesverbandes Wirtschaft und Entsorgung e. V. zu entnehmen war, sollten die Richtpreis-Tabellen
- den Unternehmen des Güterkraftverkehrs den Übergang zur eigenverantwortlichen Preisbildung erleichtern,
- die Fähigkeit zur kosten- und marktorientierten Preisbildung stärken und
- Richtwerte zur Verbesserung des eigenen Preisbewusstseins geben.

Um diesen Zielsetzungen und den damit verbundenen Anforderungen der Praxis gerecht zu werden, wurden drei Abrechnungssysteme entwickelt, die in den nachfolgend dargestellten Kostentabellen I–III ihren Niederschlag fanden.

Kostentabelle I
= Tages- und Kilometersätze

Kostentabelle II
= Stundensätze

Kostentabelle III
= Leistungssätze

Tipp

Die mithilfe der Kostentabellen ermittelten Frachtsätze sind lediglich Richtwerte, die je nach Kosten- und Marktsituation über- bzw. unterschritten werden können.

Fracht

Bei den in den einzelnen Kostentabellen angegebenen Preisen handelt es sich um unverbindliche Richtsätze, die noch keine Umsatzsteuer enthalten.

Gewicht

Als Mindestgewicht werden 3 Tonnen zugrunde gelegt.

13.4.2.1 Kostentabelle I – Tages- und Kilometersätze

Die für die Tages- und Kilometersätze zuständige Tafel I ist für die Beförderung im innerdeutschen Güterkraftverkehr bestimmt und eignet sich vor allem für Einsätze mit langen Standzeiten, wobei zusätzlich pro Stunde i. d. R. mehr als 10 km gefahren werden.

Fracht

Die Fracht nach der Kostentabelle I setzt sich aus den beiden Komponenten
- Tagessatz und
- Kilometersatz

zusammen.

1. Tagessätze

   Diese sind abhängig von:

   - der **Nutzlast** des Lkw in Tonnen
     - diese wirkt sich direkt auf die zu verrechnenden Tages- und Kilometersätze aus;
     - in der angegebenen Tabelle I sind die Frachtsätze bis zu einer Nutzlast von 29 t angegeben;
   - der **Beschäftigungszeit**
     - als Mindestzeit werden 3 Std. berechnet;

       Frachtsatz = 3 Std. · 1/8 Tagessatz

     - zwischen 3 und 6 Std. dürfen angebrochene Std. auf volle Std. aufgerundet werden;

       Frachtsatz = Std. · 1/8 Tagessatz

     - zwischen 6 und 8 Std. wird der volle Tagessatz berechnet;

       Frachtsatz = Tagessatz

     - ab 8 Std. dürfen angebrochene Stunden auf volle Std. aufgerundet werden. Ist dies der Fall, so erhöht sich der Tagessatz je weitere Stunde um 1/8 Tagessatz.

       Frachtsatz = Tagessatz + Std. · 1/8 Tagessatz

2. Kilometersätze

   Grundlage hierfür ist die **Entfernung**.

   - Zur Ermittlung des Kilometersatzes sind die gefahrenen Kilometer (Last- und Leerkilometer) mit einem entsprechenden, von der Nutzlast des Lkw abhängigen Satz zu multiplizieren.

Merke

	berechneter Tagessatz	*(1)*
+	*Kilometersatz*	*(2)*
	Frachtbetrag	

Gewicht

Das Ladungsgewicht ist bei vorliegender Tabelle nicht zu beachten. Wichtig ist lediglich die **Nutzlast** des Lkw.

Musteraufgabe 1

Ein 14-t-Lkw wird auf einer Strecke von 85 km 8 Stunden eingesetzt.

Wie hoch ist die Fracht einschließlich USt für diesen Einsatz, wenn der Lkw ausschließlich Landstraßen benutzte?

Musterlösung 1

	Tagessatz für 14 t (Tafel I)	341,62 €
+	Kilometersatz für 14 t = 0,50 € · 85 km	42,50 €
		384,12 €
+	19 % USt	72,98 €
=	Frachtbetrag	457,10 €

Lösungsschritte 1

1. Ablesen des Tagessatzes in Tafel I, Spalte 2 bis 14 t.
   Hier: 341,62 €
2. Berechnung des Kilometersatzes; Ablesen des km-Satzes der entsprechenden Nutzlast und Multiplikation des Wertes mit den gefahrenen Kilometern.
   Hier: 0,50 € · 85 km = 42,50 €
3. Berechnung der Umsatzsteuer, centgenau.

Musteraufgabe 2

Ein 16-t-Lkw ist 4 1/2 Std. im Einsatz. Die dabei zurückgelegte Strecke beträgt 62 km, wovon 25 km auf mautpflichtigen Autobahnabschnitten gefahren wurden.
Wie hoch ist der dafür zu zahlende Frachtbetrag, wenn ein Margenabschlag von 6 % vereinbart wurde und der durchschnittliche Mautsatz 0,163 € pro km beträgt?

Musterlösung 2

	1/8 Tagessatz/16 t = 43,30 € · 5 Std.	216,50 €
+	Kilometersatz/16 t = 0,54 € · 62 km	33,48 €
		249,98 €
–	6 % Margenabschlag von 249,98 €	15,00 €
		234,98 €
+	Maut 0,163 € · 25 km	4,08 €
		239,06 €
+	19 % USt	45,42 €
=	Frachtbetrag	284,48 €

Lösungsschritte 2

1. Ablesen des 1/8 Tagessatzes in Tafel I, Spalte „Nutzlast in t" bei 16 t.
   Hier: 43,30 €
2. Multiplikation des ermittelten 1/8 Tagessatzes mit der benötigten Zeit.
   Hier: 43,30 € · 5 Std. = 216,50 €
3. Berechnung des Kilometersatzes; Ablesen des km-Satzes der entsprechenden Nutzlast und Multiplikation des Wertes mit den gefahrenen Kilometern.
   Hier: 0,54 € · 62 km = 33,48 €
4. Berechnung der Marge aus dem Frachtbetrag ohne Umsatzsteuer auf volle Cent genau.
5. Ermittlung der Maut falls erforderlich (Lkw ≥ 12 t, mautpflichtige Strecke)
6. Berechnung der Umsatzsteuer, centgenau.

Übungsaufgaben

1. ***Ein 18-t-Lkw ist 7 Std. im Einsatz. Die auf Landstraßen gefahrene Strecke beträgt 95 km. Wie hoch ist der zu zahlende Rechnungsbetrag?***

2. ***Über eine Entfernung von 125 km wird ein 12-t-Lkw 6 Std. und 20 Minuten eingesetzt. Wie hoch ist die zu zahlende Fracht einschließlich USt, wenn er ausschließlich Bundes- und Landstraßen benutzt?***

3. ***Ein 8-t-Lkw fährt 7 Std. 45 Minuten über eine Strecke von 87 km. Berechnen Sie den Rechnungsbetrag, wenn ein Margenabschlag von 15 % vereinbart wurde.***

4. ***Über eine Entfernung von 35 km wird ein 6-t-Lkw 2 Std. 10 Minuten eingesetzt. Berechnen Sie die Fracht einschließlich USt.***

5. ***Ein 10-t-Lkw ist 6 1/2 Std. unterwegs. Die gefahrene Strecke beträgt 170 km. Wie hoch ist die Fracht einschließlich Umsatzsteuer, wenn ein Margenabschlag von 6 % vereinbart wurde?***

6. ***Ein 24-t-Lkw war 9 Std. unterwegs. Die dabei zurückgelegte Strecke betrug insgesamt 295 km, davon 120 km auf mautpflichtigen Autobahnen. Ermitteln Sie den zu zahlenden Rechnungsbetrag, wenn der Mautsatz 0,163 €/km beträgt.***

7. ***Über 228 km wurde ein 8-t-Lkw 6 1/4 Std. eingesetzt. Ermitteln Sie den zu zahlenden Rechnungsbetrag, wenn ein Margenabschlag von 5 % vereinbart wurde und keine Autobahnabschnitte gefahren wurden.***

8. ***Ein 12-t-Lkw war 8 1/4 Std. im Einsatz. Die dabei gefahrene Strecke betrug 195 km. Wie hoch ist die dafür zu entrichtende Bruttofracht, wenn für insgesamt 42 km Maut zu zahlen war? (Mautsatz = 0,163 €/km).***

13.4.2.2 Kostentabelle II – Stundensätze

In Tafel II sind die Stundensätze, die je Einsatzstunde berechnet werden dürfen, enthalten. Sie eignet sich besonders für Einsätze mit geringer Fahrleistung, d. h. wenn
a) die Ø-Fahrleistung 10 km je Einsatzstunde nicht überschreitet oder
b) keine km-Angaben gemacht werden.

Hinsichtlich der **Nutzlast** ist Tafel II mit Tafel I kombiniert.

Fracht

Ausschlaggebend für die Höhe der zu zahlenden Fracht sind:

- die **Nutzlast** des Lkw in Tonnen
  - diese wirkt sich wie bei Tafel I direkt auf die zu verrechnenden Stundensätze aus;
- die **Beschäftigungszeit**
  - als Mindestzeit werden 3 Std. berechnet;
  - angebrochene Stunden dürfen auf volle Std. aufgerundet werden.

Merke

Frachtbetrag = Stundensatz · Beschäftigungszeit

Gewicht

Wie bei der Preisberechnung nach Tabelle I ist auch hier lediglich die **Nutzlast** des Lkw von Bedeutung.

Musteraufgabe

Ein 15-t-Lkw wird 6 Stunden eingesetzt.

Wie hoch ist die zu zahlende Fracht einschließlich Umsatzsteuer?

Musterlösung

	Stundensatz für 15 t (Tafel II) 48,21 € · 6 Stunden	289,26 €
+	19 % USt	54,96 €
=	Frachtbetrag	344,22 €

Lösungsschritte 2

1. Ablesen des Stundensatzes in Tafel II für die entsprechende Nutzlast.
   Hier: 48,21 €
2. Berechnung der Fracht durch Mulitplikation des ermittelten Stundensatzes mit der benötigten Zeit.
   Hier: 48,21 € · 6 Std. = 289,26 €
3. Hinzurechnung der Umsatzsteuer, centgenau.

Merke

Tafel II findet immer dann Anwendung, wenn
a) pro Stunde weniger als 10 km gefahren oder
b) keine km-Angaben gemacht werden.

Übungsaufgaben

1. ***Ein 12-t-Lkw ist 8 Std. im Einsatz und legt dabei auf Bundes- und Landstraßen eine Strecke von 65 km zurück.***
   Welcher Frachtbetrag muss dafür einschließlich USt entrichtet werden?
2. ***Ein 8-t-Lkw erledigt einen Auftrag in 2 Std. 10 Minuten.***
   Wie hoch ist der zu zahlende Rechnungsbetrag, wenn ein Margenzuschlag von 6 % vereinbart wurde?
3. ***Ein 6-t-Lkw wird für 8 Std. 45 Minuten eingesetzt.***
   Wie viel Euro beträgt der Frachtbetrag einschließlich Umsatzsteuer?
4. ***Für die Dauer von 10 Std. wird ein 15-t-Lkw eingesetzt. Dabei wurde ein Margenabschlag von 20 % vereinbart.***
   Ermitteln Sie die Fracht für diesen Auftrag einschließlich Umsatzsteuer, wenn insgesamt für 65 km Maut zu zahlen war und diese dem Kunden in Rechnung gestellt wird. (Mautsatz 0,163 €/km)

*5. Ein 5-t-Lkw wurde für einen Auftrag 1 Std. 50 Minuten eingesetzt.
Wie hoch ist der Rechnungsbetrag?*

*6. Für die Dauer von 6 3/4 Stunden wurde ein 12-t-Lkw eingesetzt. Vereinbart wurde ein Margenabschlag von 15 %.
Wie hoch ist der zu zahlende Betrag einschließlich Umsatzsteuer, wenn keine Maut zu berücksichtigen ist?*

7. Ein 24-t-Lkw ist 7,5 Std. im Einsatz, wobei die zurückgelegte Strecke 68 km beträgt. Berechnen Sie die zu zahlende Bruttofracht, wenn ein Margenabschlag von 5 % vereinbart wurde und insgesamt 25 mautpflichtige Kilometer gefahren wurden (Mautsatz 0,163 €/km).

13.4.2.3 Kostentabelle III – Leistungssätze

Tafel III enthält die Leistungssätze, die nach der Entfernung, die der Lkw bei jeder Fahrt beladen zurücklegt, sowie nach dem **Ladungsgewicht** berechnet werden.

Die Berechnung nach der Kostentabelle III eignet sich daher besonders für Transporte mit hoher Fahrleistung und geringen Stehzeiten, d. h. für alle Aufträge, bei denen der Unternehmer die Abwicklung des Transportes mitgestalten kann.

Mit den Leistungssätzen der Kostentabelle III ist bei Lastentfernungen bis 300 km die Leerfahrt abgegolten.

Fracht

Die Fracht hängt ab von:

- dem **Ladungsgewicht**
  - darunter versteht man das tatsächliche Gewicht der Sendung;
  - das tatsächliche Gewicht kann auf volle 100 kg **auf**gerundet werden.

Tipp

Liegt das maßgebliche Gewicht zwischen zwei Gewichtsstufen, so kann das Gewicht zur nächsten vollen Tonne aufgerundet werden, wenn sich dadurch eine niedrigere Fracht ergibt (alternative Frachtberechnung).

- der **Entfernung**
  - der Berechnung werden lediglich die Lastkilometer zwischen Be- und Entladestelle zugrunde gelegt.

Merke

Frachtbetrag = Leistungssätze in Euro lt. Tabelle III · Gewicht der Sendung

Gewicht

Der Berechnung wird nicht die Nutzlast des Lkw, sondern das **Ladungsgewicht** (tatsächliches Gewicht der Sendung) zugrunde gelegt.

Musteraufgabe

Auf einer Strecke von 197 km befördert ein Lkw 5 650 kg Maschinenteile.
Wie hoch ist das zu zahlende Entgelt, wenn der Lkw auf dem Rückweg leer fährt?

Musterlösung

Alternative Frachtberechnung

Bei dieser Vorgehensweise werden zwei Berechnungen alternativ durchgeführt:

1. 5-t-Satz: 5 650 kg = 5 700 kg = 5,7 t = tatsächliches Gewicht
   Fracht 5-t-Satz/200 km = 87,33 € · 5,7 t = 497,78 €

2. 6-t-Satz: 5 650 kg = 6 000 kg = 6 t = Frachtberechnungsmindestgewicht
   Fracht 6-t-Satz/200 km = 74,64 € · 6 t = 447,84 €

Ergebnis: Trotz des höheren Frachtberechnungsmindestgewichtes ist die Abrechnung zum 6-t-Satz infolge der niedrigeren Frachtrate günstiger.

Abrechnung:

	Fracht 6-t-Satz/200 km = 74,64 € · 6 t =	447,84 €
+	19 % USt	85,09 €
=	Frachtbetrag	532,93 €

Lösungsschritte

1. Aufrunden des Frachtgewichtes auf volle 100 kg.
2. Alternative Frachtberechnung für die zugrunde liegende niedrigere und höhere Gewichtsklasse durchführen.
   Hier: 5-t-Satz und 6-t-Satz
3. Ablesen der Leistungssätze in Euro je Tonne.
   a) waagerecht: entsprechende Gewichtsklassen,
      Hier: 5-t und 6-t
   b) senkrecht: 197 km = 200 km
      Schnittpunkt: 5-t/200 km = 87,33 € je Tonne
      6-t/200 km = 74,64 € je Tonne
4. Errechnung der jeweiligen Fracht.
   Hier: 497,78 € bzw. 447,84 €
5. Frachtberechnung mit dem günstigeren Ergebnis.
6. Hinzurechnung der Umsatzsteuer, centgenau.

Übungsaufgaben

1. *Ein Lkw befördert 13 200 kg Lebensmittel über eine Entfernung von 272 km.
   Wie hoch ist der Rechnungsbetrag, wenn eine Frachtermäßigung von 15 % vereinbart wurde und 200 km auf mautpflichtigen Autobahnabschnitten gefahren wurden? (durchschnittlicher Mautsatz 0,163 €/km)*

2. *Ein Lkw befördert auf der Strecke Mannheim – Hockenheim (32 km) 8 150 kg Milchprodukte.
   Der leer zurückgelegte Heimweg betrug 25 km.
   Wie hoch ist die Fracht einschließlich Umsatzsteuer?*

3. *Über eine Strecke von 378 km, davon 310 km mautpflichtig, befördert ein Lkw 13,5 t Kleineisenteile. Dafür wird ein Margenabschlag von 8 % vereinbart.*
   Wie viel Euro beträgt das zu zahlende Entgelt einschließlich Umsatzsteuer, wenn der durchschnittliche Mautsatz 0,163 €/km beträgt?

4. *Im Bereich Mannheim – Darmstadt (48 km) transportiert ein Lkw 10 370 kg Maschinenteile. Der Rückweg (42 km) erfolgt leer.*
   Wie hoch ist der dafür zu zahlende Rechnungsbetrag?

5. *Auf einer Strecke von 218 km befördert ein Lkw 8,5 t Papier.*
   Wie hoch ist das zu zahlende Entgelt, wenn er den Rückweg leer fährt?

6. *Ein Fahrzeug befördert 11 875 kg Kupferdrähte über eine Entfernung von 87 km. Dabei wird eine Frachtermäßigung von 15 % vereinbart.*
   Wie viel Euro beträgt das zu zahlende Entgelt?

Zusammenfassung zur Frachtberechnung

Um sofort herauszufinden, welche Kostentabelle zur Frachtberechnung anzuwenden ist, ist Folgendes zu beachten:

Anwendung der Kostentafel ...	bei Angabe der ...
Tabelle I	▪ Nutzlast des Lkw ▪ Entfernung ▪ benötigten Stundenzahl
Tabelle II	▪ Nutzlast des Lkw ▪ Entfernung ▪ benötigten Stundenzahl ▪ Beachte: Tafel II findet jedoch nur dann Anwendung, wenn pro Stunde weniger als 10 km gefahren werden.
Tabelle III	▪ Gewicht der Ladung ▪ Entfernung; meist in Form von Last- und Leerkilometern

Vermischte Aufgaben zur Entgeldberechnung im Güterverkehr

1. *Wie hoch ist das zu entrichtende Entgelt inkl. USt, wenn ein 10-t-Lkw 7 Std. im Einsatz ist und dabei 478 km zurücklegt?*

2. *Auf einer Strecke von 83 km befördert ein Lkw 7 358 kg Düngemittel.*
   Wie viel Euro beträgt die Fracht einschließlich USt?

3. *Ein 14-t-Lkw transportiert auf einer Strecke von 67 km Gussteile.*
   Berechnen Sie die Fracht einschließlich USt, wenn der Lkw 7,5 Std. im Einsatz ist.

4. *Ein Lkw befördert auf einer ausschließlich auf Bundes- und Landstraßen zurückgelegten Strecke von 282 km 9 415 kg Fracht.*
   Wie hoch ist die Fracht einschließlich USt, wenn er den Rückweg von 79 km leer fährt?

5. *Auf einer Strecke von 199 km befördert ein Lkw 6 300 kg Maschinenteile.*
   Berechnen Sie die zu zahlende Gesamtfracht.

6. *Über eine Entfernung von 35 km war ein 6-t-Lkw 2 Std. 10 Minuten im Einsatz.*
   Wie viel Euro beträgt die Fracht einschließlich USt?

7. *Ein 24-t-Lkw war 9 Std. unterwegs. Die dabei zurückgelegte Strecke betrug laut Tacho 475 km, wovon 340 km mautpflichtig waren.*
   Wie hoch ist die dafür zu entrichtende Gesamtfracht, wenn der Mautsatz 0,163 €/km beträgt?

8. *Über eine Strecke von 84 km beförderte ein 7-t-Lkw Kunststoffgranulat in 8 Std. 45 Minuten.*
   Wie hoch ist die dafür zu zahlende Fracht einschließlich USt?

9. *Ein 14-t-Lkw ist 6 1/2 Std. im Einsatz.*
   Berechnen Sie die Bruttofracht, wenn die dabei ausschließlich auf nicht mautpflichtigen Straßen zurückgelegte Strecke
   a) 58 km,
   b) 192 km beträgt.

Prüfungsaufgaben

Tipp

Zur Lösung nachfolgender Aufgaben werden sowohl die Mauttabelle als auch die Entfernungstabelle vom Buchende benötigt.

1. *Ein 22-t-Lkw ist von 07:45 bis 13:30 Uhr unterwegs. Die Fahrtstrecke beträgt 125 km, wovon 80 % mautpflichtig sind. Aufgrund verschmutzter Ladung wurde ein Margenaufschlag von 7,5 % vereinbart.*
   Ermitteln Sie die Bruttofracht, wenn die Maut vereinbarungsgemäß auf den Kunden überwälzt wird.

2. *Eine Ladung Ersatzteile wird in einem 38-t-Gliederzug von Berlin nach Stuttgart in 9 Std. transportiert.*
   Berechnen Sie die Bruttofracht, wenn ein Margenabschlag von 20 % vereinbart wurde und der Kunde eine Übernahme der entstandenen Maut ablehnt.

3. *Die Spedition Mario Kajmer OHG befördert mit ihrem 18-t-Lkw eine Ladung Drahtrollen von Mannheim nach Frankfurt.*
   Ermitteln Sie die Bruttofracht, wenn der Lkw von 07:30 bis 16:45 Uhr unterwegs war und ein Margenabschlag von 8 % vereinbart wurde.

4. *Errechnen Sie die Bruttofracht inkl. der Maut, die einem Kunden für einen 24-t-Sattelzug zum Transport von Papierrollen von 68217 Mannheim nach 83024 Rosenheim in Rechnung gestellt wird, wenn aus Termingründen eine optimale Autobahnnutzung angestrebt wurde und der Lkw 6 Std. 20 Min. unterwegs war.*

5. *18 425 kg Kunststoffgranulat werden von Erfurt nach München befördert.*
   Ermitteln Sie die zu zahlende Bruttofracht, wenn 85 % der zurückgelegten Strecke mautpflichtig sind und die Maut dem Versender in Rechnung gestellt wird. Als Besonderheit des Transportvertrages wurde eine Margenermäßigung von 16 2/3 % vereinbart.

6. *Von den Stahlwerken Saarland AG, Saarbrücken, werden 23 870 kg Drahtrollen zur Drahtgroßhandlung Morast GmbH nach Mannheim transportiert.*
   Da die Ware nicht so dringend benötigt wird, entschließt sich die Versandabteilung der Stahlwerke den Transport kostengünstig, d. h. über nicht mautpflichtige Straßen zu befördern.
   Berechnen Sie die dafür anfallende Bruttofracht, wenn ein Margenabschlag von 12 % vereinbart wurde.

13.4.3 Frachtberechnung mit den Kalkulationshilfen KALIF und KIS

Nach der Abschaffung der Tarifordnung stellt der BDF – heute BGL – seinen Mitgliedern für die Kalkulation der Frachten im Güterkraftverkehr die beiden auf Kostenbasis ausgerichteten Kalkulationshilfen

- KALIF und
- KIS

zur Verfügung.

- **KALIF**
  Bei den **KAL**KULATIONSHILFEN **I**M GÜTER**F**ERNVERKEHR (**KALIF**) handelt es sich um ein Software-Programm, das die Kalkulation von Transportaufträgen erleichtern soll.
  Nach der Eingabe der entsprechenden Eckdaten eines Auftrages wie z. B. Lade- und Entladestellen werden die Selbstkosten auf der Basis der diesem Programm zugrunde liegenden Kalkulationshilfen des KIS ermittelt. Darüber hinaus ermöglicht dieses System zu überprüfen, inwieweit ein vom Auftraggeber gebotener Preis kostendeckend ist.

- **KIS**
  Das **K**OSTEN **I**NFORMATIONS **S**YSTEM (**KIS**) stellt den Transportführern zur Preisermittlung für verschiedene Fahrzeugkombinationen und Aufbauten Kalkulationshilfen in Form von jährlich aktualisierten Durchschnittswerten zur Verfügung, die nach folgendem Schema aufgebaut sind:

Ausführliches Schema zur Frachtermittlung laut KIS

- Fahrzeugeinsatzkosten pro km
- Fahrzeugvorhaltekosten pro
  a) Produktivtag (= 12 Std.)
  b) 1/2 Produktivtag (= 6 Std.)
  c) 1/4 Produktivtag (= 3 Std.)
  d) Produktivstunde (= 1 Std.)
- Fahrereinsatzkosten pro Einsatzstunde
- Fahrerspesen pro Einsatzstunde

Merke

Bei von den Tagessätzen abweichenden Stunden sollte die Abrechnung immer nach dem Produktivstundensatz erfolgen.

Neben diesen Durchschnittswerten, die die aktuelle Kostenstruktur im Transportgewerbe wiedergeben sollen, sind als Prozentzuschlag die Verwaltungskosten, kalkulatorische Wagnisse sowie die kalkulatorische Eigenkapitalverzinsung zu berücksichtigen.

Kalkulationssätze Sattelkraftfahrzeug (Stand: Dezember 2008)

Aufbauart: Normalaufbau – Offener Kasten mit Plane und Spriegel Anzahl Achsen: 2 + 3 Gesamtgewicht: 40 t	Durchschnittswert
Kalkulationssätze in Euro	**€**
Fahrzeugeinsatzkosten pro Lastkilometer – km-Satz Fahrzeug –	0,59
Fahrzeugvorhaltekosten pro Produktivtag – Tagessatz Fahrzeug –	118,48
Fahrzeugvorhaltekosten pro 1/2 Produktivtag – 1/2-Tagessatz Fahrzeug –	59,24
Fahrzeugvorhaltekosten pro 1/4 Produktivtag – 1/4-Tagessatz Fahrzeug –	29,62
Fahrzeugvorhaltekosten pro Produktivstunde – Stundensatz Fahrzeug –	9,87
Fahrereinsatzkosten pro Produktivstunde – Stundensatz Fahrer –	21,90
durchschnittliche Fahrerspesen pro Produktivstunde – durchschnittlicher Stundensatz Fahrerspesen –	2,43
Zuschlagssätze in Prozent	**Prozent**
Verwaltungskosten	18,30
kalkulatorische Wagnisse	1,70
kalkulatorische Eigenkapitalverzinsung	2,70

Vereinfachtes Kalkulationsschema

Hierbei fasst man außer den Fahrzeugeinsatzkosten pro Lastkilometer sämtliche übrige Kostenarten inkl. Verwaltungskosten und kalk. Zinsen zu einem Satz pro Produktivstunde zusammen.

Vereinfachte Kalkulationssätze Sattelkraftfahrzeug

Aufbauart: Normalaufbau – Offener Kasten mit Plane und Spriegel Anzahl Achsen: 2 + 3 Gesamtgewicht: 40 t	Durchschnittswert
Tourenbezogener Gesamtdeckungsbedarf	**€**
– pro Lastkilometer*	0,59
plus – pro Produktivstunde*	47,92

* *Beträge enthalten keinen kalkulatorischen Gewinn.*

Musteraufgabe

Im Güterverkehr befördert ein Sattelzug zwischen Saarbrücken und Dortmund über 364 km, davon 298 km mautpflichtig, 24 t Stahlrohre.

a) Wie viel Euro beträgt die dem Kunden in Rechnung gestellte Bruttofracht, wenn der Transportführer mit 1/2 Tagessatz, 6 Fahrerstunden und einem Mautsatz von 0,163 €/km kalkuliert und darüber hinaus einen Gewinn von 8 % erzielen will?

b) Wie hoch wäre die Gesamtfracht, wenn man das vereinfachte Kalkulationsschema zugrunde legen würde?

Musterlösung a)

Fahrzeugeinsatzkosten	364 km ·	0,59 €	=	214,76 €
Fahrzeugvorhaltekosten	1/2 Tagessatz		=	59,24 €
Fahrereinsatz	6 Std. ·	21,90 €	=	131,40 €
Fahrerspesen	6 Std. ·	2,43 €	=	14,58 €
			=	419,98 €
+ Verwaltungskosten	18,3 %		=	76,86 €
+ kalk. Wagnisse	1,7 %		=	7,14 €
+ kalk. Zinsen	2,7 %		=	11,34 €
			=	515,32 €
+ Maut	0,163 € · 298 km		=	48,57 €
Selbstkosten			=	563,89 €
+ Gewinn	8 %		=	45,11 €
Nettofracht			=	609,00 €
+ 19 % USt			=	115,71 €
Bruttofracht			=	724,71 €

Musterlösung b)

Fahrzeugeinsatzkosten	364 km ·	0,59 €/km	=	214,76 €
sonstige Produktivkosten	6 Std.	· 47,92 €/Std.	=	287,52 €
			=	502,28 €
+ Maut	0,163 € · 298 km		=	48,57 €
Selbstkosten			=	550,85 €
+ Gewinn	8 %		=	44,07 €
Nettofracht			=	594,92 €
+ 19 % USt			=	113,03 €
Bruttofracht			=	707,95 €

Lösungsschritte a) und b)

1. Auswahl der erforderlichen Fahrzeugkombination bzw. des notwendigen Aufbaus. Hier: Sattelzug
2. Überlegung, welches Kalkulationsschema angewandt werden soll.
3. Heraussuchen der entsprechenden KIS-Kalkulationswerte.
4. Aufbau des Kalkulationsschemas unter Beachtung der Mautgebühren und Errechnung der Bruttofracht.

Übungsaufgaben

1. 24 300 kg Ersatzteile sollen von Stuttgart nach Erfurt über 455 km mit einem Sattelzug transportiert werden. Die dabei zurückgelegte mautpflichtige Strecke beträgt 378 km. Zu welcher Bruttofracht kann der Transport angeboten werden, wenn der Transportführer mit einem ganzen Tagessatz und 8 Fahrerstunden auf Basis des „KIS" kalkuliert, der anzusetzende Mautsatz 0,163 €/km beträgt und überdies 12 % Gewinn erzielen will?

2. Im Güterkraftverkehr sollen 25 t Konserven über eine Entfernung von 638 km, davon 570 km auf Bundesautobahnen, transportiert werden. (Mautsatz 0,163 €/km)

a) Welche Bruttofracht ist dem Versender in Rechnung zu stellen, wenn für die Beförderung mit einem Sattelzug 9 Produktivstunden anfallen und der Transportführer mit einem Gewinn von 6 % kalkuliert?

b) Welche Bruttofracht wäre an die DB Schenker zu zahlen, wenn die Versendung in einem Achsenwaggon erfolgen würde?

c) Wie viel Prozent beträgt die Differenz?

3. Die Motoren Werke Mannheim (MWM) fordern für nachfolgenden Transport ein Angebot: Zunächst sollen von Mannheim 23 500 kg Motorenteile mit einem Sattelzug nach Duisburg (270 km) transportiert werden. Am gleichen Tag soll der Lkw im Duisburger Hafen 25 t Bleche als Rückfracht zur MWM laden. Welchen Nettoangebotspreis kann der Transportführer der MWM unterbreiten, wenn er auf Basis des „KIS" mit 10 Produktivstunden und einem Gewinnzuschlag von 12 % rechnet und die Maut lt. Vereinbarung nicht abgerechnet werden darf?

4. 21 800 kg Edelstahl sollen in einem Lastzug von Dortmund nach Wolfsburg über 296 km befördert werden. Der mautpflichtige Autobahnanteil beträgt 230 km.

a) Zu welcher Nettofracht wird der Transport angeboten, wenn mit einem halben Tagessatz und 6 Std. Fahrereinsatz auf Basis des KIS kalkuliert wird, der durchschnittliche Mautsatz 0,163 €/km beträgt und der Transportführer mit einem Gewinn von 8 % rechnet?

b) Welche Nettofracht würde sich mit dem vereinfachten Berechnungsverfahren ergeben?

5. Im Güterverkehr befördert ein Sattelzug zwischen 68213 Mannheim und 84030 Landshut 28 t Kunststoffteile.

a) Ermitteln Sie die zu zahlende Maut, wenn der Lkw die maximal möglichen Autobahnkilometer fährt.

b) Wie viel Euro beträgt die dem Kunden in Rechnung gestellte Bruttofracht, wenn der Transportführer mit 8 Stunden Fahrzeugvorhaltung und 8 Fahrerstunden kalkuliert und darüber hinaus einen Gewinn von 12 % erzielen will? Da keine sonstige Vereinbarung getroffen wurde, wird die entstandene Maut dem Kunden ebenfalls belastet.

Tipp

Die Kalkulationssätze für einen Lastzug sowie die Mauttabelle befinden sich am Ende des Buches.

13.4.4 Frachtberechnung beim Sammelgutverkehr

Eine Sammelladung liegt dann vor, wenn Güter mehrerer Versender von einem Spediteur zusammengefasst und als eine Sendung behandelt werden.

Dabei beginnt der Leistungsbereich des Spediteursammelgutverkehrs mit der Übernahme des Gutes vor dem Haus des Versenders und endet mit der Übergabe des Gutes vor dem Haus des Empfängers (= Haus-Haus-Leistungsbereich).

Die Fracht im Sammelgutverkehr wird grundsätzlich frei ausgehandelt. Orientierungsgröße ist dabei der von der „Vereinigung der Sammelgutspediteure im BSL" zum 01.09.2000 empfohlene Tarif. Dieser besteht aus folgenden drei Bestandteilen:

1. Bedingungen — Unter den Bedingungen wird u. a. aufgeführt, dass sich die Entfernung nach der „verkehrsüblichen Entfernung" richtet. Diese kann sowohl die GFT-Entfernung als auch die effektive Straßenentfernung sein. Zur Bestimmung des Frachtberechnungsgewichtes wurde der Sperrigkeitsfaktor auf 200 kg/m³ angehoben.
2. Haus-Haus-Entgelte — Die neuen Entgeltstafeln enthalten nun ein einheitliches Entgelt; es gibt nur noch eine Entgeltstafel.
3. Nebengebühren — Die im neuen Tarif aufgeführten Nebengebühren werden zusätzlich zum Haus-Haus-Entgelt berechnet.

→ Solche Gebühren können sein:

a) Gebühren für Versendernachnahmen	2%, mindestens	15,34 €
b) Avisgebühren	pro Sendung	5,11 €
c) Zustellung an einem vorgeschriebenen Tag (Fixtag) nach Ablauf der Regellaufzeit		15,34 €
d) Wiegen von Gütern sowie Aufmessen von Sperrgütern nach Zeit und Aufwand	pro Sendung mindestens	2,56 €
e) Lagergeld für Güter normalen Umfangs pro Tag und 100 kg		1,02 €
	mindestens	2,05 €
f) Rechnungserstellung für Unfrei-Empfänger, die nicht zur sofortigen Zahlung bereit sind, sowie für Dritte		6,14 €
g) Nachträgliche Verfügungen des Versenders (z. B. Änderung der Frankatur) und Anweisungen des Empfängers	pro Sendung mindestens	5,11 €
h) Beschaffung eines Ablieferungsnachweises	mindestens	6,14 €
i) Palettentauschgebühr für		
– genormte Flachpaletten*	je Palette	2,56 €
– genormte Gitterboxpaletten*	je Palette	10,23 €
* Die Normen für Abmessungen und Güter richten sich nach DIN.		
Tipps zum Palettentausch: 1. Paletten sind Packmittel, die vom Auftraggeber zu stellen sind. 2. Paletten sind im Stückgutverkehr Zug um Zug zu tauschen. 3. Lt. DIHT und BSL sind Palettentauschgebühren zu zahlen. **Beachte:** Palettentauschgebühren sind immer zu zahlen.		
j) Stand- und Wartezeiten von mehr als einer halben Stunde	je halbe Stunde	17,90 €

Musteraufgabe

Die Becker GmbH, Bruchsal, versendet mit der Transeurop AG drei Gitterboxpaletten Maschinenteile an einen Kunden in das 455 km entfernte Hannover.
Ermitteln Sie, welchen Frachtbetrag die Transeurop AG der Becker GmbH berechnet, wenn eine Preisermäßigung von 15 % vereinbart wurde und das Bruttogewicht jeder Gitterboxpalette 575 kg beträgt.

Musterlösung

1. Frachtgewicht = 3 · 575 kg = 1 725 kg
2. **Abrechnung**

	Haus-Haus-Entgelt/1 725 kg/455 km	354,79 €
–	15 % Preisermäßigung	53,22 €
		301,57 €
+	Palettentauschgebühr 3 · 10,23 €	30,69 €
	Nettofracht	332,26 €
+	19 % USt	63,13 €
	Bruttofracht	395,39 €

Lösungsschritte

1. Ermittlung des Frachtgewichtes.
   Hier: 3 Kisten · 575 kg = 1 725 kg
2. Ablesen der Fracht aus der „Haus-Haus-Entgelt" Tabelle.
   Hier: 1 725 kg/455 km = 354,79 €
3. Berücksichtigung der Preisermäßigung.
   Hier: 15 % = 53,22 €
4. Hinzurechnung der angefallenen Nebengebühren.
   Hier: Palettentauschgebühr für Gitterboxpaletten
   3 Gitterboxpaletten à 10,23 € = 30,69 €
5. Hinzurechnung der Umsatzsteuer, centgenau.

Übungsaufgaben

1. *Eine Euro-Palette im Gesamtgewicht von 798 kg wird im Rahmen des Sammelguttransportes von München nach Hamburg über 679 km transportiert.*
   Welcher Betrag wird dem Auftraggeber in Rechnung gestellt?
2. *Fünf Gitterboxpaletten mit je 278 kg werden durch die Gebr. Lehmann KG, Ludwigshafen, an einen Kunden in das 138 km entfernte Saarbrücken unfrei befördert.*
   Welchen Betrag muss der Kunde bezahlen, wenn überdies eine Versendernachnahme von je 1 100,00 € einzubeziehen ist?

Tipp

Eine weiter gehende Betrachtung und Berechnung des Sammelgutverkehrs ist mehr Sache des Spediteurs und weniger die der Fachkraft für Lagerlogistik.
Aus diesem Grunde werden in diesem und den beiden folgenden Punkten lediglich die wichtigsten theoretischen Kenntnisse dargeboten. Eine Berechnung der einzelnen Frachten ist lt. Lehrplan nicht erforderlich, wird jedoch anhand einiger ausgewählter Musteraufgaben dargestellt.

13.5 Entgeltberechnung bei der Schifffahrt

13.5.1 Frachtberechnung bei der Binnenschifffahrt

Mit dem Inkrafttreten des Tarifaufhebungsgesetzes zum 1. Januar 1994 sind auch die im Bereich der Binnenschifffahrt gültigen Tarife, der **FTB** – Frachten- und Tarifanzeiger Binnenschifffahrer –, entfallen. Dies hatte zur Folge, dass sämtliche Frachten und Zuschläge frei vereinbart werden konnten. Die ebenfalls beschlossene Aufhebung des Karbotageverbotes, wonach nun auch Ausländer innerdeutsche Transporte durchführen dürfen, führte zu einem drastischen Preisverfall der Frachtraten.

Um die Gesamtfracht bzw. die Fracht pro Tonne dennoch möglichst kostengerecht ermitteln zu können, sind folgende Kenntnisse unabdingbar:

1. **Bereithaltungskosten je Arbeitstag**
   (abhängig von Abschreibung, Personalkosten, Reparaturkosten, Versicherungen, Zinsen, sonstigen Kosten)

2. **Fortbewegungskosten**
   (abhängig von Schiffstyp, Fahrtgebiet, Motorleistung und -verbrauch)

Die im Auftrag des Bundesministeriums für Verkehr erarbeitete und im „Handbuch Güterverkehr Binnenschifffahrt" vorgeschlagene Kalkulationshilfe für den Bereich der Binnenschifffahrt* soll nachfolgend anhand eines Beispiels exemplarisch erläutert werden.

Musteraufgabe

Transport von 1000 Tonnen Ladungsgut mit dem 2000 t Binnenschiff „Heidelberg" von Mannheim nach Duisburg mit vorhergehender Leerfahrt ab Karlsruhe.

Annahmen:

1) Bereithaltungskosten des angegebenen Schiffs	=	750,00 €
2) Fortbewegungskosten		
effektive Fahrzeit:		
– Leeranfahrt Karlsruhe – Mannheim		4 Std.
– Ladungsfahrt Mannheim – Duisburg		17 Std.
		21 Std.
Gasölverbrauch in Litern:		
– Gasölverbrauch pro Stunde 50 l = 21 Std. · 50 l	=	1050 l
Fortbewegungskosten:		
– Preis je l Gasöl 0,30 € = 1050 l · 0,30 €	=	315,00 €
– Zuschlag für Schmierstoffe 10%	=	31,50 €
		346,50 €

* *Herausgegeben von der LUB Consulting GmbH (Dresden) und der Dornier SystemConsult GmbH (Friedrichshafen) im Auftrag des Bundesministeriums für Verkehr, 2. Aufl. Sept. 1998.*

Musterlösung

Abrechnung des obigen Transportes

effektive Fahrzeit

1. Leeranfahrt	Karlsruhe – Mannheim	4 Stunden	
2. Ladungsfahrt	Mannheim – Duisburg	17 Stunden	
		21 Stunden	
	21 Std./14 Std. je Tag =		1,5 Tage
Zeit für Laden/Löschen, Meldetag			
1/4 gesetzliche Ladezeit für 1 000 Tonnen		1,5 Tage	
1/4 gesetzliche Löschzeit für 1 000 Tonnen		1,5 Tage	
kein Meldetag beim Laden		–	
1 Meldetag beim Löschen		1,0 Tage	4 Tage
Gesamtdauer des Transports			
effektive Fahrzeit + Zeit für Laden/Löschen + Meldetag			5,5 Tage
Bereithaltungskosten			
Gesamtdauer des Transports · Tagessatz/5,5 Tage · 750 € =			4125,00 €
Fortbewegungskosten			346,50 €
Gesamtkosten des Transports			4471,50 €
Kosten des Transportes je Tonne/4471,50 € : 1 000 Tonnen			4,47 €

Lösungsschritte

1. Ermittlung der Bereithaltungskosten je Arbeitstag (unterschiedlich je nach Schiffstyp etc.).
2. Ermittlung der Gesamtdauer des Transportes:
   - Ermittlung der effektiven Fahrzeit,
   - Ermittlung der Lade-/Löschzeiten inkl. Meldetag.
3. Berechnung der Bereithaltungskosten.
4. Ermittlung der Fortbewegungskosten.
5. Berechnung der Gesamtkosten des Transportes.
6. Hinzurechnung der USt, centgenau.

Wie das vorliegende Beispiel verdeutlicht gelten als Grundlage der Frachtberechnung weiterhin:

a) der verwendete Schiffstyp,
b) die Entfernung,
c) das Gewicht der Ladung.

Immer häufiger geben die Auftraggeber für eine bestimmte Fracht, z. B. die Beförderung von Stahlerzeugnissen über 800 km, einen Preis vor, sodass es am Frachtführer bzw. Reeder liegt, ob er den Transport zu diesem Preis durchführen möchte oder nicht.

Aus diesem Grunde erübrigt sich auch eine weitere Betrachtung der Frachtgestaltung für den Bereich der Binnenschifffahrt.

13.5.2 Frachtberechnung bei der Seeschifffahrt

Im Bereich der Seeschifffahrt gibt es ebenfalls keinen verbindlichen Tarif, sodass die Frachtberechnung frei ausgehandelt werden kann.

Häufig werden als Frachtbasis jedoch die Frachtraten herangezogen, die für die Häfen eines bestimmten Konferenzgebietes, z. B. alle nordkontinentalen Häfen (z. B. Hamburg, Bremen, Antwerpen, Rotterdam), festgelegt werden und für ein bestimmtes Gut gewöhnlich gleich hoch sind.

Grundlagen der Frachtbasis können sein:

- **reine Gewichtsfrachten**
  - dabei erfolgt die Angabe der Frachtrate je 1 000 kg unabhängig vom Volumen der Ladung;
- **Maß-/Gewichtsfrachten**
  - die Frachtrate gilt je Frachttonne (**frt**), d. h. per **1** m^3 **oder 1 000 kg**, und wird in M/G (Maß/Gewicht) angegeben;
  - je nachdem, welches Abrechnungskriterium dem Verfrachter die höheren Einnahmen erbringt, kommt entweder das Maß oder das Gewicht zur Anwendung;
- **Wertfrachten**
  - diese werden in % des fob-Wertes (**fob** – **f**ree **o**n **b**oard) angegeben und kommen nur noch sehr selten zur Anwendung.

Beachte: Der Versender berechnet im Seefrachtverkehr stets die höhere Fracht aus Gewicht, Raummaß oder Wert.

13.6 Entgeltberechnung im Luftverkehr

Die im Luftverkehr üblichen Luftfrachtraten werden von der International Air Transport Association (IATA) in gemeinsamen Tarifen veröffentlicht, die dann für alle der IATA angeschlossenen Luftverkehrsgesellschaften als Empfehlungen gelten.

(Ausnahme: Luftverkehr innerhalb Europas; hier bestimmen die einzelnen Fluggesellschaften ihre eigenen Raten.)

Fracht

Die von der IATA festgelegten Frachtraten richten sich nach:

- dem **Gewicht**
  - das tatsächliche Gewicht wird auf volle 500 g aufgerundet, z. B. 53,2 kg – 53,5 kg;
  - sperrige Sendungen werden nach Volumen abgerechnet, wobei üblicherweise gilt: **6 dm^3 = 1 kg**;
- der **Entfernung**
  - sie wird durch das Zielgebiet bestimmt und beeinflusst direkt die Höhe der Frachtrate.

Beachte:

- die Frachtraten werden centgenau berechnet;
- die Hinzurechnung der Umsatzsteuer entfällt im internationalen Verkehr.

Besonderheiten

- Die von der IATA herausgegebenen Luftfrachten stellen Transportpreise je kg dar.
- Für Luftfrachtsendungen werden häufig Mindestfrachtsätze festgelegt, die nicht unterschritten werden dürfen.

Die Luftfrachtraten der IATA gliedern sich in drei Hauptratengruppen:
1. Allgemeine Frachtraten,
2. Warenklassenraten,
3. Spezialraten.

13.6.1 Allgemeine Frachtraten (General Cargo Rates)

Die allgemeinen Frachtraten finden immer dann Anwendung, wenn für das zu befördernde Gut weder eine Wertklassenrate noch eine Spezialrate besteht bzw. diese zu hoch wäre.

Die allgemeinen Frachtraten werden unterteilt in:

- **Normalraten**
  - sie gelten für alle Sendungen bis zu einem frachtpflichtigen Gewicht unter 45 kg;
  - bereits ab 34 kg ist jedoch zu überprüfen, ob die Fracht nicht nach der Mengenrabattrate günstiger abgerechnet werden kann.
- **Mengenrabatt-Raten**
  - sie gelten ab einem frachtpflichtigen Gewicht von 45 kg;
  - sie sind i. d. R. etwa 25 % niedriger als Normalraten.

Beachte: Mindestfrachtbeträge kommen immer dann zur Anwendung, wenn die Normalrate oder die Mengenrabatt-Rate unter dem festgesetzten Mindestsatz liegt.

Die Mindestfracht für innerdeutsche Transporte beträgt zz. 48,00 €.

Musteraufgabe

Eine Sendung im Gewicht von 44,4 kg soll von Stuttgart nach Hamburg geflogen werden.

Wie viel Euro beträgt die reine Luftfracht (inkl. USt), wenn die Lokalrate 1,10 € je kg beträgt?

Musterlösung

44,4 kg = 44,5 kg (frachtpflichtiges Gewicht)

	Grundfracht 44,5 kg · 1,10 €/kg	48,95 €
+	19 % USt	9,30 €
=	reine Luftfracht	58,25 €

Lösungsschritte

1. Aufrunden des Frachtgewichtes auf volle 500 g (Frachtberechnungsgewicht).
   Hier: 44,4 kg · 44,5 kg
2. Ermittlung der Lokalrate aus der entsprechenden Frachtentafel.
   Hier: Lokalrate unter 45 kg (Lokalrate – 45) = 1,10 € je kg
3. Errechnung der Grundfracht durch Multiplikation der Lokalrate mit dem Frachtberechnungsgewicht.
   Hier: 1,10 €/kg · 44,5 kg
4. Hinzurechnung der Umsatzsteuer centgenau (gilt jedoch nur bei Flügen innerhalb der Bundesrepublik Deutschland)

13.6.2 Warenklassenraten (Class Rates)

Die Warenklassenraten gelten für bestimmte Warengruppen, wie z. B. Zeitungen, Zeitschriften, Kataloge, unbegleitetes Reisegepäck, sterbliche Überreste oder Wertfracht, und werden in Prozentsätzen der Normalrate zugeschlagen oder von ihr abgezogen.

Beachte: Auch hier gelten die bekannten Frachtberechnungsvorschriften sowie die Mindestfrachtkosten.

Musteraufgabe

Zeitschriften im Gesamtgewicht von 29,3 kg sollen von Hamburg nach Tokio befördert werden.

Wie hoch ist die reine Luftfracht, wenn die Class Rate für Zeitschriften 60 % der Normalrate beträgt?

(Normalrate 15,04 € je kg)

Musterlösung

29,3 kg = 29,5 kg (frachtpflichtiges Gewicht)
Class Rate = Normalrate · 60 % = 15,04 €/kg · 60 % = 9,03 €/kg
reine Luftfracht = frachtpflichtiges Gewicht · Class Rate
reine Luftfracht = 29,5 kg · 9,03 € = 266,39 €

Lösungsschritte

1. Aufrunden des Frachtgewichtes auf volle 500 g (Frachtberechnungsgewicht).
2. Ermittlung der Class Rate (Warenklassenrate) durch Multiplikation der Normalrate mit dem Prozentsatz der Warenklassenrate.
   Hier: 15,04 €/kg · 60 % = 9,03 €/kg
3. Berechnung der reinen Luftfracht durch Multiplikation des frachtpflichtigen Gewichtes mit der Class Rate.
   Hier: 29,5 kg · 9,03 €/kg = 266,39 €

13.6.3 Spezialraten (Specific Commodity Rates)

Bei den Spezialraten handelt es sich um besonders ermäßigte Raten für ausgewählte Waren bzw. Warengruppen auf dafür festgelegten Strecken.

Die Spezialraten werden dabei einer eigenen Spezialraten-Tabelle entnommen, sie liegen bis zu 80 % unter den Normalraten.

Beispiele für Spezialraten sind etwa:

Kennzahl	Warenbeschreibung
2601	Textilien und fertige Textilartikel
7107	Tageszeitungen
7119	Bücher
8203	Musikinstrumente

Beachte: Für den Nord- und Südatlantikverkehr bestehen abweichende Kennzahlen (= Item).

14 Unterlagen für die Frachtberechnung

Tipp

Bei den folgenden Unterlagen zur Frachtberechnung handelt es sich um Tabellen, die exemplarischen Charakter besitzen, zumal diese Daten halbjährlich bzw. jährlichen Änderungen unterliegen.

14.1 Preisliste Express

Haus-Haus-Preise in Euro für nationale Sendungen, exkl. MwSt., SVS

km / kg	bis 40	bis 75	bis 100	bis 150	bis 200	bis 250	bis 300	bis 350	bis 400	bis 500	bis 600	bis 800	bis 1200
bis 30	22,7	23,7	24,4	25,4	26,3	27,1	27,8	28,3	28,8	29,3	30,0	30,3	30,9
bis 40	25,4	26,8	27,9	29,1	30,4	31,7	32,4	33,2	33,9	34,6	35,5	36,1	36,8
bis 50	27,0	28,8	30,1	31,8	33,5	35,0	36,0	37,0	37,8	38,8	39,9	40,6	41,6
bis 75	32,4	35,2	37,2	39,8	42,4	44,7	46,3	47,9	49,1	50,6	52,3	53,4	54,8
bis 100	37,3	41,0	43,7	47,2	50,6	53,8	55,9	58,1	59,9	61,9	64,1	65,6	67,6
bis 125	45,0	49,8	53,3	57,7	62,3	66,3	68,9	71,7	73,9	76,4	79,4	81,2	83,7
bis 150	48,1	53,5	57,5	62,5	67,8	72,4	75,4	78,6	81,2	84,1	87,4	89,6	92,4
bis 175	50,9	57,1	61,5	67,1	73,1	78,1	81,6	85,1	87,9	91,2	94,8	97,3	100,6
bis 200	53,5	60,7	65,8	72,4	79,4	85,2	89,2	93,3	96,6	100,4	104,8	107,5	111,3
bis 225	61,2	69,3	75,1	82,5	90,3	97,0	101,5	106,2	109,9	114,1	119,1	122,3	126,5
bis 250	64,1	72,8	79,1	87,1	95,5	102,7	107,5	112,5	116,6	121,2	126,5	129,9	134,5
bis 275	66,9	76,3	83,0	91,5	100,6	108,2	113,5	118,8	123,2	128,0	133,8	137,4	142,3
bis 300	71,3	81,6	88,9	98,2	108,0	116,4	122,1	127,9	132,7	138,0	144,2	148,2	153,5
bis 325	76,3	87,3	95,2	105,3	115,9	124,9	131,0	137,3	142,5	148,2	154,9	159,2	165,0
bis 350	78,8	90,4	98,6	109,2	120,3	129,8	136,2	142,7	148,2	154,2	161,2	165,7	171,7
bis 375	81,7	93,7	102,3	113,4	125,0	134,9	141,5	148,5	154,1	160,3	167,7	172,5	178,6
bis 400	86,1	98,9	108,0	119,8	132,1	142,7	149,8	157,1	163,1	169,7	177,5	182,5	189,2
bis 425	90,5	104,0	113,7	126,0	139,0	150,0	157,6	165,3	171,6	178,5	186,8	192,0	199,1
bis 450	93,5	107,5	117,4	130,2	143,6	155,0	162,8	170,8	177,3	184,5	193,0	198,5	205,7
bis 475	96,5	111,0	121,2	134,4	148,2	160,0	168,1	176,2	182,9	190,4	199,2	204,8	212,2
bis 500	103,0	118,4	129,3	143,4	158,0	170,6	179,2	188,0	195,1	203,0	212,4	218,3	226,3
bis 550	107,8	123,9	135,3	150,1	165,6	178,7	187,7	196,8	204,3	212,7	222,5	228,7	237,1
bis 600	113,8	130,9	143,0	158,7	175,0	189,0	198,4	208,1	216,1	225,0	235,3	241,9	250,8
bis 650	119,9	138,0	150,7	167,2	184,5	199,2	209,3	219,5	227,8	237,2	248,1	255,1	264,5
bis 700	125,6	144,5	157,9	175,1	193,2	208,6	219,1	229,8	238,6	248,3	259,8	267,2	276,9
bis 750	131,1	150,8	164,6	182,7	201,4	217,6	228,4	239,5	248,7	258,9	270,8	278,4	288,6
bis 800	136,6	157,0	171,4	190,0	209,4	226,1	237,0	249,1	258,5	269,0	281,4	289,2	299,9
bis 850	143,7	164,5	179,3	198,4	218,2	235,3	246,6	258,8	268,4	279,2	291,8	299,9	310,7
bis 900	150,8	172,0	187,1	206,6	227,0	244,5	256,4	268,4	278,3	289,3	302,3	310,5	321,7
bis 950	158,6	179,9	195,1	214,6	235,0	252,5	264,4	277,2	287,4	298,7	312,1	321,0	333,3
bis 1000	166,4	187,8	202,9	222,5	242,9	260,5	272,4	285,0	295,3	306,6	319,9	328,8	341,1
bis 1100	176,1	197,5	212,6	232,2	252,6	270,1	282,0	294,7	304,9	316,2	329,5	338,4	350,7
bis 1200	183,7	206,5	222,5	243,3	265,1	283,6	296,2	309,2	319,7	331,5	345,2	354,1	365,9
bis 1300	191,3	215,4	232,3	254,0	277,2	296,9	310,3	323,9	335,0	347,5	362,0	371,4	383,9
bis 1400	199,6	224,8	242,7	265,7	289,7	310,3	324,4	338,6	350,3	363,3	378,7	388,4	401,5
bis 1500	204,7	230,8	249,4	273,4	298,4	319,9	334,5	349,4	361,5	375,0	391,0	401,2	414,8
bis 1600	211,2	238,7	258,3	283,4	309,6	332,1	347,5	363,1	375,9	390,0	406,7	417,5	431,7
bis 1700	217,5	246,3	266,7	293,0	320,6	344,2	360,1	376,5	389,8	404,7	422,2	433,4	448,4
bis 1800	223,8	253,9	275,1	302,6	331,3	355,9	372,6	389,7	403,7	419,2	437,5	449,1	464,8
bis 1900	230,1	261,4	283,5	312,1	342,1	367,6	385,1	402,8	417,3	433,5	452,5	464,7	480,9
bis 2000	236,1	268,6	291,7	321,5	352,6	379,2	397,3	415,8	430,9	447,7	467,5	480,1	497,0
bis 2200	248,3	283,3	308,0	340,0	373,3	401,8	421,3	441,2	457,4	475,4	496,7	510,2	528,3
bis 2500	265,9	304,3	331,6	366,7	403,5	435,0	456,3	478,2	496,0	515,8	539,3	554,2	574,2
bis 3000	293,3	337,5	368,7	409,0	451,2	487,3	511,9	536,9	557,3	580,1	607,0	624,0	647,0

14.2 Preisliste Express Plus

Haus-Haus-Preise in Euro für nationale Sendungen, exkl. MwSt., SVS

kg \ km	bis 100	bis 200	bis 300	bis 400	bis 600	bis 1 200
bis 10	45	49	51	54	57	61
bis 20	47	50	53	56	60	63
bis 30	49	52	55	58	61	65
bis 40	53	56	59	63	66	71
bis 50	55	58	62	66	70	74
bis 75	64	67	72	76	81	85
bis 100	73	77	82	87	93	98
bis 125	83	92	98	104	110	117
bis 150	87	97	105	111	118	125
bis 175	90	103	111	118	125	132
bis 200	98	111	122	130	140	150
bis 225	106	121	132	143	154	167
bis 250	110	127	139	150	162	175
bis 275	115	132	146	157	170	183
bis 300	122	141	155	168	181	195
bis 325	129	149	165	178	192	207
bis 350	132	154	170	184	199	215
bis 375	137	160	176	190	206	222
bis 400	143	168	185	200	216	233
bis 425	150	175	194	210	226	244
bis 450	154	180	200	216	233	251
bis 475	159	186	205	222	239	259
bis 500	168	196	217	235	254	274
bis 550	174	204	227	244	264	285
bis 600	182	214	238	257	277	300
bis 650	191	224	249	269	290	313
bis 700	198	234	259	280	302	327
bis 750	206	242	269	291	314	339
bis 800	213	251	278	301	325	351
bis 850	221	260	288	311	336	364
bis 900	230	269	299	323	348	376
bis 950	238	278	308	332	358	387
bis 1 000	246	286	315	341	368	397
bis 1 100	256	296	325	351	379	409
bis 1 200	266	308	339	366	396	427
bis 1 300	276	320	353	382	412	445
bis 1 400	286	333	367	397	428	463
bis 1 500	292	342	377	407	440	476
bis 1 600	301	353	390	421	455	492
bis 1 700	310	364	403	436	470	508
bis 1 800	318	374	416	449	485	524
bis 1 900	326	385	428	462	500	539
bis 2 000	334	396	440	476	514	555
bis 2 200	351	416	464	502	541	584
bis 2 500	375	447	500	539	582	629
bis 3 000	412	494	555	600	650	701

14.3 Preisliste Fracht

Haus-Haus-Preise in Euro für nationale Sendungen, exkl. MwSt., SVS

km / kg	bis 40	bis 75	bis 100	bis 150	bis 200	bis 250	bis 300	bis 350	bis 400	bis 500	bis 600	bis 800	bis 1200
bis 30	20,6	21,5	22,2	23,0	23,9	24,7	25,3	25,7	26,2	26,7	27,3	27,6	28,1
bis 40	23,0	24,3	25,3	26,5	27,7	28,8	29,5	30,2	30,8	31,5	32,3	32,8	33,4
bis 50	24,5	26,2	27,4	28,9	30,5	31,9	32,8	33,6	34,4	35,3	36,3	36,9	37,7
bis 75	29,5	32,1	33,8	36,1	38,6	40,6	42,1	43,6	44,7	46,0	47,5	48,5	49,8
bis 100	33,9	37,3	39,7	42,9	46,0	49,0	50,9	52,8	54,5	56,2	58,3	59,7	61,4
bis 125	40,9	45,2	48,4	52,4	56,7	60,2	62,6	65,2	67,2	69,5	72,1	73,8	76,1
bis 150	43,7	48,7	52,3	56,9	61,7	65,8	68,6	71,5	73,8	76,4	79,5	81,4	84,1
bis 175	46,3	51,7	55,9	61,0	66,4	71,0	74,1	77,4	79,9	82,9	86,3	88,5	91,4
bis 200	48,7	55,2	59,8	65,8	72,1	77,5	81,1	84,8	87,8	91,3	95,3	97,8	101,2
bis 225	55,6	63,0	68,3	75,0	82,1	88,2	92,3	96,5	100,0	103,8	108,3	111,2	115,0
bis 250	58,2	66,2	71,9	79,1	86,8	93,3	97,8	102,3	106,0	110,2	115,0	118,1	122,2
bis 275	60,8	69,4	75,4	83,2	91,4	98,4	103,2	108,0	111,9	116,4	121,6	124,9	129,3
bis 300	64,8	74,2	80,8	89,3	98,2	105,8	111,0	116,3	120,6	125,4	131,1	134,7	139,5
bis 325	69,4	79,4	86,6	95,7	105,3	113,6	119,2	124,8	129,6	134,8	140,9	144,8	150,0
bis 350	71,7	82,3	89,7	99,3	109,4	118,0	123,8	129,8	134,7	140,2	146,6	150,7	156,1
bis 375	74,2	85,2	93,1	103,1	113,6	122,6	128,6	135,0	140,0	145,8	152,5	156,8	162,4
bis 400	78,2	90,0	98,2	108,9	120,1	129,7	136,2	142,9	148,3	154,3	161,4	166,0	171,9
bis 425	82,3	94,6	103,3	114,6	126,4	136,4	143,3	150,3	155,9	162,3	169,8	174,6	181,0
bis 450	85,0	97,8	106,7	118,4	130,6	140,9	148,1	155,3	161,2	167,7	175,4	180,4	187,0
bis 475	87,8	100,9	110,2	122,2	134,7	145,4	152,7	160,2	166,3	173,1	181,1	186,1	193,0
bis 500	93,6	107,6	117,5	130,3	143,7	155,1	162,9	170,9	177,3	184,6	193,1	198,5	205,7
bis 550	98,0	112,7	123,1	136,5	150,5	162,5	170,7	179,0	185,8	193,3	202,2	207,9	215,6
bis 600	103,4	119,0	130,0	144,2	159,1	171,8	180,4	189,2	196,4	204,5	213,9	220,0	228,0
bis 650	109,1	125,4	137,0	152,1	167,7	181,1	190,2	199,6	207,1	215,6	225,6	231,9	240,5
bis 700	114,2	131,3	143,5	159,2	175,6	189,6	199,2	208,9	216,9	225,7	236,2	242,9	251,7
bis 750	119,2	137,1	149,7	166,1	183,1	197,8	207,6	217,8	226,1	235,3	246,2	253,1	262,3
bis 800	124,2	142,8	155,8	172,8	190,4	205,5	215,4	226,5	235,0	244,6	255,8	263,0	272,6
bis 850	130,6	149,6	163,0	180,3	198,4	213,9	224,3	235,2	244,0	253,8	265,3	272,6	282,5
bis 900	137,1	156,4	170,1	187,8	206,4	222,3	233,0	244,0	253,0	263,0	274,8	282,3	292,4
bis 950	144,1	163,5	177,3	195,1	213,7	229,6	240,4	252,0	261,3	271,6	283,7	291,8	302,9
bis 1000	151,3	170,7	184,5	202,3	220,9	236,8	247,6	259,1	268,4	278,8	290,8	298,9	310,1
bis 1100	160,1	179,5	193,3	211,1	229,7	245,5	256,3	267,9	277,2	287,5	299,5	307,6	318,8
bis 1200	167,0	187,7	202,3	221,2	240,9	257,8	269,3	281,1	290,7	301,4	313,8	321,9	332,6
bis 1300	173,9	195,7	211,2	230,8	252,1	269,9	282,1	294,4	304,6	315,9	329,1	337,6	349,0
bis 1400	181,5	204,3	220,6	241,5	263,4	282,1	294,9	307,9	318,5	330,3	344,3	353,1	365,0
bis 1500	186,1	209,8	226,7	248,5	271,3	290,8	304,1	317,6	328,7	341,0	355,5	364,7	377,1
bis 1600	192,0	217,0	234,7	257,6	281,5	301,9	315,9	330,0	341,6	354,5	369,8	379,5	392,5
bis 1700	197,7	223,9	242,5	266,4	291,4	312,8	327,4	342,3	354,4	367,9	383,9	394,0	407,6
bis 1800	203,5	230,8	250,1	275,1	301,2	323,5	338,8	354,3	367,0	381,1	397,7	408,3	422,5
bis 1900	209,2	237,6	257,7	283,8	311,0	334,2	350,0	366,2	379,3	394,1	411,4	422,4	437,2
bis 2000	214,6	244,2	265,2	292,3	320,6	344,7	361,2	378,0	391,7	407,0	425,0	436,5	451,9
bis 2200	225,7	257,5	280,0	309,0	339,3	365,3	383,0	401,1	415,7	432,2	451,5	463,8	480,3
bis 2500	241,7	276,7	301,4	333,4	366,8	395,4	414,9	434,7	450,9	469,0	490,3	503,8	522,0
bis 3000	266,6	306,8	335,2	371,9	410,2	443,0	465,3	488,1	506,6	527,4	551,8	567,3	588,2

14.4 Wagenladungs-Frachtsätze

14.4.1 Branchen-Preisliste 130 für Eisen und Stahl

1. Grundfrachten

5.

Preistafel

Grundfrachten für ein Gewicht von 25 t in Wagen mit 2 Achsen					
Entferung bis km	€	Entferung bis km	€	Entferung bis km	€
7	105,84	125	350,23	420	776,14
10	114,02	130	355,35	440	801,19
13	120,15	135	360,97	460	843,12
16	129,36	140	365,57	480	875,33
19	138,05	145	372,73	500	909,59
22	146,74	150	377,33	520	958,16
25	129,36	155	383,47	540	958,16
28	164,64	160	388,07	560	983,21
31	173,84	165	393,18	580	1 008,27
34	182,53	170	400,34	600	1 030,25
37	191,22	175	404,94	620	1 051,22
40	200,43	180	410,57	640	1 072,69
43	207,07	185	415,68	660	1 093,14
46	213,21	190	422,33	680	1 111,55
49	221,39	195	428,97	700	1 132,00
52	229,06	200	434,09	720	1 152,45
55	237,24	210	439,20	740	1 174,44
58	244,91	220	456,07	760	1 194,38
61	253,09	230	471,92	780	1 213,81
64	260,76	240	489,82	800	1 234,77
67	267,41	250	505,16	820	1 250,11
70	274,05	260	523,05	840	1 268,00
73	282,23	270	539,92	860	1 282,32
76	290,41	280	555,77	880	1 297,66
79	298,59	290	573,16	900	1 312,49
82	308,31	300	588,50	920	1 333,45
85	317,51	310	615,08	940	1 351,86
88	326,72	320	631,96	960	1 368,22
91	328,76	330	647,30	980	1 384,07
94	331,32	340	663,15	1 000	1 399,92
97	333,36	350	679,00	1 050	1 435,20
100	334,90	360	694,85	1 100	1 480,70
105	340,01	370	712,23	1 150	1 525,18
110	342,57	380	726,03	1 200	1 569,67
115	345,12	390	743,42	1 250	1 614,15
120	347,68	400	759,27	1 300	1 659,65

Mindestfracht je
- *Achsenwagen 153,39 €*
- *Drehgestellwagen sowie Wageneinheiten/Gelenkwagen 214,74 €*

2. Koeffiziententabelle

Branchen-Preisliste 130 für Eisen und Stahl

6.

Koeffiziententabelle

Koeffizient				
für Ge wichts-stufe in t	unter Verwendung von			unter Verwendung von Wagen mit mehr als zwei Achsen und einer Ladelänge unter 27 m
	Wagen zwei Achsen	Wagen mit mehr als zwei Achsen und einer Ladelänge unter 27 m	für Gewichtsstufe in t	
1	2	3	1	3
15	0,744		48	1,920
16	0,770		49	1,960
17	0,795		50	2,000
18	0,821		51	2,040
19	0,846		52	2,080
20	0,872	1,016	53	2,120
21	0,898	1,042	54	2,160
22	0,923	1,067	55	2,200
23	0,949	1,093	56	2,240
24	0,974	1,118	57	2,280
25	1,000	1,144	58	2,320
26	1,040	1,170	59	2,360
27	1,080	1,195	60	2,400
28	1,120	1,221	61	2,440
29	1,160	1,246	62	2,480
30	1,200	1,272	63	2,520
31		1,298	64	2,560
32		1,323	65	2,600
33		1,349	66	2,640
34		1,374	67	2,680
35		1,400	68	2,720
36		1,440	69	2,760
37		1,480	70	2,800
38		1,520	71	2,840
39		1,560	72	2,880
40		1,600	73	2,920
41		1,640	74	2,960
42		1,680	75	3,000
43		1,720	76	3,040
44		1,760	77	3,080
45		1,800	78	3,120
46		1,840	79	3,160
47		1,880	80	3,200
Für Sendungen über 80 t erhöht sich der Koeffizient um 0,04 je Gewichtsstufe				

Zu Spalte 3: Maßgebend ist die am Güterwagen angeschriebene Ladelänge

14.4.2 Branchen-Preisliste 100 für Kohle

Branchen-Preisliste 100 für Kohle

6.

Preistafel in Euro

Entferung bis km	Preis je Tonne – nur zur Information –			
	Steinkohle, Braunkohle		Koks, sng; Retortenkohle	
	Einzelwagen Wagengruppen	Geschlossene Züge	Einzelwagen Wagengruppen	Geschlossene Züge
7	3,35	2,80	4,13	3,15
10	3,64	3,05	4,48	3,42
13	3,93	3,29	4,83	3,70
16	4,21	3,54	5,19	3,97
19	4,50	3,78	5,54	4,25
22	4,79	4,05	5,91	4,52
25	5,07	4,29	6,26	4,81
28	5,36	4,54	6,61	5,07
31	5,67	4,79	6,97	5,36
34	5,95	5,03	7,32	5,62
37	6,24	5,28	7,67	5,91
40	6,52	5,52	8,04	6,18
43	6,81	5,77	8,39	6,46
46	7,10	6,01	8,73	6,75
49	7,38	6,26	9,10	7,01
52	7,67	6,50	9,43	7,30
55	7,96	6,75	9,71	7,57
58	8,24	7,01	10,00	7,85
61	8,53	7,26	10,27	8,12
64	8,84	7,51	10,55	8,41
67	9,12	7,75	10,84	8,67
70	9,41	8,00	11,13	8,96
73	9,69	8,24	11,39	9,22
76	9,98	8,49	11,68	9,51
79	10,27	8,73	11,96	9,78
82	10,55	8,98	12,25	10,06
85	10,84	9,22	12,54	10,33
88	11,13	9,47	12,80	10,61
91	11,41	9,71	13,09	10,88
94	11,70	9,98	13,38	11,17
97	12,01	10,23	13,66	11,45
100	12,29	10,47	13,93	11,72
105	12,66	10,80	14,32	12,09
110	13,11	11,21	14,79	12,56
115	13,58	11,62	15,26	13,01
120	14,03	12,03	15,73	13,48
125	14,44	12,39	16,16	13,87
130	14,81	12,72	16,59	14,23
135	15,18	13,03	17,00	14,60

Der Mindespreis für Einzelwagen und Wagengruppen bis 3 Wagen beträgt für:

- *Wagen mit zwei Achsen* *133,45 € je Wagen*
- *Wagen mit mehr als zwei Achsen* *186,62 € je Wagen*

Branchen-Preisliste 100 für Kohle

6.

Preistafel in Euro

Entferung bis km	Preis je Tonne – nur zur Information –			
	Steinkohle, Braunkohle		Koks, sng; Retortenkohle	
	Einzelwagen Wagengruppen	Geschlossene Züge	Einzelwagen Wagengruppen	Geschlossene Züge
140	15,56	13,35	17,40	14,95
145	15,93	13,68	17,83	15,32
150	16,30	14,01	18,24	15,69
155	16,67	14,32	18,67	16,03
160	17,06	14,64	19,08	16,40
165	17,38	14,93	19,47	16,73
170	17,71	15,22	19,82	17,04
175	18,02	15,48	20,19	17,32
180	18,35	15,75	20,53	17,63
185	18,65	16,01	20,88	17,94
190	18,98	16,28	21,25	18,24
195	19,29	16,57	21,60	18,55
200	19,61	16,83	21,97	18,86
210	20,02	17,20	22,42	19,27
220	20,59	17,75	23,07	19,88
230	21,19	18,24	23,72	20,43
240	21,76	18,69	24,36	20,94
250	22,33	19,14	25,01	21,43
260	22,80	19,59	25,52	21,94
270	23,13	19,96	25,91	22,35
280	23,48	20,23	26,28	22,66
290	23,83	20,51	26,67	22,97
300	24,21	20,80	27,10	23,29
310	24,64	21,13	27,59	23,66
320	25,09	21,52	28,08	24,09
330	25,52	21,88	28,57	24,50
340	25,95	22,27	29,08	24,93
350	26,38	22,64	29,53	25,36
360	26,77	23,03	29,98	25,79
370	27,16	23,40	30,41	26,20
380	27,55	23,72	30,86	26,59
390	27,96	24,07	31,29	26,96
400	28,35	24,42	31,74	27,34
420	28,94	24,95	32,40	27,94
440	29,72	25,65	33,27	28,71
460	30,49	26,32	34,15	29,49
480	31,00	26,75	34,71	29,96
500	31,23	26,89	34,95	30,13
520	31,43	27,04	35,20	30,29

Branchen-Preisliste 100 für Kohle

6.

Preistafel in Euro

Entfernung bis km	Preis je Tonne – nur zur Information –			
	Steinkohle, Braunkohle		Koks, sng; Retortenkohle	
	Einzelwagen Wagengruppen	Geschlossene Züge	Einzelwagen Wagengruppen	Geschlossene Züge
540	31,76	27,30	35,57	30,58
560	32,19	27,65	36,04	30,96
580	32,60	28,00	36,51	31,35
600	33,03	28,35	37,00	31,74
620	33,42	28,69	37,43	32,13
640	33,79	29,00	37,84	32,48
660	34,15	29,33	38,22	32,85
680	34,50	29,65	38,63	33,21
700	34,87	29,98	39,04	33,56
720	35,22	30,31	39,43	33,93
740	35,59	30,62	39,84	34,30
760	35,93	30,94	40,25	34,65
780	36,30	31,27	40,64	35,01
800	36,65	31,60	41,05	35,38
820	37,02	31,93	41,44	35,75
840	37,39	32,23	41,84	36,10
860	37,73	32,56	42,25	36,47
880	38,10	32,89	42,64	36,83
900	38,45	33,21	43,05	37,18
920	38,92	33,60	43,56	37,63
940	39,47	34,09	44,20	38,18
960	40,04	34,58	44,85	38,72
980	40,62	35,05	45,48	39,27
1000	41,19	35,55	46,12	39,80
1050	42,17	36,38	47,22	40,76
1100	43,00	37,61	48,84	42,11
1150	45,03	38,82	50,43	43,46
1200	46,47	40,02	52,03	44,83

14.4.3 Allgemeine Preisliste

Für Transporte in einem Wagen mit zwei Achsen

Sendungsgewicht in t	bis 13,499	13,500–17,499	17,500–21,499	21,500–25,499	25,500–30,499	jede weitere Tonne kostet
Entfernung bis km	Wagenpreise in Euro					
100	603	603	603	664	742	27
110	614	614	632	705	790	30
120	614	614	666	742	830	32
130	691	691	696	779	872	33
140	691	691	730	815	912	34
150	724	724	761	850	955	35
160	724	724	793	887	993	37
170	738	738	825	924	1 032	37
180	738	757	859	960	1 076	38
190	769	788	895	995	1 115	41
200	769	817	924	1 031	1 158	41
220	769	856	970	1 084	1 214	46
240	788	906	1 028	1 148	1 286	48
260	830	960	1 087	1 214	1 361	51
280	876	1 011	1 144	1 279	1 431	54
300	921	1 062	1 201	1 343	1 503	56
320	961	1 111	1 257	1 405	1 571	57
340	1 000	1 155	1 311	1 463	1 638	60
360	1 042	1 200	1 361	1 521	1 702	61
380	1 080	1 248	1 411	1 576	1 765	64
400	1 118	1 291	1 465	1 633	1 831	65
450	1 178	1 361	1 539	1 720	1 927	70
500	1 257	1 450	1 644	1 836	2 055	77
550	1 332	1 537	1 742	1 945	2 179	80
600	1 402	1 617	1 832	2 047	2 290	85
650	1 468	1 696	1 919	2 141	2 402	89
700	1 533	1 772	2 006	2 241	2 509	91
750	1 586	1 830	2 071	2 314	2 591	94
800	1 621	1 871	2 117	2 366	2 651	99
850	1 659	1 911	2 167	2 420	2 710	100
900	1 694	1 953	2 215	2 473	2 769	101
950	1 730	1 996	2 261	2 525	2 828	105
1 000	1 765	2 039	2 308	2 578	2 889	107
1 100	1 822	2 102	2 380	2 658	2 979	110
1 200	1 893	2 186	2 475	2 766	3 097	113
1 300	1 966	2 271	2 572	2 870	3 218	117
1 400	2 039	2 354	2 666	2 979	3 335	124
1 500	2 112	2 438	2 761	3 086	3 452	126

Für Transporte in einem Wagen mit mehr als zwei Achsen und einer Ladelänge bis zu 26,99 m

Sendungsgewicht in t	bis 34,499	34,500–39,499	39,500–44,499	44,500–49,499	49,500–54,499	54,500–59,499	59,500–64,499	64,500–69,499	69,500–75,499	jede weitere Tonne kostet
Entfernung bis km	Wagenpreise in Euro									
100	918	1 017	1 145	1 274	1 403	1 532	1 662	1 791	1 894	25
110	977	1 083	1 220	1 357	1 495	1 633	1 773	1 908	2 017	27
120	1 027	1 140	1 284	1 428	1 571	1 717	1 862	2 008	2 123	30
130	1 078	1 196	1 346	1 499	1 649	1 800	1 951	2 103	2 224	32
140	1 129	1 252	1 408	1 568	1 725	1 887	2 046	2 202	2 332	33
150	1 178	1 306	1 471	1 638	1 803	1 968	2 135	2 301	2 435	34
160	1 230	1 362	1 533	1 708	1 880	2 053	2 225	2 401	2 537	35
170	1 279	1 418	1 595	1 778	1 954	2 136	2 317	2 495	2 642	36
180	1 328	1 472	1 661	1 843	2 035	2 222	2 408	2 596	2 745	37
190	1 379	1 529	1 721	1 914	2 110	2 304	2 496	2 693	2 849	38
200	1 430	1 586	1 783	1 986	2 187	2 391	2 592	2 793	2 954	39
220	1 501	1 662	1 872	2 083	2 296	2 509	2 717	2 929	3 098	41
240	1 591	1 761	1 986	2 212	2 435	2 656	2 882	3 104	3 285	46
260	1 678	1 862	2 099	2 336	2 573	2 808	3 042	3 280	3 473	49
280	1 772	1 961	2 211	2 458	2 708	2 956	3 205	3 456	3 656	51
300	1 861	2 061	2 324	2 582	2 846	3 107	3 370	3 631	3 840	54
320	1 946	2 155	2 427	2 701	2 976	3 251	3 525	3 798	4 018	55
340	2 025	2 243	2 528	2 812	3 097	3 385	3 669	3 955	4 182	57
360	2 103	2 332	2 626	2 922	3 219	3 514	3 812	4 109	4 346	59
380	2 184	2 418	2 726	3 034	3 339	3 647	3 956	4 265	4 508	61
400	2 263	2 506	2 825	3 144	3 460	3 779	4 098	4 417	4 674	63
450	2 383	2 638	2 975	3 309	3 645	3 982	4 317	4 651	4 922	65
500	2 542	2 814	3 176	3 534	3 891	4 247	4 608	4 965	5 253	71
550	2 693	2 982	3 364	3 743	4 121	4 500	4 879	5 259	5 560	77
600	2 833	3 139	3 537	3 937	4 333	4 735	5 134	5 531	5 851	80
650	2 969	3 288	3 706	4 123	4 540	4 962	5 378	5 795	6 131	85
700	3 101	3 431	3 872	4 307	4 741	5 179	5 617	6 053	6 403	88
750	3 203	3 546	3 997	4 451	4 901	5 352	5 801	6 255	6 614	90
800	3 276	3 629	4 088	4 553	5 015	5 475	5 937	6 400	6 768	91
850	3 354	3 713	4 184	4 656	5 129	5 600	6 071	6 541	6 921	94
900	3 424	3 794	4 275	4 757	5 240	5 722	6 204	6 686	7 073	98
950	3 498	3 876	4 365	4 861	5 354	5 846	6 340	6 831	7 224	99
1 000	3 573	3 956	4 459	4 958	5 467	5 969	6 468	6 974	7 379	101
1 100	3 684	4 080	4 595	5 115	5 635	6 155	6 672	7 190	7 604	105
1 200	3 831	4 240	4 781	5 319	5 861	6 400	6 941	7 477	7 908	109
1 300	3 975	4 404	4 964	5 525	6 084	6 644	7 206	7 767	8 213	112
1 400	4 123	4 568	5 147	5 728	6 309	6 890	7 473	8 053	8 515	116
1 500	4 272	4 732	5 331	5 935	6 536	7 138	7 738	8 341	8 821	120

14.5 Kostentabelle I – Tages- und Kilometersätze und Kostentabelle II – Stundensätze

Kostentabelle I Tages- und Kilometersätze (müssen addiert werden)				Kostentabelle II Stundensätze
Nutzlast in t bis einschl.	**Tagessatz €**	**1/8-Tg-Satz €**	**km-Satz €**	**Stundensatz €**
3	303,66	37,96	0,32	41,16
4	307,60	38,45	0,33	41,80
5	311,55	38,95	0,35	42,43
6	315,49	39,44	0,36	43,07
7	319,43	39,93	0,38	43,71
8	323,37	40,42	0,39	44,34
9	327,31	40,91	0,40	44,98
10	331,26	41,40	0,42	45,61
11	335,20	41,90	0,43	46,25
12	337,60	42,20	0,46	46,76
13	339,61	42,45	0,48	47,24
14	341,62	42,70	0,50	47,72
15	343,64	42,95	0,53	48,21
16	346,41	43,30	0,54	48,69
17	349,49	43,68	0,55	49,18
18	352,59	44,07	0,56	49,66
19	355,68	44,46	0,57	50,15
20	358,76	44,85	0,58	50,63
21	361,85	45,23	0,59	51,12
22	364,94	45,62	0,60	51,60
23	368,03	46,01	0,61	52,09
24	371,12	46,39	0,62	52,58
25	374,21	46,78	0,63	53,06
26	377,30	47,16	0,64	53,55
27	380,39	47,55	0,65	54,03
28	383,48	47,93	0,66	54,52
29	386,57	48,32	0,67	55,00
je weitere angefangene t	3,09	0,39	0,01	0,49
				nur anwendbar, wenn nicht mehr als 10 km pro Std. gefahren werden

14.6 Kostentabelle III – Leistungssätze

Kostentabelle III Leistungssätze in Euro je Tonne									
Lastenentfernung in km bis einschl.	Gewicht der Sendung in t ab								
	3	4	5	6	7	8	9	10	11
5	11,39	9,32	8,06	7,22	6,60	6,13	5,75	5,45	5,18
10	16,05	12,88	10,97	9,68	8,75	8,04	7,48	7,03	6,64
15	20,59	16,35	13,79	12,08	10,84	9,90	9,16	8,56	8,06
20	25,02	19,74	16,55	14,42	12,88	11,72	10,80	10,07	9,45
25	29,34	23,04	19,24	16,70	14,87	13,49	12,41	11,53	10,81
30	33,56	26,26	21,87	18,93	16,82	15,22	13,97	12,97	12,13
35	37,68	29,41	24,43	21,11	18,72	16,92	15,51	14,37	13,43
40	41,70	32,49	26,94	23,23	20,57	18,57	17,01	15,74	14,70
45	45,63	35,49	29,39	25,32	22,39	20,19	18,47	17,08	15,94
50	49,48	38,43	31,79	27,35	24,17	21,78	19,90	18,40	17,16
55	53,25	41,32	34,14	29,35	25,92	23,33	21,31	19,68	18,35
60	56,93	44,13	36,42	31,31	27,63	24,85	22,69	20,95	19,52
65	60,54	46,90	38,70	33,22	29,30	26,35	24,04	22,19	20,66
70	64,08	49,61	40,91	35,10	30,94	27,81	25,37	23,40	21,79
75	67,55	52,26	43,08	36,95	32,55	29,25	26,67	24,60	22,89
80	70,95	54,87	45,21	38,75	34,13	30,66	27,95	25,77	23,97
85	74,29	57,42	47,29	40,53	35,68	32,04	29,20	26,92	25,04
90	77,56	59,93	49,34	42,27	37,21	33,40	30,43	28,05	26,09
95	80,78	62,40	51,36	43,99	38,71	34,74	31,65	29,16	27,12
100	83,94	64,83	53,34	45,67	40,18	36,06	32,84	30,25	28,13
110	90,11	69,55	57,20	48,96	43,06	38,62	35,17	32,39	30,12
120	96,07	74,12	60,94	52,14	45,85	41,11	37,42	34,46	32,03
130	101,85	78,55	64,57	55,23	48,55	43,53	39,61	36,48	33,90
140	107,45	82,85	68,08	58,23	51,18	45,87	41,74	38,43	35,71
150	112,89	87,03	71,50	61,14	53,73	48,16	43,81	40,33	37,48
160	118,19	91,10	74,83	63,98	56,21	50,38	45,83	42,19	39,20
170	123,33	95,05	78,07	66,74	58,63	52,55	47,80	44,00	40,87
180	128,35	98,91	81,23	69,44	61,00	54,66	49,72	45,76	42,51
190	133,25	102,68	84,32	72,07	63,31	56,73	51,60	47,49	44,12
200	138,03	106,35	87,33	74,64	65,56	58,75	53,44	49,18	45,69
225	142,08	109,55	90,03	77,00	67,68	60,68	55,22	50,86	47,27
250	145,04	111,93	92,05	78,79	69,31	62,18	56,63	52,18	48,53
275	158,88	122,56	100,75	86,20	75,79	67,98	61,90	57,02	53,02
300	172,73	133,19	109,45	93,61	82,29	73,78	67,16	61,85	57,50
350	194,98	150,18	123,29	105,35	92,53	82,90	75,41	69,40	64,47
400	208,82	160,81	131,99	112,77	99,02	88,70	80,67	74,23	68,96
450	222,66	171,44	140,69	120,17	105,51	94,51	85,93	79,07	73,45
500	236,51	182,07	149,38	127,58	112,00	100,31	91,20	83,91	77,93
550	250,35	192,69	158,08	134,99	118,49	106,11	96,47	88,74	82,42
600	264,20	203,32	166,78	142,41	124,98	111,91	101,73	93,58	86,90
650	348,46	266,69	217,61	184,88	161,50	143,94	130,28	119,35	110,39
700	368,37	281,86	229,95	195,32	170,58	152,02	137,57	126,00	116,53
750	388,28	297,04	242,28	205,76	179,67	160,10	144,85	132,65	122,67
800	408,18	312,21	254,62	216,21	188,76	168,17	152,14	139,31	128,80
850	428,09	327,39	266,95	226,65	197,85	176,24	159,43	145,96	134,95
900	447,99	342,56	279,28	237,09	206,94	184,32	185,12	152,62	141,08
950	467,90	357,74	291,62	247,53	216,03	192,39	174,00	159,28	147,22
1000	487,81	372,91	303,95	257,97	225,12	200,47	181,28	165,93	153,36

Kostentabelle III Leistungssätze in Euro je Tonne									
Lastenentfernung in km bis einschl.	Gewicht der Sendung in t ab								
	12	13	14	15	16	17	18	19	20
5	4,95	4,76	4,58	4,42	4,27	4,14	4,01	3,89	3,77
10	6,31	6,03	5,78	5,56	5,35	5,17	5,00	4,84	4,69
15	7,64	7,28	6,95	6,67	6,41	6,18	5,97	5,77	5,58
20	8,93	8,49	8,10	7,75	7,44	7,16	6,91	6,68	6,46
25	10,20	9,67	9,21	8,81	8,45	8,13	7,83	7,56	7,32
30	11,43	10,83	10,31	9,85	9,44	9,07	8,74	8,43	8,16
35	12,64	11,96	11,38	10,86	10,40	10,00	9,62	9,29	8,97
40	13,83	13,07	12,42	11,86	11,35	10,90	10,49	10,12	9,78
45	14,98	14,16	13,45	12,83	12,28	11,79	11,34	10,94	10,56
50	16,12	15,23	14,45	13,78	13,19	12,65	12,17	11,73	11,34
55	17,23	16,27	15,44	14,71	14,08	13,50	12,99	12,52	12,09
60	18,31	17,29	16,41	15,64	14,95	14,34	13,79	13,29	12,84
65	19,38	18,29	17,35	16,54	15,80	15,16	14,58	14,05	13,57
70	20,44	19,28	18,28	17,41	16,65	15,96	15,35	14,79	14,29
75	21,46	20,25	19,20	18,28	17,48	16,76	16,11	15,52	14,99
80	22,48	21,20	20,10	19,14	18,29	17,53	16,85	16,24	15,68
85	23,47	22,13	20,98	19,98	19,09	18,30	17,59	16,95	16,37
90	24,45	23,05	21,85	20,80	19,87	19,05	18,31	17,64	17,04
95	25,41	23,96	22,71	21,61	20,65	19,79	19,02	18,33	17,70
100	26,36	24,85	23,54	22,41	21,41	20,52	19,72	19,00	18,35
110	28,21	26,59	25,19	23,97	22,90	21,94	21,09	20,32	19,62
120	30,00	28,27	26,78	25,49	24,34	23,33	22,42	21,60	20,86
130	31,74	29,91	28,33	26,96	25,75	24,67	23,71	22,85	21,55
140	33,44	31,51	29,84	28,39	27,12	25,99	24,98	24,07	23,24
150	35,08	33,06	31,31	29,79	28,45	27,27	26,20	25,25	24,38
160	36,70	34,57	32,74	31,15	29,76	28,51	27,41	26,41	25,50
170	38,27	36,05	34,14	32,49	31,03	29,74	28,58	27,54	26,59
180	39,80	37,50	35,51	33,79	32,27	30,93	29,73	28,64	27,67
190	41,30	38,91	36,85	35,06	33,49	32,09	30,85	29,73	28,71
200	42,77	40,29	38,16	36,31	34,68	33,24	31,95	30,79	29,74
225	44,28	41,74	39,55	37,65	35,98	34,50	33,17	31,99	30,91
250	45,48	42,90	40,67	38,74	37,04	35,53	34,19	32,98	31,88
275	49,68	46,84	44,41	42,29	40,43	38,78	37,31	35,98	34,79
300	53,87	50,79	48,14	45,84	43,82	42,02	40,43	38,99	37,69
350	60,37	56,88	53,89	51,28	49,00	46,98	45,17	43,55	42,09
400	64,56	60,82	57,62	54,83	52,39	50,22	48,29	46,56	44,99
450	68,75	64,77	61,35	58,38	55,78	53,47	51,41	49,56	47,90
500	72,94	68,71	65,08	61,93	59,16	56,71	54,53	52,57	50,80
550	77,13	72,66	68,81	65,48	62,55	59,96	57,65	55,58	53,71
600	81,33	76,60	72,55	69,02	65,94	63,21	60,77	58,59	56,62
650	102,92	96,59	91,16	86,44	82,31	78,66	75,40	72,49	69,85
700	108,63	101,94	96,19	91,20	86,83	82,97	79,53	76,45	73,67
750	114,34	107,28	101,22	95,96	91,36	87,29	83,66	80,41	77,48
800	120,04	112,62	106,25	100,72	95,88	91,60	87,79	84,37	81,30
850	125,75	117,97	111,28	105,48	100,41	95,92	91,92	88,34	85,11
900	131,46	123,31	116,31	110,25	104,93	100,23	96,05	92,30	88,92
950	137,17	128,65	121,35	115,01	109,46	104,55	100,18	96,27	92,74
1000	142,88	133,99	126,32	119,77	113,98	108,86	104,31	100,23	96,55

Kostentabelle III Leistungssätze in Euro je Tonne									
Lastenentfernung in km bis einschl.	Gewicht der Sendung in t ab								
	21	22	23	24	25	26	27	28	29 und mehr
5	3,66	3,55	3,45	3,35	3,25	3,15	3,06	2,97	2,87
10	4,55	4,41	4,28	4,16	4,03	3,92	3,80	3,69	3,58
15	5,41	5,25	5,09	4,94	4,80	4,66	4,54	4,40	4,28
20	6,26	6,06	5,88	5,72	5,55	5,39	5,25	5,10	4,96
25	7,08	6,87	6,66	6,47	6,28	6,11	5,95	5,78	5,63
30	7,89	7,65	7,42	7,21	7,00	6,81	6,63	6,45	6,28
35	8,69	8,42	8,17	7,93	7,71	7,50	7,30	7,10	6,92
40	9,46	9,17	8,90	8,64	8,40	8,17	7,95	7,75	7,55
45	10,22	9,90	9,61	9,34	9,08	8,83	8,59	8,37	8,16
50	10,97	10,63	10,31	10,02	9,74	9,47	9,23	8,99	8,76
55	11,70	11,34	11,00	10,69	10,39	10,11	9,85	9,60	9,36
60	12,42	12,04	11,68	11,35	11,03	10,74	10,46	10,20	9,94
65	13,12	12,72	12,34	11,99	11,66	11,35	11,05	10,78	10,51
70	13,82	13,39	12,99	12,62	12,28	11,95	13,91	11,35	11,07
75	14,50	14,05	13,64	13,25	12,88	12,54	14,45	11,92	11,63
80	15,17	14,70	14,27	13,86	13,48	13,12	14,99	12,48	12,17
85	15,83	15,34	14,89	14,46	14,07	13,70	16,03	13,02	12,71
90	16,48	15,97	15,50	15,06	14,65	14,27	17,06	13,56	13,24
95	17,12	16,59	16,10	15,65	15,22	14,82	18,05	14,10	13,76
100	17,75	17,20	16,69	16,22	15,78	15,37	19,02	14,62	14,28
110	18,98	18,40	17,85	17,35	16,88	16,44	19,97	15,65	15,28
120	20,18	19,56	18,98	18,45	17,95	17,49	20,90	16,65	16,26
130	21,35	20,69	20,08	19,52	18,99	18,51	21,81	17,62	17,22
140	22,48	21,79	21,15	20,56	20,01	19,50	22,70	18,57	18,15
150	23,59	22,86	22,20	21,58	21,01	20,47	23,57	19,50	19,06
160	24,67	23,92	23,22	22,58	21,98	21,42	24,42	20,41	19,95
170	25,73	24,95	24,22	23,55	22,93	22,35	25,46	21,30	20,81
180	26,77	25,95	25,20	24,51	23,86	23,26	26,34	22,16	21,67
190	27,79	26,94	26,16	25,44	24,77	24,15	28,74	23,02	22,51
200	28,78	27,91	27,10	26,36	25,67	25,02	31,15	23,86	23,33
225	29,93	29,03	28,20	27,44	26,73	26,08	34,73	24,88	24,34
250	30,88	29,97	29,13	28,36	27,64	26,97	37,14	25,75	25,20
275	33,70	32,70	31,79	30,94	30,16	29,42	39,54	28,11	27,51
300	36,51	35,43	34,44	33,53	32,68	31,89	41,95	30,46	29,81
350	40,76	39,54	38,42	37,40	36,44	35,56	44,35	33,96	33,23
400	43,57	42,27	41,08	39,98	38,96	38,01	46,75	36,31	35,54
450	46,38	45,00	43,73	42,56	41,48	40,47	56,74	38,66	37,85
500	49,20	47,73	46,38	45,14	44,00	42,93	59,82	41,02	40,15
550	52,01	50,46	49,04	47,73	46,52	45,39	62,90	43,37	42,46
600	54,82	53,19	51,69	50,31	49,04	47,85	65,98	45,72	44,76
650	67,46	65,29	63,29	61,46	59,76	58,20	69,06	55,38	54,11
700	71,14	68,84	66,74	64,80	63,01	61,36	72,13	58,38	57,04
750	74,82	72,40	70,18	68,14	66,26	64,51	75,21	61,39	59,98
800	78,50	75,96	73,63	71,48	69,51	67,67	78,29	64,39	62,91
850	82,18	79,51	77,07	74,82	72,75	70,83	69,06	67,39	65,84
900	85,86	83,07	80,51	78,17	76,00	73,99	72,13	70,40	68,78
950	89,54	86,62	83,96	81,51	79,25	77,15	75,21	73,40	71,71
1000	93,22	90,18	87,40	84,85	82,49	80,31	78,29	76,40	74,64

14.7 KIS – Kalkulationssätze für Lastzüge und Sattelkraftfahrzeuge[1]

Kalkulationssätze Lastzug (1)

Aufbauart: Normalaufbau – Offener Kasten mit Plane und Spriegel Anzahl Achsen: 2 + 3 Gesamtgewicht: 40 t	Durchschnittswert
Kalkulationssätze in Euro	**€**
Fahrzeugeinsatzkosten pro Lastkilometer **– km-Satz Fahrzeug –**	**0,59**
Fahrzeugvorhaltekosten pro Produktivtag **– Tagessatz Fahrzeug –**	**118,11**
Fahrzeugvorhaltekosten pro 1/2 Produktivtag **– 1/2-Tagessatz Fahrzeug –**	**59,05**
Fahrzeugvorhaltekosten pro 1/4 Produktivtag **– 1/4-Tagessatz Fahrzeug –**	**29,53**
Fahrzeugvorhaltekosten pro Produktivstunde **– Stundensatz Fahrzeug –**	**9,84**
Fahrereinsatzkosten pro Produktivstunde **– Stundensatz Fahrer –**	**21,90**
durchschnittliche Fahrerspesen pro Produktivstunde **– durchschnittlicher Stundensatz Fahrerspesen –**	**2,43**
Zuschlagsätze in Prozent	**Prozent**
Verwaltungskosten	**17,20**
kalkulatorische Wagnisse	**1,70**
kalkulatorische Eigenkapitalverzinsung	**2,70**

[1] *Zahlen fiktiv*

Kalkulationssätze Lastzug (2)

Aufbauart: Normalaufbau – Offener Kasten mit Plane und Spriegel Anzahl Achsen: 2 + 3 Gesamtgewicht: 40 t	Durchschnittswert
Kalkulationssätze in Euro	**€**
Fahrzeugeinsatzkosten pro Lastkilometer – **km-Satz Fahrzeug** –	**0,59**
Fahrzeugvorhaltekosten pro Produktivstunde – **Stundensatz Fahrzeug** –	**9,84**
Fahrzeugvorhaltekosten pro Produktivstunde – **Stundensatz Fahrer** –	**21,90**
durchschnittliche Fahrerspesen pro Produktivstunde – **durchschnittlicher Stundensatz Fahrerspesen** –	**2,43**
Verwaltungskostzen und kalk. Kosten pro Produktivstunde – **Gemeinkosten ohne kalkulatorischen Gewinn** –	**12,54**

Tourenbezogener Gesamtdeckungsbedarf	€
– **pro Lastkilometer** –	**0,59***
plus – **pro Produktivkosten** –	**46,71***

** Beträge enthalten keinen kalkulatorischen Gewinn.*

14.8 Preisliste Sammelgutverkehr

Haus-Haus-Entgelte

Entfernung in km / Gewicht in kg	1 – 100 €	101 – 200 €	201 – 300 €	301 – 400 €	401 – 500 €	501 – 600 €	601 – 700 €	701 – 800 €	801 – 1000 €
1–50	22,09	23,93	24,24	24,39	24,54	24,85	25,46	25,77	26,33
51–100	37,43	41,31	41,98	42,28	42,64	43,31	44,58	45,25	46,53
101–200	52,82	60,64	61,97	62,58	63,25	64,58	67,18	68,46	71,07
201–300	76,69	89,73	91,88	93,00	94,08	96,23	100,57	102,77	107,12
301–400	98,32	116,57	119,64	121,18	122,66	125,73	131,81	134,83	140,91
401–500	117,44	140,91	144,85	146,79	148,73	152,67	160,49	164,38	172,20
501–600	136,82	165,51	170,26	172,66	175,07	179,82	189,38	194,19	203,75
601–700	160,09	193,98	199,66	202,47	205,28	210,96	222,26	227,88	239,18
701–800	183,40	222,51	229,06	232,28	235,55	242,10	255,13	261,63	274,67
801–900	190,81	235,14	242,51	246,24	249,92	257,28	272,06	279,47	294,25
901–1000	212,24	261,78	270,01	274,15	278,30	286,53	303,04	311,33	327,84
1001–1500	256,21	321,40	332,24	337,71	343,13	353,97	375,70	386,59	408,32
1501–2000	258,15	330,65	342,72	348,75	354,79	366,85	391,04	403,10	427,29
2001–2500	258,76	345,02	359,44	366,60	373,81	388,17	416,96	431,33	460,06
2501–3000	259,33	358,01	374,47	382,70	390,93	407,40	440,27	456,74	489,61

14.9 Auszüge aus der Preisliste Deutsche Post DHL Group (vom 01.07.2015)[1]

14 **Brief** – Einzelversand

BRIEFE UND POSTKARTEN[1]

Standardbrief	D	International
	0,62 €	0,80 €

Mindestmaße: 140 mm x 90 mm* (L x B)
Höchstmaße: 235 mm x 125 mm x 5 mm* (L x B x H)
Höchstgewicht: 20 g
STANDARDBRIEFE müssen so beschaffen sein, dass sie sich maschinell verarbeiten lassen (siehe Hinweis →Seite 15).

Kompaktbrief	D	International
	0,85 €	1,50 €

Mindestmaße: Deutschland: 100 mm x 70 mm* (L x B)
International: 140 mm x 90 mm* (L x B)
Höchstmaße: 235 mm x 125 mm x 10 mm* (L x B x H)
Höchstgewicht: 50 g

Großbrief	D	International
	1,45 €	3,45 €

Mindestmaße: 100 mm x 70 mm (L x B)
Höchstmaße: 353 mm x 250 mm x 20 mm (L x B x H) (B4)
Höchstgewicht: 500 g
Für internationale GROSSBRIEFE gelten die Mindest- und Höchstmaße wie bei MAXIBRIEF International.

Maxibrief National	D	
	2,40 €	

Mindestmaße: 100 mm x 70 mm (L x B)
Höchstmaße: 353 mm x 250 mm x 50 mm (L x B x H) (B4)
Höchstgewicht: 1.000 g
Für nationale MAXIBRIEFE, die das o. g. Höchstgewicht und/oder die o. g. Höchstmaße überschreiten:**

zusätzliches Entgelt	+ 2,20 €	

Maxibrief International	International
über 500 g bis 1.000 g	7,00 €
über 1.000 g bis 2.000 g	17,00 €

Mindestmaße: 140 mm x 90 mm (L x B)
Höchstmaße: L + B + H = 900 mm, keine Seite länger als 600 mm
Höchstgewicht: 2.000 g

HINWEIS Alle Briefformate müssen grundsätzlich eine Rechteckform haben. Für eine schnellere internationale Beförderung Briefe und POSTKARTEN bitte immer mit dem Vermerk „PRIORITY/Prioritaire/Luftpost" oder dem entsprechenden Aufkleber kennzeichnen.

[1] Alle Preise sind Endpreise und nach UStG umsatzsteuerfrei.

24 **Brief** – Einzelversand

ZUSATZLEISTUNGEN[1]

TIPP Für das EINSCHREIBEN INTERNATIONAL bieten wir Ihnen die elektronische Sendungsverfolgung bis zum Empfänger für über 50 Länder an (→Seite 23, Sendungsstatus). Sie finden diese Länder stets aktuell unter www.deutschepost.de/brief-international/land-fuer-land. Darüber hinaus erhalten Sie Informationen zum Eingang im Zielland in vielen weiteren Zielgebieten.

TIPP Auch beim E-POSTBRIEF bieten wir Ihnen die Zusatzleistung EINSCHREIBEN an (→Seiten 16, 42).

Eigenhändig	D	Internat.
	+ 1,80 €	+ 1,80 €

Die Sendung wird nur an den Empfänger persönlich oder an einen besonders Bevollmächtigten übergeben. Nur in Verbindung mit EINSCHREIBEN oder WERT NATIONAL*/WERT INTERNATIONAL* (→Seite 25).
INTERNATIONAL: Nicht in jedes Land zugelassen.
Gerne ist Ihnen auch unser Geschäftskundenservice Brief International behilflich, Telefon: siehe Seite 4.

Rückschein	D	Internat.
	+ 1,80 €	+ 1,80 €

Der Absender erhält ein vorbereitetes Dokument (RÜCKSCHEIN) mit der Bestätigung durch Unterschrift des Empfängers oder eines Empfangsberechtigten, dass die Sendung an diesen zugestellt wurde. Nur in Verbindung mit EINSCHREIBEN oder WERT NATIONAL*/WERT INTERNATIONAL* (→Seite 25).
INTERNATIONAL: Die Auslieferungsbestätigung auf dem RÜCKSCHEIN kann in einigen Ländern durch den Zusteller erfolgen.

Einschreiben Einwurf	D	Internat.
	+ 1,80 €	–

Die Deutsche Post dokumentiert, dass der Brief, die POSTKARTE oder die BLINDENSENDUNG in den Briefkasten oder das Postfach des Empfängers eingeworfen wurden.
NATIONAL: Haftung für Verlust und Beschädigung max. 20,00 € (siehe u. a. →Seite 23, EINSCHREIBEN).

Doppel des Auslieferungsbelegs	D	Internat.
	5,00 €	–

Nur in Verbindung mit EINSCHREIBEN NATIONAL oder WERT NATIONAL auf Anfrage beim Kundenservice EINSCHREIBEN und NACHNAHME NATIONAL, siehe unter „Sendungsstatus"(→Seite 23).

[1] Alle Preise sind Endpreise und nach UStG umsatzsteuerfrei.
* Das Gesamtentgelt setzt sich zusammen aus dem jeweiligen Beförderungsentgelt, dem Entgelt für EINSCHREIBEN oder WERT NATIONAL/WERT INTERNATIONAL und dem Zusatzentgelt für EIGENHÄNDIG bzw. RÜCKSCHEIN.

[1] *Diese Preislisten haben exemplarischen Charakter und unterliegen ständigen Änderungen. Die jeweils aktuellen Leistungen und Preise von Deutsche Post DHL Group finden Sie unter https://www.deutschepost.de/de/produkte.html -> Gesamtpreisliste (Zugriff am 15.10.2015)*

ZUSATZLEISTUNGEN[1]

Nachnahme National	D
Nachnahmemarke	+ 2,40 €[2]
Übermittlungsentgelt	+ 2,00 €

NACHNAHME Sendungen dürfen Sie als Brief oder POSTKARTE versenden, aber nicht in Verbindung mit EINSCHREIBEN oder EINSCHREIBEN EINWURF. Der NACHNAHME Betrag darf 1.600 € nicht überschreiten. Ausgeschlossene Sendungsinhalte entnehmen Sie den AGB BRIEF NATIONAL. Neben dem erforderlichen Porto für Ihre Sendung benötigen Sie zur Vorbereitung Ihrer NACHNAHME zusätzlich eine Nachnahmemarke (inklusive Inkasso-Beleg), die Sie in allen Filialen der Deutschen Post und der eFILIALE (Versandkosten →Seite 101) erwerben können. Die so vorbereitete Sendung können Sie über eine Filiale oder einen Briefkasten einliefern. Ihre Sendung wird nur gegen Zahlung des von Ihnen auf der Sendung angegebenen NACHNAHME Betrages ausgeliefert. Nach erfolgreicher Auslieferung wird der NACHNAHME Betrag, abzüglich des Übermittlungsentgelts, auf Ihr Konto überwiesen. Das NACHNAHME Entgelt ist von Ihnen auch dann zu bezahlen, wenn der NACHNAHME Betrag nicht eingezogen werden kann. Die Abfrage des Sendungsstatus ist möglich (→Seite 23). Weitere Infos enthält die Broschüre „Nachnahme", die zum Download unter www.deutschepost.de/nachnahme bereitsteht.

Falls die Kontoinformation nicht korrekt angegeben und der NACHNAHME Betrag dadurch auf ein falsches Konto überwiesen wurde, werden 25,00 € Nachentgelt einbehalten.

Nachnahme International Die Frankierung auf der Sendung erfolgt stets netto: Beförderungsentgelt + Einschreiben/Wert 2,15 € + Nachnahme 7,00 €	International
Nachnahme	+ 8,33 €[2]
Übermittlungsentgelt	–

NACHNAHME INTERNATIONAL nur in Verbindung mit EINSCHREIBEN (→Seiten 23 f.) oder WERT INTERNATIONAL (→Seite 25) möglich.

NACHNAHME INTERNATIONAL ist derzeit für folgende Länder zugelassen: Italien, Lettland, Liechtenstein, Monaco, Österreich, Portugal, San Marino, Schweiz, Spanien, Tunesien, Vatikanstadt.

Weitere Informationen:
www.deutschepost.de/brief-international/nachnahme.
Die Postbank erhebt eine zusätzliche Gebühr in Höhe von 5,50 €, wenn eine internationale NACHNAHME Transaktion zugunsten eines Kontos bei einer Drittbank in Deutschland von außerhalb der EU bzw. in einer Nicht-EU-Währung vorgenommen wird. Diese Gebühr wird von der Postbank unmittelbar vom Überweisungsbetrag abgezogen.

[1] Alle Preise sind Endpreise und nach UStG umsatzsteuerfrei, soweit zu den einzelnen Preisangaben nichts Abweichendes angegeben ist.
[2] Endpreis inkl. gesetzlicher Umsatzsteuer.

DHL PÄCKCHEN[1]

DHL Päckchen*

Kleinere, leichte Güter können Sie preiswert als DHL PÄCKCHEN versenden. Höchstgewicht: 2 kg.

DHL Päckchen*	D	EU**	Welt**
bis 1 kg	3,95 €	8,90 €	15,90 €
bis 2 kg	4,40 €	8,90 €	15,90 €

Quaderform
Mindestmaße: 15 cm x 11 cm x 1 cm (L x B x H)
Höchstmaße Deutschland:
bis 1 kg: 30 cm x 30 cm x 15 cm (L x B x H)
bis 2 kg: 60 cm x 30 cm x 15 cm (L x B x H)
Höchstmaße international: L + B + H = 90 cm, keine Seite länger als 60 cm

Rollenform
Mindestmaße: Länge 15 cm, Durchmesser 5 cm
Höchstmaße Deutschland: Länge 90 cm, Durchmesser 15 cm
Höchstmaße international: Länge + zweifacher Durchmesser = 104 cm
Länge 90 cm, Durchmesser 15 cm

Für den Versand von Rollen ist zusätzlich eine ROLLENMARKE erforderlich (→Seite 68).

HINWEIS Bitte nutzen Sie für den Versand Ihrer DHL PÄCKCHEN die in Ihrer Filiale der Deutschen Post erhältlichen Versandscheine.

TIPP 1 Beim Kauf Ihrer DHL PÄCKCHENMARKE im Internet sparen Sie bis zu 0,16 € pro Päckchen! Mehr Informationen unter www.dhl.de/onlinefrankierung.

TIPP 2 Sie versenden häufiger oder größere Mengen? Dann nutzen Sie die Vorzüge der DHL PÄCKCHENMARKEN Sets. Deutschlandweiter Versand schon ab 3,55 €. Mehr unter www.dhl.de/setpreise (Versandkosten →Seite 101).

[1] Alle Preise sind Endpreise und nach UStG umsatzsteuerfrei.
* Ein Produkt der Deutsche Post AG. Kein SPERRGUT (→Seite 68), keine adressierten schriftlichen Mitteilungen. Es gelten die AGB BRIEF NATIONAL bzw. AGB BRIEF INTERNATIONAL in der jeweils aktuellen Fassung.
** Eine Übersicht der Ländergruppe EU für DHL PÄCKCHEN finden Sie auf →Seite 67. Die Ländergruppe Welt für DHL PÄCKCHEN umfasst alle Länder und Gebiete, die nicht der Ländergruppe EU zugeordnet sind.

DHL PAKET[1]

DHL Paket*

DHL PAKETE sind verpackte und adressierte Güter bis 31,5 kg. Eine Frankierung mit Briefmarken ist nicht zulässig. Im Falle von Verlust oder Beschädigung besteht beim nationalen Versand eine Haftung bis 500 € und beim internationalen Versand eine TRANSPORTVERSICHERUNG bis 500 €.**

DHL Paket	D	EU Zone 1***	Welt Zone 2***	Welt Zone 3***	Welt Zone 4***
bis 5 kg	6,99 €	16,99 €	29,99 €	35,99 €	42,99 €
über 5 kg bis 10 kg	8,49 €	21,99 €	34,99 €	47,99 €	59,99 €
über 10 kg bis 20 kg	14,99 €[2]	31,99 €[2]	49,99 €	68,99 €	92,99 €
über 20 kg bis 31,5 kg	14,99 €[2]	41,99 €[2]	54,99 €	93,99 €	124,99 €

Quaderform Mindestmaße: 15 cm x 11 cm x 1 cm (L x B x H)
Höchstmaße[3]: 120 cm x 60 cm x 60 cm (L x B x H)
Höchstgewicht: 31,5 kg

Rollenform Mindestmaße: Länge 15 cm, Durchmesser 5 cm
Höchstmaße: Länge 120 cm, Durchmesser 15 cm
Höchstgewicht: 5 kg

Für den Versand von Rollen ist zusätzlich eine ROLLENMARKE erforderlich (→Seite 68). Sendungen, welche die obigen Höchstmaße überschreiten, weder quader- noch rollenförmig sind oder keine stabile Kartonverpackung haben, gelten als SPERRGUT (→Seite 68).
Pakete können, abweichend von Ziffer 4 Abs. 2 der AGB PAKET/EXPRESS NATIONAL, auch durch den vom Zusteller dokumentierten Einwurf in eine für den Empfänger bestimmte und ausreichend aufnahmefähige Vorrichtung für den Empfang von Sendungen zugestellt werden.

[1] Alle Preise sind Endpreise und nach UStG umsatzsteuerfrei, soweit zu den einzelnen Preisangaben nichts Abweichendes angegeben ist.
[2] Endpreis inkl. gesetzlicher Umsatzsteuer.
[3] Bereits bei Überschreitung eines dieser Höchstmaße gilt die Sendung als SPERRGUT (z. B. 70 cm x **65 cm** x 30 cm). Für DHL PAKETE bis 10 kg innerhalb Deutschlands und in die EU beträgt das max. Gurtmaß (= Länge + 2 x Breite + 2 x Höhe) 300 cm. Bei einem Gurtmaß über 300 cm (bis 360 cm) sind diese Pakete mit der DHL PAKETMARKE bis 31,5 kg (Deutschland) bzw. bis 20 kg (EU) freizumachen.
* Ein Produkt der Deutsche Post AG. Es gelten die AGB PAKET/EXPRESS NATIONAL bzw. die AGB PAKET INTERNATIONAL in der jeweils aktuellen Fassung.
** Im Übrigen regeln die TRANSPORTVERSICHERUNG Abschnitt 7 der AGB PAKET INTERNATIONAL sowie die Broschüre „Transportversicherung". Eine höhere Versicherung für DHL PAKETE International bietet der Service HÖHERVERSICHERUNG INTERNATIONAL (→Seite 70).
*** **Zone 1:** Europäische Union – Belgien, Bulgarien, Dänemark (außer Färöer, Grönland), Estland, Finnland (außer Ålandinseln), Frankreich (außer überseeische Gebiete und Departements), Griechenland (außer Berg Athos), Großbritannien (außer Kanalinseln), Irland, Italien (außer Livigno und Campione d'Italia), Kroatien, Lettland, Litauen, Luxemburg, Malta, Monaco, Niederlande (außer außereuropäische Gebiete), Österreich, Polen, Portugal, Rumänien, Schweden, Slowakei, Slowenien, Spanien (außer Kanarische Inseln, Ceuta und Melilla), Tschechische Republik, Ungarn, Zypern (Republik, außer Nordteil); **Zone 2:** Rest Europa; **Zone 3:** Nordamerika, Nordafrika, Naher Osten, Teile Asiens; **Zone 4:** Lateinamerika, Asien, Mittel- u. Südafrika, Australien, Ozeanien.
Die detaillierte Zuordnung aller Länder zu ihrer Entgeltzone finden Sie ab →Seite 76. Versandmodalitäten wie Haftung, Höchstgewichte, Services, Laufzeiten etc. sind länderspezifisch und können bei Ihrer Filiale der Deutschen Post erfragt oder im Internet unter www.dhl.de/international abgerufen werden.

DHL PAKET SERVICES[1]

Rolle

Wir befördern auch Rollen. Hierfür ist zusätzlich eine ROLLENMARKE erforderlich. Wiegt die Rolle mehr als 5 kg oder überschreitet sie die Länge 120 cm bzw. im Durchmesser 15 cm, gilt die Sendung als SPERRGUT; eine ROLLENMARKE ist in diesem Fall nicht erforderlich.

Rolle	D	EU	Welt
	+ 1,50 €	+ 1,50 €	+ 1,50 €

Sperrgut*

Als SPERRGUT gelten Sendungen, die
- die Paketmaße (→Seite 65) überschreiten oder in Rollenform mehr als 5 kg wiegen,
- weder quader- noch rollenförmig sind,
- abstehende Teile aufweisen oder
- keine formstabile Verpackung aus Pappe oder Papier haben.

Sperrgut*	D	EU	Welt
	+ 22,50 €[2]	+ 25,00 €[2]	+ 30,00 €

Höchstmaße
Quaderform: Länge 200 cm, Gurtmaß (= Länge + 2 x Breite + 2 x Höhe) bis 360 cm
Rollenform: Länge 200 cm, Durchmesser 60 cm, Länge plus gemessener Umfang zusammen bis 360 cm

Reisegepäckstücke gelten deutschlandweit nur als SPERRGUT, wenn sie die Höchstmaße 120 cm x 60 cm x 60 cm (L x B x H) überschreiten. Verpackungsform und -materialien sind hierbei unerheblich (→Seite 66). Werden die Höchstmaße 120 cm x 60 cm x 60 cm überschritten, gilt das Gepäckstück als SPERRGUT und zusätzlich zu dem gewichtsabhängigen Paketentgelt fällt der Zuschlag für SPERRGUT an.

[1] Alle Preise sind Endpreise und nach UStG umsatzsteuerfrei, soweit zu den einzelnen Preisangaben nichts Abweichendes angegeben ist.
[2] Bei Paketen über 10 kg oder über 300 cm Gurtmaß innerhalb Deutschlands und in die EU ist der Service SPERRGUT umsatzsteuerpflichtig: SPERRGUT Deutschland + 26,78 € und SPERRGUT EU + 29,75 € (inkl. gesetzlicher Umsatzsteuer).
* Bitte beachten Sie, dass der Service SPERRGUT nicht in alle Länder möglich ist. Auskünfte erhalten Sie in Ihrer Filiale der Deutschen Post oder im Internet unter www.dhl.de/laenderinfo.

DHL – Express 79

DHL EXPRESSEASY NATIONAL[1]

Mit DHL EXPRESSEASY erfolgt die Zustellung Ihrer Sendung innerhalb Deutschlands bereits am nächsten Tag (montags–freitags)* – **ganz Eiliges stellen wir sogar vor 9.00, vor 10.00 oder vor 12.00 Uhr zu.****
Eine Haftung bis 500 € für Verlust oder Beschädigung von Sendungen sowie der klimaneutrale Versand mit GoGreen sind inklusive.

DHL ExpressEasy National	
bis 500 g	10,90 €
über 500 g bis 1.000 g	11,90 €
über 1.000 g bis 2.000 g	13,90 €
über 2 kg bis 5 kg	19,90 €
über 5 kg bis 10 kg	24,90 €
über 10 kg bis 20 kg	29,90 €
über 20 kg bis 31,5 kg	44,90 €
Zustelloptionen	
vor 9.00 Uhr	+ 24,90 €
vor 10.00 Uhr	+ 12,90 €
vor 12.00 Uhr	+ 4,90 €

Mindestmaße: 10 cm x 7 cm (L x B)
Höchstmaße: 120 cm x 60 cm x 60 cm (L x B x H)

Rollenversand (zuschlagfrei): Höchstgewicht 5 kg
Mindestmaße: 10 cm x 5 cm (L x Ø)
Höchstmaße: 120 cm x 15 cm (L x Ø)

DHL EXPRESSEASY NATIONAL ist ein Produkt der Deutsche Post AG.

TIPP Sie suchen eine Filiale der Deutschen Post in Ihrer Nähe, die Ihre DHL Express Sendung annimmt?
Unter www.postfinder.de finden Sie bequem und schnell die nächstgelegene Filiale.

HINWEIS Informationen zu den zulässigen Wertgegenständen für nationale DHL Express Sendungen finden Sie auf den →Seiten 74 f.

[1] Alle Preise sind Endpreise und inkl. gesetzlicher Umsatzsteuer.
* Zustellung gegen Aufpreis auch samstags und an Sonn- und Feiertagen möglich. Bitte beachten Sie die Versandschlusszeiten der jeweiligen Filiale der Deutschen Post.
** Die Wahl von Zustelloptionen ist bei Zustellung auf eine deutsche Insel nicht möglich.

DHL – Express 81

DHL EXPRESSEASY INTERNATIONAL[1]

Mit DHL EXPRESSEASY INTERNATIONAL erreichen Ihre Sendungen schnell und zuverlässig ihren Empfänger – und das in mehr als 220 Ländern weltweit. Innerhalb der Europäischen Union erreichen Waren und Dokumente in der Regel schon am nächsten Tag (montags–freitags) ihr Ziel.

Außerhalb der EU befördern wir über die Filialen der Deutschen Post ausschließlich zollfreie Dokumente, die in der Regel innerhalb von 2–3 Tagen im Zielland zugestellt werden.

Eine Haftung bis 500 € für Verlust oder Beschädigung von Sendungen ist inklusive.

DHL ExpressEasy International	Zone 1* EU	Zone 2* Rest Europa, Nordamerika	Zone 3* Asien	Zone 4* Rest der Welt
bis 500 g	45,90 €[2]	57,90 €	67,90 €	69,90 €
über 500 g bis 1.000 g	57,90 €[2]	71,90 €	87,90 €	94,90 €
über 1.000 g bis 2.000 g	69,90 €[2]	85,90 €	119,90 €	129,90 €
über 2 kg bis 5 kg	99,90 €[2]	129,90 €	189,90 €	209,90 €
über 5 kg bis 10 kg	149,90 €[2]	189,90 €	269,90 €	299,90 €
über 10 kg bis 20 kg	219,90 €[2]	269,90 €	369,90 €	449,90 €
über 20 kg bis 31,5 kg	289,90 €[2]	349,90 €	469,90 €	599,90 €

Mindestmaße: 21,0 cm x 15,2 cm (L x B)
Höchstmaße: 120 cm x 60 cm x 60 cm (L x B x H)
Erhältlich in teilnehmenden Filialen der Deutschen Post.
Ihr Vertragspartner ist die DHL Express Germany GmbH.

HINWEIS Für den Versand von zollpflichtigen Express-Sendungen oder von Sendungen schwerer als 31,5 kg kontaktieren Sie bitte den DHL Express Kundenservice International, Telefon: siehe Seite 4.

Sendungsverfolgung Ihrer internationalen Express-Sendung unter www.dhl.de/express oder über unseren DHL Express Kundenservice International, Telefon: siehe Seite 4.

TIPP Für den Dokumentenversand mit DHL EXPRESSEASY INTERNATIONAL bieten wir Ihnen kostenlos dokumentenechte Versandtaschen mit Sicherheitsverschluss und Einzelnummerierung. Sie erhalten sie in teilnehmenden Filialen der Deutschen Post.

[1] Alle Preise sind Endpreise und nach UStG umsatzsteuerfrei, soweit zu den einzelnen Preisangaben nichts Abweichendes angegeben ist.
[2] Endpreis inkl. gesetzlicher Umsatzsteuer.
* Die genaue Länderauflistung je Zustellzone finden Sie ab →Seite 83 ff.

82 **DHL** – Express

DHL EXPRESSEASY SERVICES[1]

Mit DHL EXPRESSEASY stehen Ihnen für den Versand umfangreiche Services bei Einlieferung in einer Filiale der Deutschen Post zur Verfügung. Die Services werden zusätzlich zum Beförderungsentgelt der jeweiligen Sendung berechnet.

Zusatzservices für DHL ExpressEasy	National	International
Samstagszustellung*	+ 11,90 €	–
Sonn- und Feiertagszustellung**	+ 58,90 €	–
Transportversicherung bis 2.500 €	+ 3,50 €[2]	+ 3,50 €[2]
Transportversicherung bis 25.000 €	+ 15,00 €[2]	+ 15,00 €[2]
Eigenhändig	+ 14,90 €	–
Rückschein	+ 2,50 €	–
Briefkastenzustellung	+ 0,00 €	–

Transportversicherung***
Versicherung gegen Verlust oder Beschädigung (nur Güterschäden). Eine Versiegelung oder ein sonstiger äußerer Hinweis auf den wertvollen Inhalt ist nicht zulässig.

Eigenhändig
Die Sendung wird nur an den Empfänger persönlich oder an einen besonders Bevollmächtigten übergeben.

Rückschein
Der Absender erhält einen Rückschein mit der Bestätigung, dass die Sendung abgeliefert wurde.

Briefkastenzustellung
Die Sendung wird in den Briefkasten des Empfängers eingeworfen, sofern sie nicht an eine empfangsberechtigte Person übergeben werden kann. Bei einer Zustellung in den Briefkasten wird keine Unterschrift als Empfangsbestätigung eingeholt.

[1] Alle Preise sind Endpreise und inkl. gesetzlicher Umsatzsteuer, soweit zu den einzelnen Preisangaben nichts Abweichendes angegeben ist.
[2] Endpreis und nach UStG umsatzsteuerfrei.
* Auch in Verbindung mit Zustelloptionen vor 9.00 Uhr, vor 10.00 Uhr, vor 12.00 Uhr. Wenn der Samstag ein Feiertag ist, siehe Sonn- und Feiertagszustellung. Dieser Service ist bei Inselzustellungen nur eingeschränkt möglich. Informieren Sie sich beim DHL Express Kundenservice National, Telefon: siehe Seite 4.
** Wenn der Feiertag ein Montag ist, erfolgt die Zustellung bereits am Sonntag. Dieser Service ist bei Inselzustellungen nicht möglich.
*** Näheres regelt die Broschüre „Transportversicherung".

DHL – Express 83

ZIELE, ZEITEN UND ZONEN FÜR DHL EXPRESSEASY

HINWEIS Bitte informieren Sie sich in Ihrer Filiale der Deutschen Post über die Versandschlusszeit für Ihre DHL Express Sendung.

Die Laufzeiten gelten deutschlandweit, für alle anderen Empfangsländer sind beispielhaft die jeweiligen Laufzeiten in die Hauptstädte angegeben. Die Zustellung erfolgt jeweils montags bis freitags. Innerhalb der Europäischen Union (EU) befördern wir Waren und Dokumente. Außerhalb der EU befördern wir ausschließlich zollfreie Dokumente.

Die internationalen Laufzeiten sind unverbindliche Regellaufzeiten in Tagen, basierend auf Erfahrungswerten. Beim internationalen Versand in Wirtschaftszentren können die Laufzeiten kürzer sein, in bestimmte Gebiete kann es auch zu längeren Laufzeiten kommen. **Prüfen Sie daher bei internationalem Versand die Serviceverfügbarkeit und Laufzeit für die Empfänger-Postleitzahl vorab beim DHL Express Kundenservice, Telefon: siehe Seite 4.**

ZONE	TAGE	ZIELLAND
4	4	Afghanistan
4	2	Ägypten
1	2	Ålandinseln (FI)[1]
2	1	Albanien
4	1	Algerien
2	1	Andorra
4	4	Angola
4	3	Anguilla
4	3	Antigua und Barbuda
4	3	Äquatorial-guinea
4	2	Argentinien
4	2	Armenien
4	2	Aserbaidschan
4	2	Äthiopien
4	4	Australien
4	3	Sydney, Brisbane, Melbourne, Perth
1	3	Azoren (PT)
4	2	Bahamas
4	2	Bahrain
1		Balearen (ES)
1	3	Formentera
1	2	Ibiza
1	1	Mallorca
1	2	Menorca

ZONE	TAGE	ZIELLAND
4	3	Bangladesch
4	2	Barbados
2	2	Belarus (Weißrussland)
1	1	Belgien (EU)
4	3	Belize
4	2	Benin
1	1	Berg Athos (GR)[1]
4	2	Bermudas
4	4	Bhutan
4	4	Bolivien
2	1	Bosnien und Herzegowina
4	3	Botsuana
4	3	Brasilien
4	3	Brunei Darussalam
1	1	Bulgarien (EU)
4	3	Burkina Faso
4	3	Burundi
1	5	Ceuta und Melilla (ES)[1]
4	2	Chile
3	2	China, Volksrep.[2]
4	4	Cook-Inseln
4	2	Costa Rica
4	2	Côte d'Ivoire (Elfenbeinküste)

ZONE	TAGE	ZIELLAND
1	1	Dänemark (EU)[1,2]
D	1	Deutschland
4	3	Dominica
4	3	Dominikanische Republik
4	3	Dschibuti
4	2	Ecuador
4	2	El Salvador
4	3	Eritrea
1	1	Estland (EU)
4	6	Falklandinseln
2	3	Färöer (DK)[1]
4	4	Fidschi
1	1	Finnland (EU)[1,2]
1	1	Frankreich (EU)[1,2]
4	2	Französisch-Guayana (FR)[1]
4	2	Gabun
4	3	Gambia
4	2	Georgien
4	2	Ghana
2	1	Gibraltar (GB)[1]
4	3	Grenada
1	1	Griechenland (EU)[1,2]
4	2	Grönland (DK)[1]

84 **DHL** – Express

ZIELE, ZEITEN UND ZONEN FÜR DHL EXPRESSEASY

ZONE	TAGE	ZIELLAND
1	1	Großbritannien (EU)[1,2]
4	2	Guadeloupe (FR)[1]
4	4	Guam
4	2	Guatemala
2	2	Guernsey (GB)[1]
4	4	Guinea-Bissau
4	2	Guinea, Republik
4	3	Guyana
4	3	Haiti
4	2	Honduras
3	2	Hongkong
3	2	Indien
3	2	Indonesien
4	4	Irak
4	2	Iran
1	1	Irland (EU)
2	1	Island
4	1	Israel
1	1	Italien (EU)[1,2]
4	2	Jamaika
3	2	Japan
4	3	Jemen
2	2	Jersey (GB)[1]
4	2	Jordanien
4	3	Jungferninseln (US)
4	3	Jungferninseln (GB)[1]
4	2	Kaimaninseln
4	2	Kambodscha
4	3	Kamerun
2	2	Kanada
2	2	Kanarische Inseln (ES)[1,3]
4	3	Kap Verde
4	3	Kasachstan
4	2	Katar
4	2	Kenia
4	3	Kirgisistan
4	5	Kiribati
4	2	Kolumbien

ZONE	TAGE	ZIELLAND
4	5	Komoren
4	2	Kongo, Demokratische Rep.
4	2	Kongo, Republik
4	4	Korea, Nord
3	2	Korea, Süd
1	3	Korsika (FR)
2	2	Kosovo
1	1	Kroatien (EU)
4	4	Kuba
4	2	Kuwait
4	3	Laos
4	3	Lesotho
1	1	Lettland (EU)
4	2	Libanon
4	2	Liberia
4	7	Libyen
2	1	Liechtenstein
1	1	Litauen (EU)
1	2	Livigno und Campione d'Italia (IT)[1]
1	1	Luxemburg (EU)
4	2	Macau
4	3	Madagaskar
1	3	Madeira (PT)
4	3	Malawi
3	2	Malaysia
4	4	Malediven
4	2	Mali
1	2	Malta (EU)
4	2	Marokko
4	1	Casablanca
4	2	Martinique (FR)[1]
4	3	Mauretanien
4	2	Mauritius
4	4	Mayotte (FR)[1]
2	1	Mazedonien
2	2	Mexiko
4	4	Mikronesien[4]
2	2	Moldau, Republik
1	1	Monaco (EU)

ZONE	TAGE	ZIELLAND
4	3	Mongolei
2	2	Montenegro
4	3	Montserrat
4	3	Mosambik
4	2	Myanmar
4	3	Namibia
4	5	Nauru
4	3	Nepal
4	5	Neukaledonien (FR)[1]
4	4	Neuseeland
4	3	Nevis
4	2	Nicaragua
4	2	Niederländische Antillen (NL)[1,5]
1	1	Niederlande (EU)[1,2]
4	3	Niger
4	2	Nigeria
1	1	Nordirland
4	5	Niue
4	4	Nördliche Marianen (US)
2	1	Norwegen
4	2	Oman
1	1	Österreich (EU)
4	2	Pakistan
4	2	Panama
4	4	Papua-Neuguinea
4	2	Paraguay
4	2	Peru
3	2	Philippinen
1	1	Polen (EU)
1	1	Portugal (EU)[2]
4	2	Puerto Rico
4	3	Réunion (FR)[1]
4	3	Ruanda
1	1	Rumänien (EU)
2	1	Russland
4	4	Saipan
4	5	Salomonen
4	3	Sambia

DHL – Express 85

ZIELE, ZEITEN UND ZONEN FÜR DHL EXPRESSEASY

ZONE	TAGE	ZIELLAND
4	3	Samoa
4	5	Samoa (US)
2	1	San Marino
4	3	São Tomé und Príncipe
4	2	Saudi-Arabien
1	1	Schweden (EU)
2	1	Schweiz
4	2	Senegal
2	1	Serbien
4	3	Seychellen
4	2	Sierra Leone
4	3	Simbabwe
3	2	Singapur
1	1	Slowakei (EU)
1	1	Slowenien (EU)
4	4	Somalia
4	4	Somaliland
1	1	Spanien (EU)[1,2]
4	2	Sri Lanka
4	3	St. Bartholomäus (FR)[1]
4	3	St. Kitts
4	3	St. Lucia
2	3	St. Pierre und Miquelon (FR)[1]

ZONE	TAGE	ZIELLAND
4	3	St. Vincent
4	2	Südafrika
4	3	Sudan
4	4	Südsudan
4	4	Suriname
4	3	Swasiland
4	3	Syrien
4	3	Tadschikistan
4	3	Tahiti
3	2	Taiwan
4	2	Tansania
3	2	Thailand
4	4	Timor-Leste (Osttimor)
4	2	Togo
4	5	Tonga
4	2	Trinidad und Tobago
4	4	Tschad
1	1	Tschechische Republik (EU)
4	2	Tunesien
2	2	Türkei
2	1	Istanbul
4	3	Turks- und Caicosinseln

ZONE	TAGE	ZIELLAND
4	5	Tuvalu
4	2	Uganda
2	1	Ukraine
1	1	Ungarn (EU)
4	2	Uruguay
4	3	Usbekistan
4	5	Vanuatu
1	1	Vatikanstadt (EU)
4	2	Venezuela
4	2	Vereinigte Arabische Emirate
2	2	Vereinigte Staaten von Amerika[2]
2	1	New York City
4	2	Vietnam
4	4	Zentralafrikanische Republik
2	2	Zypern (Nord)
1	2	Zypern (Süd) (EU)

Laufzeitenänderungen vorbehalten. Länder können vorübergehend oder dauerhaft zu Embargo-Ländern erklärt werden. Ein Versand in ein Embargo-Land ist über die Filiale nicht möglich. Ob es sich bei dem Empfangsland Ihrer Sendung um ein Embargo-Land handelt, erfahren Sie in Ihrer Filiale oder über den DHL Express Kundenservice International, Telefon: siehe Seite 4.

[1] Warenversand nicht zulässig in die EU-Ausnahmegebiete Ålandinseln (FI), Berg Athos (GR), Ceuta und Melilla sowie die Kanarischen Inseln (ES), Färöer-Inseln und Grönland (DK), französische Überseegebiete und Departements (FR), Isle of Man, britische Überseegebiete, Gibraltar und Kanalinseln (GB), Livigno und Campione d'Italia sowie der zum italienischen Gebiet gehörende Teil des Luganer Sees (IT), Niederländische Antillen (NL).

[2] Bitte beachten Sie: Für dieses Land sind bestimmte Territorien (z. B. Inseln, Exklaven) gesondert in der Liste ausgewiesen, die ggf. andere Laufzeiten und Zonen haben können.

[3] Zu den Kanarischen Inseln gehören: El Hierro, Fuerteventura, Gran Canaria, La Gomera, La Palma, Lanzarote, Teneriffa.

[4] Unter dem Begriff „Mikronesien" sind folgende Inseln zusammengefasst: Guam, Föderierte Staaten von Mikronesien, Kiribati, Marshallinseln, Nauru, Nördliche Marianen, Palau, Wake.

[5] Unter dem Begriff „Niederländische Antillen" sind folgende Inseln zusammengefasst: Curaçao, Bonaire, Sint Maarten, Sint Eustatius, Saba, Aruba.

Postwurfsendung – Maße, Gewichte und Preise

Es sind folgende Vorgaben zu Maßen, Gewichten und Beschriftung zu beachten:

Mindestmaße	Höchstmaße (C4)	Gewicht
Länge 10,0 cm Breite 7,0 cm	Länge 35,3 cm Breite 25,0 cm Dicke 5,0 cm	max. 1000 g

Preise und Konditionen

Postwurfsendungen können als Sendungen an alle Haushalte, Haushalte mit Tagespost oder Briefabholer versendet werden. Die Preise werden je nach Art des Versandes berechnet. Deutsche Post DHL Group unterscheidet bei Postwurfsendungen an alle Haushalte und an Haushalte mit Tagespost zwischen drei Tarifzonen:

Tarifzone A: Ballungszentren, Ballungsräume und Großstädte; Tarifzone B: Zwischenbereiche; Tarifzone C: Landbereiche.

Die Postleitzahlen sind Tarifzonen zugeordnet. Die Zuordnung zu den einzelnen Tarifzonen hängt von der Haushalts- und Bevölkerungsdichte ab.

Postwurfsendungen an alle Haushalte:
Bei Postwurfsendungen an alle Haushalte liegt der Mindestauftragswert bei 200,00 € zuzüglich der gesetzlich gültigen Mehrwertsteuer. Folgende Preise gelten bei 1 000 Stück:

Gewicht	Tarif A in Euro	Tarif B in Euro	Tarif C in Euro
bis 20 g	90,00	104,00	118,00
bis 30 g	109,00	123,00	134,00
bis 50 g	127,00	140,00	152,00
bis 100 g	174,00	188,00	202,00
bis 150 g	231,00	246,00	259,00
bis 250 g	315,00	329,00	343,00

Postwurfsendungen an Haushalte mit Tagespost
Bei Postwurfsendungen an Haushalte mit Tagespost liegt der Mindestauftragswert ebenfalls bei 200,00 € zuzüglich der gesetzlich gültigen Umsatzsteuer. Pro 1 000 Stück werden folgende Preise berechnet:

Gewicht	Tarif A in Euro	Tarif B in Euro	Tarif C in Euro
bis 20 g	56,00	69,00	76,00
bis 30 g	76,00	89,00	96,00
bis 50 g	98,00	110,00	116,00
bis 100 g	141,00	154,00	161,00
bis 150 g	195,00	210,00	216,00
bis 250 g	278,00	292,00	299,00

Vgl. www.deutschepost.de/de/p/postwurfsendung/postwurfsendung_neue_preise.html, Stand vom 15.10.2015. Die jeweils aktuellen Preise sind auf www.deutschepost.de abzurufen.

14.10 Auszüge aus einer Maut-Tabelle

Legende:

PLZ 682 ← Ihr Ausgangsort

PLZ ↑ Ihr Zielort

G ↑ gefahrende km

M ↑ mautpflichtige km

Ausgangsort PLZ 010..			…	Ausgangsort PLZ 682..		
PLZ	G	M		PLZ	G	M
780	619	590		**701**	128	107
785	628	598		**750**	61	31
790	684	664		**763**	69	58
840	385	355		**780**	223	202
850	388	369		**790**	194	180
880	619	573		**820**	358	330
890	604	465		**830**	424	414
930	357	346		**840**	360	328
940	463	447		**854**	373	359
951	186	162		**881**	334	282
960	285	269		**900**	237	222
970	373	350		**922**	274	256
990	218	198		**950**	355	342

Ausgangsort PLZ 011..			…	Ausgangsort PLZ 683..		
PLZ	G	M		PLZ	G	M
030	107	59		**686**	19	0
080	117	104		**701**	141	115
120	186	166		**708**	130	115
130	181	162		**720**	172	144
155	223	186		**737**	158	138
180	401	311		**750**	75	39
200	491	478		**766**	53	29
259	674	647		**780**	237	210
330	469	427		**803**	353	328
350	408	354		**850**	316	302
402	605	580		**869**	350	283
460	597	568		**950**	369	350
520	645	622		**995**	364	339

14.11 Entfernungstabelle

Internationale Entfernungstabelle

Die Entfernungstabelle Deutschland (gelb) und Europa (blau) können nur wie angegeben miteinander verknüpft werden.

Die rot markierten Städte ermöglichen die Berechnung von Entfernungen zwischen Orten in Deutschland und Europa (siehe Bsp.)	Amsterdam	Athen	Barcelona	Belgrad	Berlin	Bern	Brüssel	Budapest	Bukarest	Dublin	Frankfurt M.	Hamburg	Helsinki	Istanbul	Köln	Kopenhagen	Lissabon	London	Madrid	Minsk	Moskau	München	Oslo	Paris	Prag	Rom	Sofia	Stockholm	Warschau	Wien	Entfernungen Europa Orte aus Deutschland-tabelle in rot
Aachen		2950	1600	1800	650	950	200	1400	2220	950	450	450	1700	2700	260	800	2350	500	1800	1800	2500	850	1300	500	900	1700	2100	1450	1200	1150	Amsterdam
Basel	545		3200	1150	2400	2700	2900	1500	1150	3600	2500	2750	3650	1100	2700	2750	4500	3200	3800	2400	2900	2150	3450	2900	2050	900	750	3450	2200	1750	Athen
Berlin	650	875		2050	1900	950	1350	2000	2600	2000	1350	1750	3050	2950	1400	2100	1300	1500	650	2900	3600	1400	2650	1100	1750	1400	2400	2750	2500	1900	Barcelona
Bremen	370	775	400		1300	1450	1750	400	600	2500	1300	1700	2500	950	1500	1700	3350	2050	2670	1400	2200	950	2300	1800	900	1300	400	2300	1100	650	Belgrad
Dortmund	155	555	495	235		950	750	900	1700	1550	550	300	1250	2200	580	350	2900	1050	2350	1150	1850	590	950	1050	400	1550	1650	950	600	650	Berlin
Dresden	645	745	200	490	515		700	1150	1950	1250	400	950	2050	2300	600	1350	2200	1000	1550	2000	2700	450	1800	550	850	1000	1750	1900	1600	1000	Bern
Düsseldorf	90	550	560	285	70	580		1400	2200	800	450	600	1900	2650	250	950	2150	300	1550	1900	2600	800	1550	300	950	1550	2100	1650	1400	1150	Brüssel
Emden	375	845	520	140	305	620	290		800	2150	1000	1200	2250	1350	1150	1200	3300	1700	2600	1200	1900	700	1900	1550	500	1250	800	1900	700	250	Budapest
Erfurt	440	585	300	340	310	215	375	470		3000	1800	2000	2500	700	2000	2050	3950	2500	3200	1300	1800	1500	2850	2300	1350	1950	400	3150	1200	1050	Bukarest
Flensburg	625	980	450	275	490	660	540	400	520		1200	1350	2750	3500	1000	1700	2750	500	2200	2700	3400	1550	2250	900	1700	2350	2950	2500	2100	1900	Dublin
Frankfurt M.	255	335	550	445	225	460	225	520	260	650		500	1600	2250	200	800	2450	700	1900	1650	2350	400	1350	600	500	1300	1700	1500	1050	700	Frankfurt M.
Frankfurt O.	700	940	105	460	560	180	625	590	370	550	610		1050	2600	430	300	2800	900	2200	1450	2200	780	850	950	700	1750	2050	950	850	1100	Hamburg
Garm.-Patenk.	700	370	675	835	700	550	680	930	510	1020	480	740		3250	1600	850	3950	2100	3400	1250	1150	1850	750	2100	1550	2900	2950	200	1500	1850	Helsinki
Görlitz	750	840	220	575	610	105	680	700	320	690	560	170	650		2450	2650	4250	2950	3500	2000	2500	1900	3500	2700	1850	1600	550	3300	1850	1600	Istanbul
Hamburg	480	825	300	130	350	500	400	255	370	160	500	385	860	530		750	2400	550	1800	1550	2250	580	1150	500	700	1500	1900	1300	1150	900	Köln
Hannover	355	680	290	130	215	385	280	260	220	310	350	350	720	470	155		3100	1250	2500	1550	2250	1100	600	1250	750	2050	2100	650	900	1000	Kopenhagen
Kassel	310	525	385	285	165	350	235	390	150	470	200	450	560	450	310	170		2250	650	4000	4700	2700	3650	1850	3000	2700	3700	3800	3550	3050	Lissabon
Koblenz	165	405	600	410	190	510	145	425	310	670	120	660	550	610	520	390	250		1700	2150	2850	1100	1800	400	1200	1800	2400	1900	1650	1450	London
Köln	75	505	580	315	100	570	40	330	370	570	200	640	650	670	430	300	250	105		3500	4200	2050	3100	1250	2350	2050	3000	3200	3000	2450	Madrid
Leipzig	570	710	190	390	440	115	505	520	140	570	385	255	520	215	440	290	280	440	500		700	1600	2000	2150	1200	2450	1700	1400	550	1300	Minsk
Mannheim	290	270	615	515	300	530	280	600	330	725	85	680	410	630	570	430	270	150	250	460		2300	1900	2850	1900	3150	2150	1300	1250	2000	Moskau
München	650	390	590	750	605	460	610	840	420	930	400	650	90	560	780	630	470	490	580	430	350		1600	850	400	950	1350	1600	1050	450	München
Nürnberg	470	450	440	585	440	315	445	675	270	795	230	510	260	420	610	470	310	340	410	280	240	170		1800	1350	2600	2900	550	1400	1950	Oslo
Passau	690	580	630	800	660	465	655	890	460	980	440	700	280	570	820	680	520	550	620	470	440	190	220		1100	1450	2150	1950	1600	1250	Paris
Rostock	650	1000	230	300	515	440	570	425	490	285	740	325	870	470	180	330	560	690	600	380	810	780	630	820		1350	1300	1350	650	300	Prag
Saarbrücken	310	265	725	550	330	640	280	560	440	810	200	790	500	740	660	530	380	180	250	570	140	430	370	570	920		1050	2750	1850	1150	Rom
Salzburg	800	530	735	910	755	605	770	980	580	1080	540	800	180	540	920	780	625	660	720	570	510	150	320	120	940	600		2750	1450	1000	Sofia
Stuttgart	420	270	630	630	420	510	410	710	350	810	210	700	300	610	660	520	360	280	370	470	135	230	210	400	820	220	390		450	1900	Stockholm
Trier	160	325	715	480	260	635	200	500	430	735	190	780	580	730	590	460	340	140	180	560	180	500	420	620	760	100	700	300		700	Warschau
Wiesbaden	230	350	570	430	210	490	200	480	280	680	40	640	500	590	520	380	220	80	170	410	100	430	260	470	760	160	570	220	150		Wien
Entfernungen Deutschland Orte aus Europatabelle in rot	Aachen	Basel	Berlin	Bremen	Dortmund	Dresden	Düsseldorf	Emden	Erfurt	Flensburg	Frankfurt M.	Frankfurt O.	Garm.-Patenk.	Görlitz	Hamburg	Hannover	Kassel	Koblenz	Köln	Leipzig	Mannheim	München	Nürnberg	Passau	Rostock	Saarbrücken	Salzburg	Stuttgart	Trier	Wiesbaden	Beispiel: Berlin bis Dresden =200 km Berlin bis Prag =400 km Dresden bis Prag =400 km – 200 km

Quelle: www.deutschland-tourist.info/entfernungstabelle.html

Sachwortverzeichnis

Bildquellenverzeichnis

BITO Lagertechnik Bittmann GmbH, Meisenheim: S. 15, 69 (3x), 72 (2x)

Angelika Brauner, Hohenpeißenberg/Bildungsverlag EINS: S. 64.2-3, 65.2, 68.1, 164, 166, 167

Deutsches Atomforum e.V., Berlin: S. 33

Deutsche Post DHL Group, Bonn: S. 139, 140, 141, 143 (2x), 145, 146, 148, 210 (2x), 211 (2x), 212 (2x), 213 (2x), 214 (2x), 215 (2x)

Deutscher Sparkassen Verlag GmbH, Stuttgart: S. 109

dpa Picture-alliance GmbH, Frankfurt: S. 152

dpa Infografik GmbH, Hamburg: S. 35 (2x)

Emons Group Holding, Milsbeek (NL): S. 73.1

Fotolia Deutschland: S. 26 (Markus Mohr), 56 (Scanrail), 66 (Scanrail), 73.2 (PRILL Mediendesign), 111 (Ingo Bartussek)

Münz Fahrzeugbau GmbH & Co KG, Pliezhausen: S. 21

Schmitz Cargobull AG, Horstmar: S. 13

Time:Matters GmbH, Neu-Isenburg: S. 153

Umschlagfoto: Fotolia (endostock)